枠順と位置取りで勝ち馬を見抜く！

久保和功・飯村公一 著
JRDB 監修

競馬は
「枠順」と「位置」と
支配されている

　　スポーツ紙や競馬専門紙でよく見かける「展開予想図」。
そのとおりにレースが進むとは限らないのですが、レースの全体像をイメージする上で役に立つツールのひとつ。

　しかし、実際にレースでどうなったか？ を示した図を目にする機会は少ないのではないでしょうか。大レース終了後に、コーナーごとの「隊列図」を出しているスポーツ紙も一部ありますが、認識したことのない競馬ファンも多いことでしょう。ただ、よく考えてみて下さい。「展開予想図」も確かに重要ですが、過去5年分の「隊列図」が掲載されていた方が役に立つのではないでしょうか。

　レースによっては、コースの特性により枠順の偏りが大きいこともあります。また、ほとんどの重賞が毎年同じ施行時期に行われるのですから、馬場傾向が似ているということもあります。細かいことを言えば、雨が降りやすい週もあれば、毎年晴れている週もあるのです。

　例を挙げるなら、桜花賞と皐月賞が分かりやすいのではないでしょうか。この2つの大レースは週続きで行われるのに、桜

「上がり」に

　花賞は大半が晴れ・良馬場で行われるのに対して、皐月賞は雨に見舞われることがしばしばあります。昨年がともに荒天だったので分かりにくくなるかもしれませんが、秋華賞と菊花賞にも同様のことが言えます。他にも、ゴール前の映像記憶を思い浮かべた時に、雨の映像が思い浮かぶレースもあれば、晴れたゴール前をイメージしやすいレースがあるはずです。

　以上のことから、刹那的に目にする「展開予想図」よりも、「過去の隊列図」の方が馬券の組み立てに必ず役立つツールとなることを確信して、全重賞分を掲載しよう！と始まったのが本書の成り立ちといったところです。

　実際に集計してみると、枠順や位置取りに支配されていないレースも出てきますが、その場合は「各バイアスよりも、能力が重要なレース」、或いは「他のファクターが重要なレース」であることを傾向だと捉えてもらえれば問題ありません。

　何よりも重要なのは、傾向が際立つレースでしっかりと儲けること。本書の推奨レースや取り上げた傾向が、皆様の回収率向上に役立てることを確信し、お届けいたします。

CONTENTS

まえがき………002

PART 1 | 知っておきたい「枠順」と「位置取り」の重要性 ………007

プロローグ 有馬記念の公開枠順抽選が教えてくれたこと	008
CHAPTER① "大して差はない"と思われがちな枠順別成績	012
CHAPTER② 構造上、どうしても有利・不利が発生してしまうコース	014
CHAPTER③ 競馬は「前へ行った方が絶対有利」であることの証明	016
CHAPTER④ 「道中の位置取り」が絶対的にモノを言う条件	018
CHAPTER⑤ 「枠順」と「位置取り」の条件に合致した馬は激アツ	020
CHAPTER⑥ 天候の悪化などによる突然の"反転レース"には要注意	022
CHAPTER⑦ 位置取りを「縦」ではなく「横」で見るとどうなるか	024
CHAPTER⑧ 位置取りシートの効果①<芝コース編>	026
CHAPTER⑨ 位置取りシートの効果②<ダートの内&外>	028
CHAPTER⑩ 推定<前半・後半>3ハロンを使って絶対的能力を見抜く	030

PART 2 | 展開図で覚える偏向レースの特徴 ………033

中山金杯	034	京都金杯	036
フェアリーS	038	京成杯	040
日経新春杯	042	小倉大賞典	044
弥生賞	046	フラワーC	048
阪神大賞典	050	マーチS	052
天皇賞・春	054	エプソムC	056
ユニコーンS	058	ラジオNIKKEI賞	060
CBC賞	062	中京記念	064

枠順と位置取りで勝ち馬を見抜く！

アイビスSD	066	エルムS	068
キーンランドC	070	札幌2歳S	072
セントウルS	074	ローズS	076
オールカマー	078	京王杯2歳S	080
京都大賞典	082	府中牝馬S	084
福島記念	086	東京スポーツ杯2歳S	088
京阪杯	090	チャンピオンズC	092
有馬記念	094		

PART 3 JRA重賞129レースの傾向と対策 ………097

2018年~2019年に施行、及び施行予定のJRA重賞競走129レース

PART 4 JRDB特選！エクストラデータ ………163

内を通る確率が高い騎手ランキング	164
外を通る確率が高い騎手ランキング	165
内を通る（通らせる）確率が高い調教師ランキング	166
外を通る（通らせる）確率が高い調教師ランキング	166
内を通った時に好走率が高い騎手ランキング	167
外を通った時に好走率が高い騎手ランキング	167
内を通った時に好走率が高い種牡馬ランキング	168
外を通った時に好走率が高い種牡馬ランキング	169
外枠でも内側を通る確率が高い騎手ランキング	170
内枠でも外側を通る確率が高い騎手ランキング	170
前走4角6番手以降→今回4角5番手以内で走らせた騎手ランキング	171

写真◎橋本健　馬柱・誌面協力◎ハイブリッド競馬新聞／週刊競馬ブック

枠順と位置取りで
勝ち馬を見抜く！

PART 1

知っておきたい
「枠順」と「位置取り」の
重要性

PROLOGUE

有馬記念の
公開枠順抽選が
教えてくれたこと

　2014年から導入された、有馬記念の公開枠順抽選は昨年末で4回目。キタサンブラックに跨がる武豊騎手が2年続けて絶好枠を引き当てたことが記憶に新しいですね。この公開枠順抽選、第2回目以降はまずひとつ目の箱から「○枠○番」と書かれた紙を、そしてふたつ目の箱から馬名の書かれた紙を引いて、枠順が決定する方式で固定化されました。ところが、第一回だけは異なる方法でした。覚えている方も多いかもしれませんが、第一回の抽選箱は馬名の書いてある箱がひとつ。プレゼンターの引いたくじには馬名のみが書いてあり、引かれた関係者は登壇。そして、希望の枠を発表する、という流れでした。

　2014年、プレゼンターの田中将大投手が最初に引き当てて馬名を読み上げられたのは、牝馬三冠・ジャパンC連覇・ドバイシーマクラシック制覇など数々の偉業を成し遂げた名牝ジェンティルドンナ。登壇した石坂正調教師は迷わずに「2枠4番」を選択しました。続いて呼ばれたのは皐月賞2着の3歳馬トゥザワールド。池江泰寿調教師は"前年のオルフェーヴルと同じ"と言いつつ「3枠6番」

を選びました。3頭目はジェンティルドンナと同世代で活躍した牝馬のヴィルシーナ。こちらはコンビを組む内田博幸騎手が「1枠2番」を選択しています。以下、「1枠1番」・「2枠3番」・「4枠8番」・「3枠5番」と次ページの表の順に埋まっていき、残っていた7・8枠を最後の4頭が埋めていきました。

　結果として、最初に枠番を指名した2枠4番ジェンティルドンナが1着、2番クジだった3枠6番トゥザワールドが2着となったことには、超が2つも3つも付くほどのスローペースだったことが大きく影響していますが、それにしても記憶に残る決着でした。

　有馬記念が行われる中山芝2500mコースは、外回りの3コーナーからスタートし、内回りコースを1周してゴールとなります。スタート地点からすぐにコーナーに入るので、多頭数戦になると外枠の馬は距離のロスを避けることができず、内を通る馬の有利が大きくなります。実際に有馬記念における8枠の馬券絡みは少なく、30年遡っても5頭しかいません。それもフルゲートが埋まらない年や、逃げ・追込みといった極端な脚質の馬が大半。そして、5頭の

PROLOGUE

2014年有馬記念枠順抽選会 枠番選択順

指名順位	出走予定馬	枠番指名者	選択枠番
1巡目	ジェンティルドンナ	石坂調教師	2枠4番
2巡目	トゥザワールド	池江調教師	3枠6番
3巡目	ヴィルシーナ	内田騎手	1枠2番
4巡目	トーセンラー	武豊騎手	1枠1番
5巡目	ワンアンドオンリー	橋口調教師	2枠3番
6巡目	メイショウマンボ	武幸四郎騎手	4枠8番
7巡目	ラキシス	C.デムーロ騎手	3枠5番
8巡目	ラストインパクト	菱田騎手	4枠7番
9巡目	フェノーメノ	田辺騎手	5枠10番
10巡目	ウインバリアシオン	藤岡康騎手	5枠9番
11巡目	サトノノブレス	池添騎手	6枠11番
12巡目	デニムアンドルビー	浜中騎手	6枠12番
13巡目	ゴールドシップ	岩田騎手	7枠14番
14巡目	エピファネイア	川田騎手	7枠13番
15巡目	ジャスタウェイ	福永騎手	8枠15番
16巡目	オーシャンブルー	蛯名騎手	8枠16番

うち3頭は1番人気でした。こういった、有馬記念の外枠不利は多くのファンに浸透しているはずですが、それにしても実際に関係者がこうも内枠を希望しているのかと、強烈なインパクトとともに再認識させられたのではないでしょうか。

　内枠希望と同時に目立ったのが、偶数枠希望の多さでした。熱心なファンには説明不要のことと思いますが、競馬のゲート入りは原則的に奇数馬番の馬を内から順に入れていき、続いて偶数馬番の馬を内から順に入れます。必然的に、先入れの奇数馬番の方が狭いゲート内で待たされる時間が長くなるので、ゲート内での駐立が苦手な馬や、出遅れ癖のある馬にとってはリスクとなるのです。出遅れてしまっては、せっかくの内枠を活かせません。長い時間ゲート内で待つことは、不利でこそあれ有利に働くことはほぼないのです。

枠順と位置取りで 勝ち馬を見抜く！

2014年12月28日(日)　4回中山8日　天候：晴　馬場状態：良

【10R】第59回有馬記念

3歳以上・オープン・G1(定量)(国際)(指定)
芝2500m　16頭立

着順	枠	馬番	馬名	性齢	斤量	騎手	タイム	着差	通過順位	上3F	人
1	2	4	ジェンティルドンナ	牝5	55	戸崎圭太	2.35.3		03-03-03-02	34.1	4
2	3	6	トゥザワールド	牡3	55	ビュイック	2.35.4	3/4	07-07-06-07	33.8	9
3	7	14	ゴールドシップ	牡5	57	岩田康誠	2.35.4	ハナ	11-10-06-05	33.9	1
4	8	15	ジャスタウェイ	牡5	57	福永祐一	2.35.5	クビ	13-13-13-12	33.4	3
5	7	13	エピファネイア	牡4	57	川田将雅	2.35.5	ハナ	02-02-02-01	34.6	2
6	3	5	ラキシス	牝4	55	C.デムーロ	2.35.5	頭	05-05-05-02	34.1	11
7	4	7	ラストインパクト	牡4	57	菱田裕二	2.35.5	クビ	08-09-10-10	33.7	7
8	1	1	トーセンラー	牡6	57	武豊	2.35.7	1	03-03-03-05	34.4	8
9	6	12	デニムアンドルビー	牝4	55	浜中俊	2.35.7	クビ	11-11-10-12	33.9	16
10	5	10	フェノーメノ	牡5	57	田辺裕信	2.35.7	頭	08-07-06-07	34.2	6
11	6	11	サトノノブレス	牡4	57	池添謙一	2.35.9	1 1/2	13-13-14-15	33.6	13
12	5	9	ウインバリアシオン	牡6	57	藤岡康太	2.35.9	ハナ	10-11-10-07	34.1	10
13	2	3	ワンアンドオンリー	牡3	55	横山典弘	2.36.0	1/2	05-05-06-10	34.4	5
14	1	2	ヴィルシーナ	牝5	55	内田博幸	2.36.1	クビ	01-01-01-02	35.4	12
15	4	8	メイショウマンボ	牝4	55	武幸四郎	2.36.4	2	16-16-16-16	33.9	14
16	8	16	オーシャンブルー	牡6	57	蛯名正義	2.36.4	ハナ	15-15-14-14	34.2	15

単勝/4 ¥870　枠連 2-3 ¥2610 (10)　馬連 04-06 ¥12350 (37)　3連複 04-06-14 ¥15250 (48/560)　3連単 04-06-14 ¥109590 (356/3360)

その、関係者の意識をまざまざと見せつけられたのが2014年の公開枠順抽選でした。

　普段の枠順抽選後に見られる「決められた枠でベストを尽くすだけ」のようなコメントは、絞り出した強がりコメントに過ぎず、実際は頭を抱えていることも多いのでしょう。

　枠順がただの番号決めに過ぎないケースもありますが、コースレイアウトや馬場状態、馬の癖によっては、枠順が各陣営の戦略に影響するウエイトは大きくなり、展開を大きく左右することもあります。渇望される枠順もあれば忌避される枠順もある。

　そういったことを改めて教えてくれたのが、2014年有馬記念の公開枠順抽選だったと言えるでしょう。

PART 1

01 "大して差はない" と思われがちな枠順別成績

枠順の有利・不利は一見しただけでは分からない

　競馬は陸上競技などとは違い、外枠の距離ロスに対して特別なケアをしていません。つまり、構造上で考えれば、走行距離が短くて済む分、内枠が有利な仕組みとなっています。では実際、どれくらい有利なのか？　右頁に芝・ダート合計の枠順別成績を出したのでご覧ください。

　表を見て、「あれ？」と思われた方も多いのではないのでしょうか？　そう、実はクラスやコースを問わずにトータルの枠順別成績を抽出すると、枠順ごとの差など殆どなく、驚くほど"平等"であることが分かるかと思います。

　同じ公営競技の競艇と比較した場合、これは驚くべき数字です。なぜなら競艇の場合は、1号艇から6号艇までの6艇による競争ですが、1号艇の勝率が5割近くあるからです。つまり、圧倒的に内枠が有利で、競馬のそれとは比較にならないのです。…となると、プロローグで解説した"有馬記念内枠有利説"は、ただの幻想、関係者の思いこみなのでしょうか？　無論、そんなことはありません。

　競馬が競艇と決定的に違うところは、コースが多岐にわたっている点です。JRAが主催する10場の競馬場はそれぞれ特徴が違い、コースも芝コース、ダートコースとあり、距離も様々です。実は、そこに見えない落とし穴があるのです。施行条件によって、状況（内枠が有利になるか不利になるか）は大きく変わります。プロローグで紹介した有馬記念は、まさにコース形態上、内枠が有利になりやすいコースの代表格である、「中山芝2500m」という条件下で行われるレースだからこそ、みんながこぞって内枠を欲していたのです。

　ではなぜ、中山芝2500mは内枠が有利になりやすいのでしょうか？　それは同コースの場合、スタート直後にカーブが続くためです。内枠の馬が"無理せずとも"先頭、もしくは好位を取れるのに対し、外枠の馬が先頭、もしくは好位を取ろうとしたら、気合いをつけて前に行く必要があります。つまり、そこで脚を使ってしまうのです。

　他にも、こういった内枠有利のコースにありがちなのは、最初のコーナー（初角）までの距離が短いコースです。京都芝1200mなどがその典型ですが、同条件で行われる京阪杯の枠順別成績などを見てみると、そこに厳然たる事実（枠による有利不利）が見えてきます。

012

枠順と位置取りで勝ち馬を見抜く!

総合枠順別成績（芝・ダート全コース混合）

	着別度数	勝率	連対率	複勝率	単回値	複回値
1枠	1176 - 1154 - 1311 - 14151 ／ 17792	6.6%	13.1%	20.5%	66円	71円
2枠	1359 - 1295 - 1358 - 15117 ／ 19129	7.1%	13.9%	21.0%	70円	74円
3枠	1348 - 1354 - 1353 - 16022 ／ 20077	6.7%	13.5%	20.2%	73円	73円
4枠	1416 - 1454 - 1461 - 16576 ／ 20907	6.8%	13.7%	20.7%	67円	70円
5枠	1554 - 1558 - 1500 - 17169 ／ 21781	7.1%	14.3%	21.2%	77円	74円
6枠	1611 - 1591 - 1557 - 17609 ／ 22368	7.2%	14.3%	21.3%	77円	72円
7枠	1647 - 1708 - 1601 - 18969 ／ 23925	6.9%	14.0%	20.7%	76円	73円
8枠	1710 - 1704 - 1673 - 19319 ／ 24406	7.0%	14.0%	20.8%	70円	70円

集計期間:2015. 1. 4 ～ 2018. 7.15

芝・ダート、コースを問わないで出した場合のデータは、勝率や連対率はおろか、回収率までも近い数字になる!

有馬記念過去20年枠番別成績

	着別度数	勝率	連対率	複勝率	単回値	複回値
1枠	5 - 4 - 1 - 22 ／ 32	15.6%	28.1%	31.3%	95円	143円
2枠	2 - 3 - 4 - 25 ／ 34	5.9%	14.7%	26.5%	179円	116円
3枠	2 - 4 - 2 - 28 ／ 36	5.6%	16.7%	22.2%	7円	73円
4枠	4 - 3 - 3 - 29 ／ 39	10.3%	17.9%	25.6%	73円	80円
5枠	2 - 4 - 3 - 29 ／ 38	5.3%	15.8%	23.7%	55円	91円
6枠	2 - 0 - 4 - 34 ／ 40	5.0%	5.0%	15.0%	12円	72円
7枠	1 - 1 - 3 - 35 ／ 40	2.5%	5.0%	12.5%	6円	24円
8枠	2 - 1 - 0 - 37 ／ 40	5.0%	7.5%	7.5%	13円	63円

集計期間:1998.12.27 ～ 2017.12.24

有馬記念の内枠有利は決して幻想ではなかった!
1枠の複勝率30％超 & 複回値143円は出色の数字!

京阪杯過去20年枠番別成績

	着別度数	勝率	連対率	複勝率	単回値	複回値
1枠	2 - 3 - 4 - 26 ／ 35	5.7%	14.3%	25.7%	109	108
2枠	5 - 3 - 0 - 31 ／ 39	12.8%	20.5%	20.5%	195	94
3枠	2 - 5 - 3 - 29 ／ 39	5.1%	17.9%	25.6%	43	107
4枠	2 - 3 - 4 - 30 ／ 39	5.1%	12.8%	23.1%	37	90
5枠	3 - 1 - 3 - 31 ／ 38	7.9%	10.5%	18.4%	32	91
6枠	2 - 2 - 2 - 34 ／ 40	5.0%	10.0%	15.0%	76	84
7枠	3 - 0 - 3 - 46 ／ 52	5.8%	5.8%	11.5%	50	51
8枠	1 - 3 - 2 - 48 ／ 54	1.9%	7.4%	11.1%	338	104

集計期間:1998.11.28 ～ 2017.11.26

京阪杯は枠が内であればあるほど成績が優秀。
1枠 & 2枠は単回収率も堂々の100％オーバー。

PART 1

02 構造上、どうしても有利・不利が発生してしまうコース

コースごとに見ていくと、偏りの激しさが分かる

　競馬は競艇ほどではないにせよ、外枠に対して特別な"距離の補填"を行っていないことを考えれば、基本的には内枠が有利と考えて間違いありません。ただ、中には、コース構造上、外枠が有利になるコースも存在します。ダート戦で言えば、引き込み型のダートコース（新潟ダ1200m、中山ダ1200m、東京ダ1600m）がその典型と言えるでしょう。

　引き込み型のダートコースは、スタート地点が芝になっていて、外枠の方が長い距離を芝の上で走ることになります。芝の上を走る方が、脚をとられない分、ダッシュが利くことになり、結果的に良いポジショニングを確保することができるわけです。良いポジショニングを取れることで得られるアドバンテージは、"ごく僅か"ですが、競馬がコンマ何秒を競う世界であることを考えれば、ごく僅かな差は決してバカにできません。

　外枠が有利になるのは、何もダートだけではありません。芝のレースにおいても、外枠有利なコースが存在します。その代表格が新潟の直線コース（新潟芝1000m）でしょう。馬はラチに頼って走る面があります。ラチに頼ることで、まっすぐ走れるメリットが生まれ、結果的にロスがなくなる分、好成績に繋がるわけです。無論、ラチは外側だけでなく、内側にも存在しますが、内側は通常のレースでも使われている分、決して馬場状態が良くありません。そのため、多少の距離損があったとしても、良好な馬場状態が保たれている外ラチに馬が集中するのです。

　同様に、新潟コースでは芝1600m、芝1800m、芝2000m（外）の外回りコースにおいても外枠有利の傾向が出ています。これは、向こう正面と最後の直線が長く、コーナー区間が短いので距離のロスが生じにくく、最後の直線で勢いに乗せるために外を伸び伸びと走ることが勝敗を分けるためでしょう。

　ただし、全体的に見れば多くがこれらとは異なり、コーナー区間が長いコース形態です。馬場状態が良好であった場合、コーナー区間が長ければ長いほど外を走ることは単純なロスになるので、芝のレースは原則的には内枠が有利であり、外枠が有利になることは多くありません。

新潟ダ1200m枠順別データ

	着別度数	勝率	連対率	複勝率	単回値	複回値
1枠	12 - 10 - 16 - 156 / 194	6.2%	11.3%	19.6%	45円	49円
2枠	18 - 27 - 20 - 308 / 373	4.8%	12.1%	17.4%	32円	98円
3枠	21 - 17 - 35 - 313 / 386	5.4%	9.8%	18.9%	79円	66円
4枠	25 - 23 - 29 - 309 / 386	6.5%	12.4%	19.9%	76円	68円
5枠	26 - 25 - 20 - 320 / 391	6.6%	13.0%	18.2%	58円	60円
6枠	29 - 35 - 25 - 301 / 390	7.4%	16.4%	22.8%	52円	68円
7枠	33 - 26 - 26 - 307 / 392	8.4%	15.1%	21.7%	88円	71円
8枠	32 - 34 - 24 - 302 / 392	8.2%	16.8%	23.0%	60円	65円

集計期間:2015.5.2～2018.5.20

中山ダ1200m枠順別データ

	着別度数	勝率	連対率	複勝率	単回値	複回値
1枠	47 - 44 - 46 - 728 / 865	5.4%	10.5%	15.8%	36円	53円
2枠	57 - 60 - 53 - 723 / 893	6.4%	13.1%	19.0%	83円	71円
3枠	54 - 45 - 51 - 754 / 904	6.0%	11.0%	16.6%	58円	66円
4枠	53 - 58 - 60 - 740 / 911	5.8%	12.2%	18.8%	66円	70円
5枠	53 - 56 - 58 - 745 / 912	5.8%	12.0%	18.3%	66円	72円
6枠	58 - 69 - 66 - 720 / 913	6.4%	13.9%	21.1%	56円	77円
7枠	62 - 62 - 58 - 735 / 917	6.8%	13.5%	19.8%	60円	66円
8枠	78 - 65 - 67 - 706 / 916	8.5%	15.6%	22.9%	103円	78円

集計期間:2015.1.4～2018.4.15

東京ダ1600m枠順別データ

	着別度数	勝率	連対率	複勝率	単回値	複回値
1枠	25 - 31 - 32 - 593 / 681	3.7%	8.2%	12.9%	34円	53円
2枠	41 - 33 - 56 - 578 / 708	5.8%	10.5%	18.4%	59円	72円
3枠	49 - 37 - 50 - 609 / 745	6.6%	11.5%	18.3%	118円	69円
4枠	58 - 47 - 50 - 610 / 765	7.6%	13.7%	20.3%	58円	56円
5枠	58 - 60 - 49 - 609 / 776	7.5%	15.2%	21.5%	80円	64円
6枠	51 - 58 - 50 - 627 / 786	6.5%	13.9%	20.2%	58円	63円
7枠	63 - 67 - 46 - 613 / 789	8.0%	16.5%	22.3%	128円	91円
8枠	53 - 65 - 62 - 609 / 789	6.7%	15.0%	22.8%	55円	71円

集計期間:2015.1.31～2018.6.24

新潟芝1000m枠順別データ

	着別度数	勝率	連対率	複勝率	単回値	複回値
1枠	6 - 5 - 3 - 142 / 156	3.8%	7.1%	9.0%	56円	33円
2枠	4 - 5 - 3 - 146 / 158	2.5%	5.7%	7.6%	10円	22円
3枠	11 - 5 - 8 - 137 / 161	6.8%	9.9%	14.9%	161円	60円
4枠	9 - 8 - 7 - 140 / 164	5.5%	10.4%	14.6%	55円	97円
5枠	9 - 6 - 12 - 140 / 167	5.4%	9.0%	16.2%	80円	74円
6枠	5 - 16 - 13 - 133 / 167	3.0%	12.6%	20.4%	35円	63円
7枠	16 - 24 - 19 - 143 / 202	7.9%	19.8%	29.2%	87円	138円
8枠	24 - 15 - 19 - 148 / 206	11.7%	18.9%	28.2%	93円	81円

集計期間:2015.5.2～2018.5.20

PART 1

03 競馬は「前へ行った方が絶対有利」であることの証明

長い距離でもスタートが良いに越したことはない

　競馬は所謂タイムトライアル（時計勝負）とは違い、その競走（メンバー）の中で、"1着になったものが勝者"となります。つまり、仮にタイムが無茶苦茶遅くても、そのレースに出走しているライバル達を蹴散らし、最終的に勝ちさえすれば良いわけです。

　それ故に、たとえば自分が買っていない馬がロケットスタートを切っても、あまり気にしません。「自分の買っている馬は本命馬だし、そんなに焦らなくてもゆっくり進んで行けば最後にシッカリ捕まえてくれるだろう…」などと、甘いことを考えがちです。しかし、実はこれは恐ろしいことなのです。

　先ほどから例にあげている競艇に置き換えて考えてみましょう。自分の買っていない号艇の選手にロケットスタートを切られたらどうなるか？　もう絶望以外の何物でもありません。

　競艇も競馬と一緒で、1着を競う競技です。故に、「先手を奪われても捲ったり差したりすればいいんだろう」と考えるかも知れませんが、競艇の場合、捲ったり差したりするのは容易ではありません。大きなトラブルがない限り、1周目の大勢（位置取り）で決してしまうことが殆どなのです。

　競馬の場合、競艇に比べれば、数段、差しや追込みが決まりやすい競技ですが、それでも逃げ・先行、つまり好スタートから前目につけた馬が有利であるという原則は一緒です。なぜこうなるのか？　それは、前目で競馬を進める馬に対して、後ろから進出する馬は、不利を受けやすいからです。

　基本、先行勢はラチ沿いを走っているため、それをよけるために外目を走らなければならず、距離を余分に走らされます。無理に内をこじ開けようとしても、前が壁になることが多く、時にはブレーキをかけなければならない憂き目にも遭います。逆に言えば、逃げ・先行馬は、そういったストレスがなく走れているわけです。

　また、逃げ・先行馬は来る（残る）可能性が高い割に、人気面では甘くみられがちです。これは"競馬特有"の現象と言えるかも知れません。実際に私も、逃げ・先行馬を押さえていたお陰で、美味しい目に遭ったことは何度もあります。

4角通過順位別データ(総合)

4角位置	着別度数	勝率	連対率	複勝率	単回値	複回値
1番手	1797 - 1238 - 881 - 4527 / 8443	21.3%	35.9%	46.4%	235円	162円
2番手	1679 - 1641 - 1196 - 7385 / 11901	14.1%	27.9%	37.9%	130円	117円
3番手	1134 - 1153 - 1114 - 6381 / 9782	11.6%	23.4%	34.8%	106円	105円
4番手	904 - 917 - 922 - 6094 / 8837	10.2%	20.6%	31.0%	93円	95円
5番手	662 - 730 - 845 - 6258 / 8495	7.8%	16.4%	26.3%	68円	83円
5番手以内	6176 - 5679 - 4958 - 30645 / 47458	13.0%	25.0%	35.4%	126円	113円

2016年1月1日~2018年7月8日

上がり3F順位別データ(総合)

上がり順位	着別度数	勝率	連対率	複勝率	単回値	複回値
1位	3107 - 1809 - 1338 - 3605 / 9859	31.5%	49.9%	63.4%	303円	208円
2位	1768 - 1791 - 1307 - 4295 / 9161	19.3%	38.8%	53.1%	170円	169円
3位	1125 - 1321 - 1408 - 4967 / 8821	12.8%	27.7%	43.7%	136円	145円
4位	831 - 1057 - 1143 - 5774 / 8805	9.4%	21.4%	34.4%	107円	116円
5位	528 - 760 - 895 - 6212 / 8395	6.3%	15.3%	26.0%	72円	89円
5位以内	7359 - 6738 - 6091 - 24853 / 45041	16.30%	31.30%	44.80%	162円	148円

2016年1月1日~2018年7月8日

2018.1.21 AJCC
3連単
246.2×1,000円
=246,200円

逃げ馬は不当評価を受けることが多く、配当面で美味しいことが多々ある。左はヒモで抑えたマイネルミラノの激走で、下はカワキタエンカの好走で共に高配当を奪取！

2018.3.10 中山牝馬S
単勝
8.2×15,000円
3連複
111.2×1,000円
=234,200円

PART 1

04 「道中の位置取り」が絶対的にモノを言う条件

先手必勝が通用するコースにはカラクリがある

　競馬はタイムトライアルを競うものではないにせよ、ある程度前目につけられる逃げ・先行馬が有利であるということをお話させて頂きましたが、これも枠順の話と同様で、それが顕著に数字に表れるコースとそうでないコースがあります。有利なコースの代表格と言えば、芝ではやはり京都の短距離戦。そして、ダートの場合だと小倉の短距離戦がその最たるものでしょう。

　特にダート戦における「逃げ・先行有利」はデータで比較しても分かる通り、"えげつない"ことになっています。小倉1000m戦に関して言えば、3コーナーまでに先手（ハナ）を奪ってしまえば、6割弱で連対して、7割弱で馬券に絡んでおり、もはや"逃げ馬探しゲーム"の様相です。

　ではなぜこれほどまでに、短距離戦では逃げ・先行馬が有利なのでしょう？恐らく容易に想像はつくことでしょう。それはゴールまでの距離が短いため、単純に一完歩でも速く飛び出した馬、或いは好位にとりつけられた馬がそのままアドバンテージになるからです。

　京都や小倉で特に成績が良いのも簡単な話です。理由は至って単純で、京都のようにコーナーが多くあったり、小倉のように小回りのコースの方が、差し・追い込み馬が"追い越しにくい"からです。

　この理屈は、逆のケースに当て嵌めることもできます。つまり、距離が長く、しかもコーナーが少ない広いコースであれば、差し・追い込み馬にとっては"有利"とまでは言わないまでも、少なくとも大きな不利とはならないわけです。

　具体的なコースを示すと、たとえば同じ京都競馬場でも、京都芝1800mや京都芝2400mなどは、むしろ差し・追い込み馬の活躍が顕著です。詳しくは後ほど、推定3ハロンの項（CHAPTER10）で触れますが、直線が長く、極端に外が伸びないコースでない限りは、むしろジックリと後ろで構える"末脚自慢"の差し・追い込み馬に期待した方が良い場合もあります。

　他の競馬場でも、東京・阪神・新潟といった直線が長く、幅員も広いコースに関して言えば、2400mのコースにおいて上がり3ハロン1位の馬の連対率が7割弱という驚異的な数字を誇っているように、後方に構えていてもまったく問題ないコースは点在しています。

018

小倉ダ1000m　3角順位別データ

	着別度数	勝率	連対率	複勝率	単回値	複回値
3角1番手	32 - 18 - 10 - 30 / 90	35.6%	55.6%	66.7%	234円	166円
2番手以内	56 - 41 - 24 - 90 / 211	26.5%	46.0%	57.3%	186円	155円
3番手以内	69 - 55 - 38 - 165 / 327	21.1%	37.9%	49.5%	162円	135円
4番手以内	79 - 64 - 50 - 223 / 416	19.0%	34.4%	46.4%	145円	129円
5番手以内	85 - 74 - 57 - 286 / 502	16.9%	31.7%	43.0%	128円	117円
7番手以内	88 - 80 - 71 - 446 / 685	12.8%	24.5%	34.9%	124円	102円
10番手以内	88 - 86 - 88 - 678 / 940	9.4%	18.5%	27.9%	90円	88円

集計期間:2015. 2. 7 ～ 2018. 3. 4

ダート1000～1200m　3角順位別データ

	着別度数	勝率	連対率	複勝率	単回値	複回値
3角1番手	406 - 256 - 167 - 757 / 1586	25.6%	41.7%	52.3%	231円	166円
2番手以内	755 - 590 - 416 - 2038 / 3799	19.9%	35.4%	46.4%	186円	147円
3番手以内	961 - 827 - 627 - 3207 / 5622	17.1%	31.8%	43.0%	164円	136円
4番手以内	1099 - 977 - 792 - 4423 / 7291	15.1%	28.5%	39.3%	144円	124円
5番手以内	1212 - 1108 - 940 - 5614 / 8874	13.7%	26.1%	36.7%	131円	116円
7番手以内	1358 - 1285 - 1166 - 8125 / 11934	11.4%	22.1%	31.9%	113円	103円
10番手以内	1498 - 1458 - 1398 - 12237 / 16591	9.0%	17.8%	26.2%	94円	90円

集計期間:2015. 1. 4 ～ 2018. 7. 15

芝1000～1200m　3角順位別データ

	着別度数	勝率	連対率	複勝率	単回値	複回値
3角1番手	233 - 163 - 89 - 620 / 1105	21.1%	35.8%	43.9%	219円	146円
2番手以内	437 - 344 - 226 - 1611 / 2618	16.7%	29.8%	38.5%	166円	128円
3番手以内	547 - 481 - 378 - 2547 / 3953	13.8%	26.0%	35.6%	131円	117円
4番手以内	663 - 604 - 492 - 3421 / 5180	12.8%	24.5%	34.0%	122円	111円
5番手以内	745 - 692 - 598 - 4283 / 6318	11.8%	22.7%	32.2%	113円	104円
7番手以内	885 - 854 - 760 - 5924 / 8423	10.5%	20.6%	29.7%	101円	99円
10番手以内	1001 - 981 - 948 - 8545 / 11475	8.7%	17.3%	25.5%	88円	88円

集計期間:2015. 1. 5 ～ 2018. 7. 15

京都芝1200m　3角順位別データ

	着別度数	勝率	連対率	複勝率	単回値	複回値
3角1番手	26 - 22 - 5 - 48 / 101	25.7%	47.5%	52.5%	358円	182円
2番手以内	38 - 37 - 17 - 140 / 232	16.4%	32.3%	39.7%	192円	155円
3番手以内	48 - 51 - 37 - 231 / 367	13.1%	27.0%	37.1%	136円	139円
4番手以内	59 - 61 - 44 - 287 / 451	13.1%	26.6%	36.4%	156円	138円
5番手以内	72 - 70 - 53 - 386 / 581	12.4%	24.4%	33.6%	135円	123円
7番手以内	85 - 81 - 68 - 546 / 780	10.9%	21.3%	30.0%	110円	109円
10番手以内	94 - 86 - 85 - 792 / 1057	8.9%	17.0%	25.1%	96円	90円

集計期間:2015. 1. 10 ～ 2018. 5. 27

PART 1

05 「枠順」と「位置取り」の 条件に合致した馬は激アツ

人気に臆することなく勝負できれば好結果も

これまで、枠順に関する話、位置取りに関する話をデータで示しながら説明してきました。内容を簡単にまとめると、基本、枠順に関しては、全体的に内枠が有利だけども、ダートに関しては例外的に外枠が有利になるコースもあるという話で、位置取りに関しては、前目につけることが圧倒的に有利で、例外となり得るのは長距離戦且つ長い直線のあるコースという話でした。

では果たして、この2つ、つまり「枠順」と「位置取り」共に、ベストの条件で挑める馬がいたとしたらどうすれば良いでしょうか？ 無論それは、勝負に出る手です。

サンプルを取り上げてみましょう。今年から新設された重賞・葵S（京都芝1200・3歳OP）がまさに、勝負するにふさわしいレースでした。

京都芝の1200m戦は、前項でも何度か説明してきた通り、圧倒的に内枠が有利。そのラッキーゲート（内枠）に、逃げ・先行馬が入れば激アツとなります。

馬柱を見て、内枠（1～2枠）の馬の戦績に目を凝らします。すると、4頭の中でハナを叩いた経験がある馬は、内から①ラブカンプー、②アサクサゲンキ、③ゴールドクイーンの3頭。中でも①ラブカンプーは、過去8戦中7戦を4角先頭で回っている完全なる逃げ馬。この馬を狙わない理由はどこにもありません。また③ゴールドクイーンも、ダートの一戦を除いた3戦で考えれば、すべてで4角2番手以内ですから、そのスピード能力は疑いようがないものでした。

レースでは、その2頭がスンナリと先手を奪って、1、2番手を進む展開。同じく先行が期待された②アサクサゲンキこそ出遅れて5着止まりだったものの、結局、逃げた③ゴールドクイーンと①ラブカンプーがそのままゴールし、ピックアップした3頭のうち2頭で決まってアッサリとワンツー決着（2着同着）。③ゴールドクイーンの単勝は2,940円で、馬連①③も6,980円の高配当となりました。

このレースに関して言えば、第一回目の開催ということもあり、過去のデータも探れないため、慎重に挑んだ人も多かったと思います。しかし、フタを開けてみれば、内枠の逃げ・先行馬によるワンツーフィニッシュという、京都芝1200m戦における、"超ベタベタ"な結果に終わったのです。

枠順と位置取りで勝ち馬を見抜く！

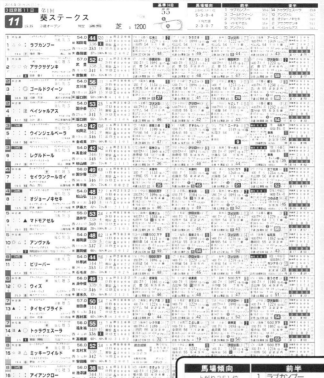

ハイブリッド新聞上では、上位入着馬に重い印が入っていた。また、1着だったゴールドクイーンは推定前半3ハロン2位、2着だったラブカンプーは推定前半3ハロン1位、2着同着のトゥラヴェスーラは推定後半3ハロン1位を示していた。

2018年 5月26日(土) 3回京都11日　天候：晴　馬場状態：良

【11R】 第1回葵S

3歳・オープン(重賞)(別定)　(国際)(特指)　芝・内 1200m　16頭立

着順	枠	馬番	馬名	性齢	斤量	騎手	タイム	着差	通過順位	上3F	人	体重
1	2	③	ゴールドクイーン	牝3	54	古川吉洋	1.08.0		01-01	34.1	9	454
2	1	①	ラブカンプー	牝3	54	和田竜二	1.08.2	1 1/4	02-02	34.1	6	424
2	7	⑭	トゥラヴェスーラ	牡3	56	福永祐一	1.08.2	同着	12-12	33.2	2	468
4	6	⑫	ウィズ	牡3	56	浜中俊	1.08.2	クビ	05-05	33.9	13	474
5	1	②	アサクサゲンキ	牡3	57	武豊	1.08.2	頭	12-13	33.1	1	458

単勝 ③ ¥2940　　馬連 01-03 ¥6980 (36) / 03-14 ¥4700 (28)
馬単 ③-① ¥16520 (85) / ③-⑭ ¥12060 (68)　　3連複 ①-③-⑭ ¥35170 (100/560)
3連単 ③-①-⑭ ¥138780 (696/3360) / ③-⑭-① ¥124940 (644/3360)

021

PART 1

06 天候の悪化などによる突然の "反転レース"には要注意

全てのレースを無理に傾向に当て嵌めることはない

　枠順と位置取りの条件を満たした馬を狙えば、的中の確率がアップすることを前項で紹介しました。しかし、こういった馬を狙う際にも、注意しなければいけない点があります。それは、馬場の傾向が明らかにいつもと違うような時です。たとえば、芝コースに関して言えば、開催が進んで使い込まれた馬場（芝）は、内側から傷んでいき、一定以上まで芝の傷みが進行すると、距離のロス以上にダメージが大きくなる（前に進んでいかない）ケースがあります。

　記憶に新しいところでは、17年秋の京都開催が典型的な例と言えます。この開催は、秋華賞の週から3週続けて雨に見舞われて、秋華賞は「重」、菊花賞は「不良」で行われました。さらに、続く天皇賞（秋）の週でも、全国的に雨が降り、京都もメインレースの頃には「芝=不良」の発表になっていました。

　その結果、内の馬場悪化が例年以上のものとなってしまいました。この影響が最も大きく出たのが年明けの京都開催で、例年通りなら、京都金杯やシンザン記念は、「内枠&先行有利」の結果となるはずですが、芝が回復していないため、外枠を引いた外を通る差し馬が台頭するという"反転現象"が起きたのです。

　こういった現象は何も特別なことではなく、割と頻繁に起こり得ることで、実際に今年の梅雨時にも各競馬場で"反転レース"が発生していました。

　また、馬場の悪化などが原因で起こる反転レースとは別に、傾向とはまったく別の結果になる"イレギュラーレース"というのも存在するので、そちらも注意して覚えておく必要があります。イレギュラーレースの代表として真っ先に思い浮かぶレースは、何と言っても桜花賞です。

　桜花賞はご存知の通り、阪神芝1600mという条件で行われます。この条件は、阪神JFの例を見ても分かる通り、元来、内枠の成績は悪くありません。ところがなぜか、桜花賞にとっては"魔の枠"となっているのです。人気馬がことごとく内枠で敗れる一方、人気薄の外枠の馬がバンバン穴をあけています。

　このような特殊なイレギュラーレースは、重賞レースに潜んでいます。3章では、全重賞の傾向を取りあげていますので、そこで新たなイレギュラーレースを発見できるかも知れません。隅々まで読んで頂き、是非馬券に活かしてみて下さい。

枠順と位置取りで勝ち馬を見抜く!

【初 日8R】

ブレッシングテレサ（1着）藤岡佑騎手　中1週でも状態は良かったし、むしろ上がっているぐらいでした。今日は馬場が重いので、いつもと違って流れに乗せていったんです。同じ条件ならクラスが上がってもやれると思います。

スリーランディア（2着）岩田騎手　大外枠で後入れだったので、今日はゲートが決まりましたし、ラストも脚を使ってくれました。最後は勝ち馬の決め手が一枚上でしたね。

トワイライトライフ（3着）木幡初騎手　最内枠ですからロスなく立ち回れたのですが、3～4角ではいつものように手綱を持つところがなく、押っつけ押っつけに。最後も決してバテていないのですが、内は馬場が悪いので、今日はこの枠がアダになった面もあります。

エイシンエレガンス（4着）丸山騎手　昇級戦で外枠でしたが、頑張ってくれましたね。このクラスでもメドは立ったと思います。

コーラルリーフ（5着）古川吉騎手　この前より体が締まっていたし、楽なペースで行けたのでいいかなと思っていたのですが、馬場が悪かった分、踏ん張り切れなかったです。

ルーズベルトゲーム（9着）北村友騎手　脚を取られるようなところはありませんでしたが、こういう馬場より軽い馬場の方が持ち味を生かせそうです。

7月7日の函館8R後の騎手のレースコメント。芝の1200m戦だったにも関わらず、内枠が不利に働いたことを伺わすコメントが多発。結果的にスムーズな立ち回りが出来た馬が上位を占めた形となった。

2018年 7月7日(土)　2回函館1日　天候：雨　馬場状態：稍重

【8R】 3歳以上・500万下

(定量) (牝)[指定] 芝1200m 16頭立

		馬名	性齢	斤量	騎手	タイム	着差	通過順位	上3F	人	体重
1	5⑨	ブレッシングテレサ	牝5	55	藤岡佑介	1.10.1		06-07	35.6	5	488
2	8⑯	スリーランディア	牝4	55	岩田康誠	1.10.4	1 3/4	06-04	36.0	6	422
3	1①	トワイライトライフ	牝4	54☆	木幡初也	1.10.4	クビ	04-04	36.2	1	462
4	8⑮	エイシンエレガンス	牝3	52	丸山元気	1.10.4	頭	04-04	36.2	11	428
5	3⑤	コーラルリーフ	牝3	52	古川吉洋	1.10.5	クビ	01-01	36.7	7	430

馬連 ⑨-⑯ ¥4840 (19)　3連複 ①-⑨-⑯ ¥5940 (17/560)　3連単 ⑨-⑯-① ¥49490 (141/3360)

阪神JF過去17年枠番別成績

	着別度数					勝率	連対率	複勝率	単回値	複回値
1枠	4	2	0	28	/34	11.8%	17.6%	17.6%	72円	56円
2枠	0	1	6	27	/34	0.0%	2.9%	20.6%	0円	44円
3枠	2	3	1	28	/34	5.9%	14.7%	17.6%	70円	65円
4枠	2	2	0	30	/34	5.9%	11.8%	11.8%	95円	102円
5枠	0	3	4	27	/34	0.0%	8.8%	20.6%	0円	90円
6枠	3	2	1	28	/34	8.8%	14.7%	17.6%	83円	45円
7枠	3	2	2	44	/51	5.9%	9.8%	13.7%	30円	70円
8枠	3	2	3	43	/51	5.9%	9.8%	15.7%	57円	65円

集計期間:2001.12.2～2017.12.10

桜花賞過去20年枠番別成績

	着別度数					勝率	連対率	複勝率	単回値	複回値
1枠	0	1	1	36	/38	0.0%	2.6%	5.3%	0円	22円
2枠	0	0	3	36	/39	0.0%	0.0%	7.7%	0円	26円
3枠	1	2	1	36	/40	2.5%	7.5%	10.0%	25円	28円
4枠	4	4	0	31	/39	10.3%	20.5%	20.5%	100円	59円
5枠	6	0	5	29	/40	15.0%	15.0%	27.5%	140円	119円
6枠	0	3	4	33	/40	0.0%	7.5%	17.5%	0円	54円
7枠	6	6	4	44	/60	10.0%	20.0%	26.7%	195円	103円
8枠	3	4	2	51	/60	5.0%	11.7%	15.0%	19円	80円

集計期間:1999.4.11～2018.4.8

023

PART 1

07 位置取りを「縦」ではなく「横」で見るとどうなるか

反転の発生をいち早く見抜くための施作

　競馬は全スポーツにおいても屈指と言える、天候の影響を受けやすい競技です。コースそのものが芝という生き物によって成っているので、天候や使用頻度などによって、どこを通るかによる有利不利が大いに偏りが発生します。

　右上の表は、18年3回中山の3月24日・25日、土曜日に日経賞が行われた週の枠順別成績です。この週の中山は、便宜上では2回中山から3回中山に替わって1週目ですが、実質連続開催の5週目。芝はこの週までがAコース使用でした。そのため内の傷みが進んでいたこともあり、外枠有利に大きく偏ったのです。この土日は7枠が5勝を挙げて複勝率47％、中には単勝100倍超の人気薄による3着もありました。さらに、8枠が2勝・2着2回で複勝率23％。6枠も2着2回・3着2回で複勝率23％でした。対照的に1~4枠は1勝のみでした。

　内枠に強烈な偏りが発生するケースも多々あります。右下の表は、17年1回札幌の開幕週だった7月29日・30日、クイーンSが行われた週の枠順別成績です。この週は土日を通して1枠の複勝率は66％、2枠が53％と、極端な内枠有利が発生していました。クイーンSは、2枠2番のアエロリット（2番人気）による逃げ切りで、1枠1番のトーセンビクトリーが2着（6番人気）。4枠4番のクイーンズミラーグロ（8番人気）が3着。一方で、8枠12番に入っていた1番人気アドマイヤリードは6着に敗れています。土日を通しての内枠有利を察知できれば、3連単2→1→4の決着にも納得できます。

　このような傾向の発生をより早く見抜くために作ったのが位置取りシートというツールです。これは、元々JRDBで作っている「展開図」というツールを加工して作ったものであり、ざっくりと説明すると、過去の実績や今回の枠順を元に、進路を通るかを予測した上で、どの馬がどこを通るかを自動抽出します。さらに、「縦」の位置取り差の概念を無視して、「横」の位置取り（=進路取り）を重視し、再内・内・中・外・大外の五分類のうち、どこを通る馬が好走しているかをキャッチして予想に役立てるためのものです。

　実際に当日の傾向に偏りが見られた例がありますので、次頁からは、この位置取りシートを使っていて、ハッキリと傾向が出た日をご覧いただきましょう。

2018年3月24日～25日の枠順別成績

	着別度数	勝率	連対率	複勝率	単回値	複回値
1枠	0 - 1 - 1 - 9 /11	0.0%	9.1%	18.2%	0	46
2枠	1 - 2 - 2 - 8 /13	7.7%	23.1%	38.5%	225	190
3枠	0 - 1 - 0 -12 /13	0.0%	7.7%	7.7%	0	13
4枠	0 - 1 - 0 -13 /14	0.0%	7.1%	7.1%	0	7
5枠	1 - 0 - 1 -12 /14	7.1%	7.1%	14.3%	454	69
6枠	0 - 2 - 2 -13 /17	0.0%	11.8%	23.5%	0	43
7枠	5 - 0 - 3 - 9 /17	29.4%	29.4%	47.1%	160	224
8枠	2 - 2 - 0 -13 /17	11.8%	23.5%	23.5%	23	34

集計期間:2018.3.24 ～ 2018.3.25

2017年7月29日～30日の枠順別成績

	着別度数	勝率	連対率	複勝率	単回値	複回値
1枠	3 - 2 - 5 - 5 /15	20.0%	33.3%	66.7%	109	121
2枠	2 - 4 - 2 - 7 /15	13.3%	40.0%	53.3%	41	157
3枠	1 - 3 - 1 -13 /18	5.6%	22.2%	27.8%	16	137
4枠	1 - 0 - 3 -15 /19	5.3%	5.3%	21.1%	12	49
5枠	2 - 2 - 1 -15 /20	10.0%	20.0%	25.0%	26	32
6枠	2 - 0 - 1 -18 /21	9.5%	9.5%	14.3%	151	44
7枠	2 - 2 - 1 -16 /21	9.5%	19.0%	23.8%	45	53
8枠	1 - 1 - 0 -19 /21	4.8%	9.5%	9.5%	19	11

集計期間:2017.7.29 ～ 2017.7.30

PART 1

08 位置取りシートの効果①（芝コース編）

絶好のポジショニングが分かれば的中が連発する

　右の表が、前項で説明させていただいた位置取りシートです。ここでは、分かりやすくするために、レース後の着順も加えています。馬名の右端の四角数字がそれで、1～3着馬を白抜きにしました。

　ダービーデーの2018年5月27日、裏開催の京都芝コースでは、内の1・2列目が固まって好走する偏りが発生していました。8R（4歳以上1000万下）は、8番サイモンラムセス（7番人気）が逃げ切り勝ち、2着には2番手をキープした5番モーヴサファイア（4番人気）が入り、8頭立ての少頭数ながら、馬連5,910円・3連複13,440円・3連単119,240円という決着でした。このレース、位置取りシートを見るとサイモンラムセスは「最内・1列目」、モーヴサファイアは「最内・2列目」となっています。続く10Rは「内・2列目」「中・1列目」「最内・1列目」が、11Rは「内・1列目」「内・2列目」「最内・1列目」が1～3着。人気サイドとはいえ、上位馬は内に偏っていたことが分かります。そして、3連複99,790円、3連単416,660円の高配当だった最終12R（1000万特別）。先行した「内・1列目」のゲンキチハヤブサ（2番人気）が内から抜け出して勝ち、内を回った「中・1列目」トシストロング（4番人気）が直線で最内を伸びて2着と、やはり内を通った馬が好走しました。ちなみに、3着の2番シゲルノマオイ（15番人気）も右のシートには入っていないものの、データ上は「最内・4列目」でした。

　対照的に、外に偏る日もあります。22ページで触れたように、2018年の京都開催は序盤から内が荒れ気味で、後半はとくに外有利の傾向が色濃くなっていました。そこで、2回京都最終週（2月17日）の位置取りシートと結果を見てください。5Rは大外と外が1・3着、6Rの1～3着も大外と外、9Rも外と大外でワンツーを決めています。また、ここに挙がった馬はすべて1・2列目でした。さらにメインレースの京都牝馬Sでも、「大外・2列目」の8番ミスパンテール（1番人気）が人気に応え、僅差の2着には「大外・1列目」の10番デアレガーロ（4番人気）が入りました（3着の5番人気エスティタートは、右のシートには入っていませんが、データ上では「大外・3列目」でした）。

　このように、内・外で極端な偏りが出ている日は、人気に関係なく内寄りか外寄りを狙うべきなのです。

芝のレースで「内」が好走した例(5月27日京都)

芝のレースで「外」が好走した例(2月17日京都)

PART 1

09 位置取りシートの効果②（ダートコース編）

どこを通った馬が伸びているかを知ることが重要

　ダートにも内・外の偏りは発生します。

　2018年1月20日の中山ダートは、外を通る馬に有利な偏りが見られました。1Rは「外・1列目」の11番ドリュウ（2番人気）が1着、「中・1列目」の16番イッツマイターン（5番人気）が2着。一見、よくある人気馬同士での決着にも見えますが、「最内・1列目」にいた1番人気の7番ビビットプルメージ、「最内・2列目」にいた3番人気の13番パズルリンクスに、外の2頭が先着しています。2Rは大外・中・大外に入っていた1〜3番人気馬が順当に好走しましたが、3Rは「外・2列目」の14番トラストアゲン（8番人気）が3着に入り、3連単219万馬券を演出。前半3Rで外に偏っている予兆を感じ取ることができました。

　その後も9Rは外・大外の3頭での決着。そして11Rは1倍台の断然人気だった「外・1列目」の16番フェニックスマークが危なげなく勝利し、3着に「大外・1列目」の9番エネスク（8番人気）が入ったことで、配当に色を付けました。この日、外か大外で1番人気に支持されていた馬は、4頭中3頭が1着でした。

　ダートは性質上、外に偏ることが多いのですが、内の偏りが生じる日もあります。2018年1月28日の京都ダートは、午前中から人気馬が順当に好走し、やや内有利かという程度でした。しかし、4Rと7Rで中と内の8番人気馬が激走したうえ、7Rと12Rは最内〜中で3着以内を独占したのです。

　今回は位置取りシートを使って内と外の偏りを見てきましたが、もちろんメモを取る程度でも構いませんし、ご自身でオリジナルのシートを作ってみても良いと思います。重要なのは、「どのコースを通っている馬が伸びているか」をいち早く察知することでライバル（＝他の馬券購入者）に差を付けられる、ということ。また、PART4では「内・外を通る（通らせる）確率が高い騎手・調教師」「内・外を通った時に好走率が高い騎手・種牡馬」などのランキングを紹介しています。例えば内が有利な日で内を通りそうな馬だったとしても、騎手によっては狙いを下げるといった強弱をつけることが可能です。これらも参考にすれば、枠の有利不利だけを見て闇雲に狙うライバルに、差を付けられるかもしれません。いずれにしろ、「横」の位置取り（進路取り）に着目し、「どの馬が有利なコースを通ることができそうか」を考慮するのは、確実に馬券の精度アップに繋がるはずです。

ダートのレースで「外」が好走した例（1月20日中山）

ダートのレースで「内」が好走した例（1月28日京都）

PART 1

10 推定〈前半・後半〉3ハロンを使って絶対的能力を見抜く

激走の可能性の高い馬をピックアップする作業

前3項では、位置取りシートに関する話、つまりレースの展開を「横」から見た場合の効果について説明してきましたが、無論、展開は「縦」で見ることが基本です。要は「内を通ったのか外を通ったのか」に対し、「前に行ったのか後ろに行ったのか」という話です。

ここまでも何度か触れてきましたが、基本、競馬は前に行っていた方が有利で、後ろから行って得になることはありません。とはいえ、ただガムシャラに前に行けばその馬が勝てるかと言えばそれもまた違います。結局のところ、馬個々の能力が最後にはモノを言います…。少し身も蓋もない話になってしまいましたが、その"能力"の一端を見抜くための方法として考え出されたのが「推定3ハロン」という理論です。

もう既にご存知の方も多いと思いますが、簡単に説明させて頂きますと、直近のレース内容を鑑みて、「今回のメンバーならハナに行けそう、もしくはそれに準ずるポジションにつけられそう」と思う馬が、「推定前半3ハロン上位馬」となります。そして、「今回のメンバーに入っても確実に上がり上位の末脚を繰り出せそう」という馬が「推定後半3ハロン上位馬」となります。

つまり、直近のレース内容や実力を考察し、今回どの馬がハナを叩いて、どの馬が上がり最速を繰り出せるか、自分なりにアタリをつけるわけです。既に前の項でも紹介したように、「4角1番手で回った馬」と、「上がり最速を繰り出した馬」の勝率と回収率は飛び抜けています。それらの馬を事前に推察して狙っていけば、必然的に的中に近づけるという訳です。

この章のまとめとして、本項では「4角先頭馬が結果を出すコース10選」と「上がり最速馬が結果を出すコース10選」を掲載しました。これらのデータは、私が「京大式推定3ハロン」の最初の本を出版した頃と極端に変わった部分は見られません。ということは、ここ10年くらい不変のデータです。

前に行き切った馬が有利なのか、後ろから行って上がり最速を繰り出すような馬が有利なのか。今まで解説してきた「枠順」と「位置取り」の話と照らし合わせながら、すべての条件にマッチングするような馬が見つかったら、是非とも積極的に狙ってみて下さい。

4角先頭馬が活躍する条件ベスト10

芝

		総数	1着	2着	3着	着外	勝率	連対率	3着内率	単勝回収値	複勝回収値
1	京都・芝2000	115	37 - 12 - 10 / 56				32.2%	42.6%	51.3%	510円	165円
2	函館・芝1800	50	16 - 6 - 4 / 24				32.0%	44.0%	52.0%	388円	147円
3	中京・芝1200	50	16 - 5 - 6 / 23				32.0%	42.0%	54.0%	392円	171円
4	京都・芝1200	73	22 - 16 - 5 / 30				30.1%	52.1%	58.9%	428円	205円
5	小倉・芝1200	169	44 - 24 - 13 / 88				26.0%	40.2%	47.9%	293円	168円
6	京都・芝1400外	62	16 - 5 - 8 / 33				25.8%	33.9%	46.8%	330円	218円
7	小倉・芝1800	86	20 - 10 - 14 / 42				23.3%	34.9%	51.2%	290円	162円
8	福島・芝2000	63	14 - 12 - 8 / 29				22.2%	41.3%	54.0%	204円	206円
9	函館・芝1200	111	24 - 20 - 11 / 56				21.6%	39.6%	49.5%	189円	154円
10	阪神・芝1200	61	13 - 9 - 10 / 29				21.3%	36.1%	52.5%	148円	142円

ダート

		総数	1着	2着	3着	着外	勝率	連対率	3着内率	単勝回収値	複勝回収値
1	函館・ダ1000	56	23 - 14 - 6 / 13				41.1%	66.1%	76.8%	278円	169円
2	函館・ダ1700	101	37 - 29 - 10 / 25				36.6%	65.3%	75.2%	255円	248円
3	福島・ダ1150	88	32 - 16 - 12 / 28				36.4%	54.5%	68.2%	302円	242円
4	小倉・ダ1000	64	23 - 14 - 9 / 18				35.9%	57.8%	71.9%	210円	191円
5	札幌・ダ1700	78	27 - 21 - 11 / 19				34.6%	61.5%	75.6%	389円	209円
6	新潟・ダ1200	142	45 - 17 - 14 / 66				31.7%	43.7%	53.5%	225円	141円
7	京都・ダ1200	177	55 - 22 - 16 / 84				31.1%	43.5%	52.5%	335円	235円
8	小倉・ダ1700	133	40 - 28 - 17 / 48				30.1%	51.1%	63.9%	205円	157円
9	京都・ダ1900	55	16 - 11 - 7 / 21				29.1%	49.1%	61.8%	305円	204円
10	京都・ダ1800	292	79 - 49 - 32 / 132				27.1%	43.8%	54.8%	402円	229円

上がり最速馬が活躍する条件ベスト10

芝

		総数	1着	2着	3着	着外	勝率	連対率	3着内率	単勝回収値	複勝回収値
1	京都・芝2400外	52	24 - 10 - 7 / 11				46.2%	65.4%	78.8%	207円	178円
2	中京・芝2200	52	23 - 10 - 7 / 12				44.2%	63.5%	76.9%	335円	250円
3	東京・芝2000	116	51 - 30 - 14 / 21				44.0%	69.8%	81.9%	298円	193円
4	東京・芝2400	92	39 - 22 - 11 / 20				42.4%	66.3%	78.3%	234円	151円
5	新潟・芝1800外	76	30 - 15 - 4 / 27				39.5%	59.2%	64.5%	204円	122円
6	阪神・芝2400外	52	20 - 16 - 6 / 10				38.5%	69.2%	80.8%	379円	220円
7	阪神・芝1800外	138	53 - 32 - 17 / 36				38.4%	61.6%	73.9%	418円	241円
8	阪神・芝1600外	151	55 - 34 - 20 / 42				36.4%	58.9%	72.2%	263円	168円
9	福島・芝1800	92	33 - 20 - 15 / 24				35.9%	57.6%	73.9%	347円	284円
10	京都・芝2200外	53	19 - 8 - 9 / 17				35.8%	50.9%	67.9%	186円	149円

ダート

		総数	1着	2着	3着	着外	勝率	連対率	3着内率	単勝回収値	複勝回収値
1	函館・ダ1700	114	60 - 13 - 9 / 32				52.6%	64.0%	71.9%	515円	241円
2	札幌・ダ1700	90	43 - 17 - 13 / 17				47.8%	66.7%	81.1%	442円	238円
3	東京・ダ2100	126	59 - 27 - 13 / 27				46.8%	68.3%	78.6%	504円	259円
4	中京・ダ1800	161	72 - 21 - 21 / 47				44.7%	57.8%	70.8%	758円	299円
5	新潟・ダ1800	167	73 - 28 - 23 / 43				43.7%	60.5%	74.3%	395円	240円
6	京都・ダ1800	319	136 - 75 - 47 / 61				42.6%	66.1%	80.9%	468円	292円
7	阪神・ダ1800	329	134 - 63 - 55 / 77				40.7%	59.9%	76.6%	413円	231円
8	福島・ダ1700	174	69 - 28 - 19 / 58				39.7%	55.7%	66.7%	308円	218円
9	中山・ダ1800	399	149 - 88 - 53 / 109				37.3%	59.4%	72.7%	343円	236円
10	中京・ダ1900	51	19 - 9 - 4 / 19				37.3%	54.9%	62.7%	663円	204円

2016年1月1日〜2018年7月8日

PART 2
展開図で覚える偏向レースの特徴

PART 2

01 中山金杯

中山芝2000m

| 枠順 重要度 | ◎ | 位置取り 重要度 | △ | 上がり 重要度 | △ |

一年の計は有力馬＋内枠狙いで福あり？

　競馬ファンにとって一年の計を占うオープニング重賞としてお馴染みの中山金杯は、年間でも屈指の内枠が有利な重賞のひとつである。ただし、中山芝2000mというコースそのものは決して内枠有利ではない。このコースは4コーナー近くの直線入り口地点からのスタートで1コーナーまでの距離も2F以上あるため、先行争いがコーナーまでもつれることは滅多になく、枠順の有利不利は大きくない。むしろ15頭立て以上の多頭数では外枠・特に大外馬番が有利な傾向すらある。ではなぜ内枠が有利になるのか？その理由のひとつは、施行時期にある。中山金杯の行われる1月5日（6日）は、12月の5回中山開催4週＋1日の開催が行われた翌週にあたり、気温の低い冬場なので芝も見た目には冬枯れが目立つ。しかし、1回中山の始まるこの週から芝はAコースからCコースへと都合6m分も仮柵が移動した直後。これにより、芝の荒れた部分が大幅に隠れる。

　もちろん、馬場状態だけでなく頭数やメンバー構成の関係でペースが上がりにくいことも関係している。実際に、2014年こそ前半3ハロンの方が1秒5も速い前傾ラップとなったが、その他の4年は後半の方が速い後傾ラップ。連対馬は全て4角3～8番手以内で立ち回っており4角9番手以降からの連対は一度もない。枠順ごとの成績を見ると、過去5年の勝ち馬は全て1～4枠から出ており、連対馬は馬番1～7番。12番より外の馬券絡みはない。先行馬でも道中で外を回り続けるのは不利。内枠の逃げ・先行～好位差しタイプに展開が味方することが多い。

　16年は7番マイネルフロストが前半3ハロン37秒2の超スロー逃げ。5番手から徐々にポジションを上げた5番ヤマカツエースが4コーナー2番手から差し切り。17年の前半3ハロン36秒1は額面上そこまで速いペースではないものの、3ハロン目から12秒7-11秒8-12秒5-12秒0と、緩んだり速くなったりを繰り返しており徒に消耗するペース。好位内から抜け出した2番クラリティスカイを、後方から徐々にポジションを上げた3番ツクバアズマオーが差し切り、3着は内をロスなく立ち回った1番シャイニープリンスが浮上して、3連復1-2-3の出目で決着した。18年は早めに展開の動くロングスパート戦になったものの、内枠から先行した人気馬同士で決着して馬連は1―6。このように、道中の展開は一定でなくとも結局は内枠同士で決着しやすい。

2016年 1月5日(火) 1回中山1日　天候：晴　馬場状態：良

【11R】第65回日刊スポーツ賞中山金杯
4歳以上・オープン・G3(ハンデ)　(国際)[指定]　芝 2000m 14頭立

着	馬名	性齢	上3F	人
1	4 5 ヤマカツエース	牡4	33.0	3
2	4 5 マイネルフロスト	牡5	34.4	5
3	6 10 フルーキー	牡6	32.7	1
4	8 13 ライストゥフェイム	牡6	32.6	6
5	3 3 ステラウインド	牡7	33.6	7
6	4 6 ブライトエンブレム	牡4	33.2	2
7	2 2 スピリッツミノル	牡4	34.0	9
8	3 4 ネオリアリズム	牡4	33.5	4
9	8 13 マイネルディーン	牡7	32.9	11
10	1 1 ロンギングサンー	牡7	33.3	10
11	5 7 フラアンジェリコ	牡4	33.8	12
12	7 12 バロンドゥフォール	牡6	32.9	8
13	7 11 メイショウカンパク	牡9	33.2	13
返	6 9 ベルーフ	牡4		

先手を主張する馬は不在で、様子を伺いつつ⑦がゴール板の前でジワッと先頭。2番手以下も内枠各馬が出たなりに位置取り直ぐに縦長の隊列。早めに流れが落ち着き向正面も大きな動きはなし。好位5番手・内から2頭目を進んだ⑤が4角で進出し、逃げ馬を競り落とす。2着に逃げた⑦。3着には1番人気の⑩が外から浮上。「前」・「内」有利が顕著。

馬連：5-7　¥1670 (6)　3連複：5-7-10 ¥1850 (2/286)
3連単：5-7-10 ¥11190 (23/1716)

2017年 1月5日(木) 1回中山1日　天候：晴　馬場状態：良

【11R】第66回日刊スポーツ賞中山金杯
4歳以上・オープン・G3(ハンデ)　(国際)[指定]　芝 2000m 13頭立

着	馬名	性齢	上3F	人
1	3 3 ツクバアズマオー	牡6	35.6	4
2	2 2 クラリティスカイ	牡5	36.6	6
3	1 1 シャイニープリンス	牡7	36.1	4
4	8 13 シャドウバーティー	セ8	36.1	9
5	6 9 カムフィー	牡4	35.9	11
6	7 11 トミケンスラーヴァ	牡7	37.2	12
7	5 7 ダンリンメジャー	牡7	37.4	5
8	4 4 ロンギングダンサー	牡8	36.2	8
9	7 10 ストロングタイタン	牡4	37.1	2
10	5 8 ドレッドノータス	牡5	36.8	3
11	4 5 ライストゥフェイム	牡6	36.1	10
12	6 10 マイネルフロスト	牡6	37.8	7
13	8 12 マイネグレヴィル	牝6	38.1	13

⑥が先手を主張するも11番がビタリとマークしてプレッシャーをかけ、1Fごとにラップの緩急を繰り返す妙な流れ。先行勢では逃げ馬の後ろでラチ沿いを進めた②が有利、1番人気の③は後方内で待機し、3角手前から外に出しつつ進出。乱ペースで先行各馬が苦しくなる中、抜け出した②を外に出した③が捕らえる。3着には内から①がしぶとく浮上。

馬連：2-3　¥1760 (7)　3連複：1-2-3 ¥2360 (5/286)
3連単：3-2-1 ¥10430 (24/1716)

2018年 1月6日(土) 1回中山1日　天候：晴　馬場状態：良

【11R】第67回日刊スポーツ賞中山金杯
4歳以上・オープン・G3(ハンデ)　(国際)[指定]　芝 2000m 17頭立

着	馬名	性齢	上3F	人
1	3 6 セダブリランテス	牡4	35.0	1
2	1 1 ウインブライト	牡4	34.8	2
3	6 11 ストレンジクォーク	牡6	34.5	10
4	4 7 ブラックバゴ	牡6	33.8	4
5	5 9 ダイワキャグニー	牡4	34.8	3
6	2 3 トーセンマタコイヤ	牡6	35.5	9
7	3 5 デニムアンドルビー	牝8	34.5	6
8	8 16 ケントオー	牡6	34.6	14
9	8 15 ショウナンマルシェ	セ7	35.0	15
10	6 10 カデナ	牡4	34.7	5
11	7 14 マイネルミラノ	牡8	35.9	12
12	2 4 アウトライアーズ	牡6	34.6	7
13	7 13 タイセイサミット	牡5	35.3	13
14	1 2 レアリスタ	牡6	35.4	8
15	5 6 フェルメッツァ	牡5	35.8	11
16	4 8 パリカラノテガミ	牡7	34.5	17
17	7 13 ジョルジュサンク	牡7	37.0	16

スタートから1F強の先行争いは③が外の先行馬に抵抗して逃げ、先団は3頭ずつ2列の並びで1コーナーへ。半前1000mは61秒5のスローで流れたが、向こう正面で⑭が外から動いて先頭に立つとペースアップ。終始ラチ沿いの3～4番手を立ち回った①が直線半ばで先頭に立ったのを、同じく2列目の1～2頭分外から伸びた⑥がゴール寸前で制する。

馬連：1-6　¥680 (1)　3連複：1-6-11 ¥5270 (13/680)
3連単：6-1-11 ¥18170 (38/4080)

PART 2

02 京都金杯

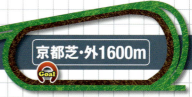

京都芝・外1600m

枠順 重要度	位置取り 重要度	上がり 重要度
◎	×	△

1～4枠の複勝率は5～8枠の複勝率の倍以上

　京都金杯が行われる1回京都1日目は芝Aコース使用。前年秋の4回京都（10月）は4週がAコース使用、5回京都（11月）は前半2週がBコース使用で、後半2週がCコース使用。つまり、開催の間隔はおよそ中1ヶ月ではあるものの、Aコースは2ヶ月ぶりの使用となるため、絶好の馬場状態となる内を通る馬の有利が大きい。これが正月競馬の京都芝で内枠・逃げ＆先行馬の好走が目立つ理由の要因となっている。

　能力格差の大きい0勝クラス（新馬・未勝利）をはじめとする下級条件ですら内有利の傾向が顕著なのに、京都金杯は古馬オープン馬が集まるうえにハンデ戦なのだから際立って当然。過去5年の連対馬10頭のうち7頭、3着以内馬15頭のうち11頭が馬番1～7番だった。1～4枠の複勝率が27％に対して、5～8枠は11％。過去5年・同コースで行われた全レースにおける1～4枠の複勝率が約23.1％であるのに対して、5～8枠は21.7％。元来がフラットな京都芝1600m外というコースだけに、京都金杯の内枠有利はかなりの偏りと言える。

　例外は18年のみ。1章でも述べたとおり17年秋は台風の影響で土日の降雨が続き、例年には見られないほどの馬場悪化。その馬場が回復しないまま迎えた18年京都金杯は例年と真逆で、中～外・中団～後方を進んだ馬が上位を独占している。1着ブラックムーンは、17年京都金杯にも出走していた。当時は2枠4番の絶好枠を引き当てて3番人気の支持を得たものの9着に惨敗。外枠・大外一気の戦法がハマった時に好走していた同馬にとって、内を立ち回る例年どおりの京都金杯は不向きだったが、馬場も展開も味方した例外的な18年の状況だったからこその勝利と言える内容であった。

　なお、17年の2番人気馬アストラエンブレム（7枠14番）は、道中は後方で内の進路を確保すると、直線でも上手く馬群を捌く巧妙なリカバリーを図ったものの4着まで。この17年は道中の流れが速くなり差し馬に流れが向いたものの、内枠を活かせないキャラクターのブラックムーン・枠順が外過ぎたアストラエンブレムが凡走しており、対照的に内枠を引いて上手く立ち回ったエアスピネル（3枠6番）・ブラックスピネル（1枠1番）・フィエロ（3枠5番）による上位独占だった。その他の年を見ても、外枠から好走するには鞍上の好騎乗や展開恩恵が必要で、基本は内枠の逃げ＆先行～好位差しタイプを重視すべき重賞と断定して問題ない。

2016年1月5日(火)　1回京都1日　天候：曇　馬場状態：良

【11R】第54回スポーツニッポン賞京都金杯
4歳以上・オープン・G3(ハンデ)　(国際)　芝・外 1600m　17頭立

着	馬名	性齢	上3F	人
1	4 7 ウインプリメーラ	牝6	33.9	3
2	7 14 テイエムタイホー	牡5	33.8	13
3	3 6 ミッキーラブソング	牡5	34.4	7
4	2 3 シベリアンスパーブ	牡7	33.7	5
5	1 1 ニンジャ	牡7	35.0	15
6	4 8 エイシンブルズアイ	牡6	33.9	6
7	6 12 エキストラエンド	牡7	33.4	4
8	8 15 タガノエスプレッソ	牡5	34.1	9
9	7 13 マーティンボロ	牡7	34.0	11
10	8 16 トーセンスターダム	牡5	34.0	1
11	6 11 マジェスティハーツ	牡7	33.8	12
12	5 9 オメガヴェンデッタ	セ5	33.9	2
13	2 2 バッドボーイ	牡6	34.6	16
14	3 5 メイショウマンボ	牝6	34.1	8
15	2 4 ケイティープライド	牡7	33.8	10
16	5 10 ダイワマッジョーレ	牡6	34.1	14
17	8 17 ドリームバスケット	牡9	34.9	17

内から押してハナに立った①が淀みない平均強のペースで先導。⑥・⑦が絶好位を確保して、外からは⑭が徐々に内に寄って3コーナー手前で3列目の内から2頭分の位置へ。直線半ばで⑦が末脚を伸ばし先頭に立つと、5番手からジリジリ迫った⑭が2着に浮上。⑥は絶好位から流れ込み3着を確保。中団からラチ沿いを追った③は僅かに届かず4着。

馬連 7-14 ¥15400 (46)　3連複 6-7-14 ¥63710 (179/680)
3連単 7-14-6 ¥347310 (930/4080)

2017年1月5日(木)　1回京都1日　天候：晴　馬場状態：良

【11R】第55回スポーツニッポン賞京都金杯
4歳以上・オープン・G3(ハンデ)　(国際)　芝・外 1600m　18頭立

着	馬名	性齢	上3F	人
1	3 6 エアスピネル	牡4	34.9	1
2	1 1 ブラックスピネル	牡4	34.7	6
3	3 5 フィエロ	牡8	34.3	2
4	7 14 アストラエンブレム	牡4	34.2	8
5	7 15 マイネルハニー	牡7	35.5	8
6	6 11 ダンツプリウス	牡5	35.5	9
7	6 12 ケントオー	牡5	35.4	10
8	6 12 ミッキージョイ	牡5	34.0	7
9	2 4 ブラックムーン	牡5	35.3	3
10	5 10 ダイシンサンダー	牡5	35.5	12
11	4 7 テイエムタイホー	牡8	35.2	14
12	4 8 ペイシャフェリス	牝4	36.2	16
13	8 17 ガリバルディ	牡5	35.2	4
14	5 9 テイエムイナズマ	牡7	36.0	11
15	8 18 ムーンクレスト	牡6	35.6	13
16	2 3 アルマディヴァン	牝7	36.5	17
17	8 16 サクラアドニス	牡9	36.2	18
18	1 2 ピークトラム	牡6	36.3	15

短距離型の⑧がハナに立つものの、内から③・外から⑮が絡んで前半3ハロン33秒9と序盤から速い流れ。中距離以上にも実績のある⑥は鞍上がハイペースを見越してか、馬群の外めを通り4コーナー出口で1列目まで進出。早め先頭から押し切る。①は先行馬の後退を察知して馬場中央へ。後方から同位置を伸びた⑤と共に勝ち馬に迫った。

馬連 1-6 ¥1120 (1)　3連複 1-5-6 ¥3260 (9/816)
3連単 6-1-5 ¥11040 (23/4896)

2018年1月6日(土)　1回京都1日　天候：晴　馬場状態：良

【11R】第56回スポーツニッポン賞京都金杯
4歳以上・オープン・G3(ハンデ)　(国際)[指定]　芝・外 1600m　13頭立

着	馬名	性齢	上3F	人
1	6 9 ブラックムーン	牡6	33.9	4
2	8 13 クルーガー	牡6	34.5	3
3	7 11 レッドアンシェル	牡4	34.8	1
4	5 7 ダノンメジャー	牡6	35.1	6
5	6 8 ストーミーシー	牡5	34.2	8
6	4 5 カラクレナイ	牝4	35.0	11
7	7 11 キョウヘイ	牡4	34.5	5
8	2 2 ラビットラン	牝4	34.8	2
9	1 1 マサハヤドリーム	牡7	34.6	13
10	4 4 アメリカズカップ	牡6	35.5	9
11	7 10 スズカデヴィアス	牡7	34.7	12
12	3 3 マイネルアウラート	牡7	35.7	10
13	8 12 ウインガニオン	牡6	38.8	7

外から⑫が先手を主張したものの③・④が抵抗。先行争いは3角手前まで続いたため、前半3ハロンは34秒2と速い流れに。前年秋の天候不順の影響で例年より内が荒れた馬場も手伝って、内を通る先行馬は直線に向いて早々に脱落。馬場中央から外を通った馬の脚色が良く、中でも大外を回った⑨が豪快に差し切り。2着も中団外から馬場中央を突いた⑬が浮上。

馬連 9-13 ¥2000 (5)　3連複 7-9-13 ¥1720 (3/286)
3連単 9-13-7 ¥11480 (20/1716)

PART 2

03 フェアリーS

中山芝1600m

枠順 重要度	○	位置取り 重要度	◎	上がり 重要度	△

レースを引っ張る馬のレベル如何で様相が変わる

中山芝1600mは1コーナー脇のポケット地点からのスタート。スタートから2コーナーまでが240mと短いため外枠は距離のロスが大きく、多頭数になるほど外を回らされてしまいがち。このフェアリーSは毎年のようにフルゲートが埋まるので、枠順は内に越したことはない。施行時期は金杯から数日後に組まれる3日間開催の2日目か3日目のいずれかで行われているが、中山記念の項で述べたとおりAコースからCコースに仮柵が移動して間もないことからも、内の馬場悪化は比較的軽微であることが多い。実際に過去5年では「4角先頭馬」が2勝、4角5番手以内が3勝・2着4回。直線の短い中山らしい前有利の傾向になっている。一方で、「上がり最速馬」は1勝・2着1回・3着が3回。差し馬はメンバー構成や展開に左右される。メンバー構成の特徴とは。

暮れに2歳女王決定戦の阪神JFが行われたばかりで、桜花賞トライアルまでは期間があるので2歳戦の実績馬は春に向けて休養に入っている時期。また、牝馬クラシックには使用されない中山コースで行われるうえに、この時期に賞金を加算するにも、京都でシンザン記念・紅梅S・2月のエルフィンSなど選択肢も豊富。有力関西馬が遠征してきた例は少なく、今後もその可能性は低い。結果としてメンバーは手薄になりやすく、GⅢとはいえ2勝馬すらごく少数。大半が1勝馬であり、後に2勝目を挙げられない馬も多数出走してくる。ペースが遅くても力不足で枠・脚質有利を活かせないケースは多々ある。また、1200~1400mで初勝利を挙げたスピード馬が多い年にはペースも上がりやすくなり、差し・追い込みが決まりやすい。

16年は内枠の中位人気馬が主導権を握って前残りの決着となったが、17年は速い流れになり差し・追い込みの届く展開だった。結果としてこの流れの中で2着に粘ったアエロリットは次走のクイーンCでも2着に好走。桜花賞5着を経てNHKマイルCを制している。18年は前半3ハロン35秒9と、決して速い流れではなかったものの内枠には人気薄が多く、1~3番手でレースを進めたのは二桁人気馬が中心であった。結果、内を通って先行した馬が後退し、中~外枠の有力差し馬は距離のロスを引き受けても差し切れるレース展開になっている。まとめると、内を通れる逃げ・先行馬が有利ではあるものの、展開のカギを握る馬のレベルが低い・距離適性が短距離型であった場合に差しが届く。

2016年1月11日(祝) 1回中山4日 天候:晴 馬場状態:良

【11R】第32回フェアリーS
3歳・オープン・G3(別定) (牝)(国際)(特指) 芝1600m 16頭立

着	馬名	性齢	上3F	人
1	3 6 ビービーバーレル	牝3	34.7	3
2	2 4 ダイワドレッサー	牝3	34.6	10
3	3 5 ダイワダッチェス	牝3	34.8	7
4	7 13 クードラパン	牝3	35.0	4
5	2 3 コパノマリーン	牝3	34.7	6
6	5 10 ラブリーアモン	牝3	34.4	8
7	6 12 リセエンヌ	牝3	34.8	1
8	7 14 アルジャンテ	牝3	35.1	5
9	4 8 フジマサアクトレス	牝3	34.7	14
10	5 9 レッドシルヴィ	牝3	35.4	9
11	4 7 ラシーム	牝3	35.0	12
12	1 1 ボーアムルーズ	牝3	35.4	15
13	1 2 ボロス	牝3	35.0	16
14	8 15 ルミナスティアラ	牝3	36.1	11
15	6 11 シーブリーズラブ	牝3	36.2	2
16	8 16 ハマヒルガオ	牝3	36.9	13

好発⑥が⑤を制して先頭、2番手に外から⑬、⑨が不利を受けて躓き後退。2枠&3枠の2頭ずつが好位を形成。1番人気⑫は後方外、2番人気⑪は中団から。前半3ハロン35秒5の平均ペースで流れ、隊列に大きな変化は見られないまま直線へ。逃げた⑥が突き放し、2列目の中から④、内から⑤の追撃を振り切る。内枠かつ逃げ・先行馬が上位を独占。

馬連④-⑥ ¥5600 (24) 3連複④-⑤-⑥ ¥15380 (50/560)
3連単⑥-⑤-④ ¥79270 (253/3360)

2017年1月8日(日) 1回中山3日 天候:雨 馬場状態:良

【11R】第33回フェアリーS
3歳・オープン・G3(別定) (牝)(国際)(特指) 芝1600m 16頭立

着	馬名	性齢	上3F	人
1	8 15 ライジングリーズン	牝3	35.4	10
2	2 3 アエロリット	牝3	36.4	1
3	4 8 モリトシラユリ	牝3	35.3	2
4	3 5 ジャストザマリン	牝3	35.7	11
5	6 12 アルミューテン	牝3	36.1	10
6	2 4 ヒストリア	牝3	36.2	4
7	7 13 パフォーム	牝3	36.1	13
8	1 1 コーラルプリンセス	牝3	35.8	3
9	7 14 アマノガワ	牝3	36.4	14
10	6 11 メローブリーズ	牝3	35.6	5
11	4 6 ブラックオニキス	牝3	36.2	8
12	8 16 キャスパリーグ	牝3	36.3	2
13	4 7 キュイキュイ	牝3	36.3	6
14	1 2 ツヅク	牝3	38.1	8
15	5 9 ボンボン	牝3	37.5	15
16	5 10 スノードーナツ	牝3	37.1	6

好発の②が逃げ、③が2番手をすんなり確保。外から⑨・⑫が接近しつつ縦長の隊列に。前半3ハロン通過は34秒7のハイペース。3コーナー過ぎから中団~後方の各馬も徐々に追い上げて直線へ。外からスムーズに勢いに乗せた⑮が差し切り。速い流れを2番手で踏ん張った③は負けて強しの競馬。後方待機で流れが向いた⑧が⑤との3着争いを制した。

馬連③-⑮ ¥5990 (21) 3連複③-⑧-⑮ ¥34060 (110/560)
3連単⑮-③-⑧ ¥275620 (762/3360)

2018年1月7日(日) 1回中山2日 天候:晴 馬場状態:良

【11R】第34回フェアリーS
3歳・オープン・G3(別定) (牝)(国際)(特指) 芝1600m 16頭立

着	馬名	性齢	上3F	人
1	7 14 プリモシーン	牝3	34.5	2
2	5 10 スカーレットカラー	牝3	34.6	7
3	7 13 レッドベルローズ	牝3	34.5	6
4	2 3 ハトホル	牝3	34.4	14
5	4 7 トロワゼトワル	牝3	34.1	1
6	8 16 テトラドラクマ	牝3	35.2	5
7	3 5 ライレローズ	牝3	34.9	4
8	4 8 グランドビルエット	牝3	35.8	8
9	3 6 ジョブックコメン	牝3	35.3	10
10	5 9 レネット	牝3	35.9	12
11	1 2 デュッセルドルフ	牝3	35.7	9
12	1 1 サヤカチャン	牝3	35.3	13
13	6 11 ジーナスイート	牝3	35.2	11
14	8 15 シスル	牝3	35.4	3
15	2 4 アントルシャ	牝3	36.2	15
16	6 12 フィルハーモニー	牝3	36.8	16

⑪が外から積極的にハナを奪い、⑧・④・⑨ら人気薄が先団を形成。発馬ひと息の1番人気⑤も挽回するように5番手へ。3角手前で⑮が外から浮上、4角で上位人気の⑭・⑩・⑬らも中団~後方から仕掛けて横に大きく広がりながら直線へ。先団の人気薄は坂を前に失速。一気に外から⑭が差し切り、2~3着も差し⑩・追い込み⑬が外を通って浮上。

馬連⑩-⑭ ¥3230 (14) 3連複⑩-⑬-⑭ ¥10370 (34/560)
3連単⑭-⑩-⑬ ¥46640 (157/3360)

039

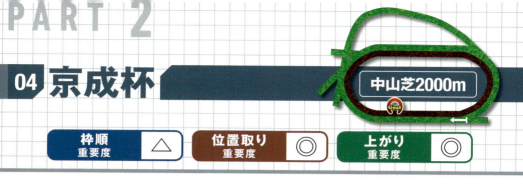

04 京成杯

中山芝2000m

| 枠順 重要度 | △ | 位置取り 重要度 | ◎ | 上がり 重要度 | ◎ |

差しが決まりやすく、近年は外枠馬の好走も

　京成杯が行われるのは1月の2週目ではあるものの、Cコース使用に替わって5~6日目。冬場なので芝レースは開催1日あたり4~5レースしか組まれていないとはいえ、金杯の単独開催・3日間開催+2週目の土曜日を経た後であり、芝の傷みも進んでくる頃。厳寒期なので開催日の合間に芝が生育することも望めない。この京成杯は脚質傾向に偏りが見られる。1000m通過タイムは60~61秒台で、2分1~2秒台の決着が大半。年によっては1秒前後もペースの差があるものの、差し・追込み馬の台頭が目立つ。過去5年では1~3着に好走した15頭のうち「4角先頭馬」は0頭で、4角3番手以内は3頭のみ。対照的に4角7番手以下が12頭もおり、10番手以下からも7頭が差し届いている。16年は4角を3番手で並んで通過した2頭がワン・ツーを決めているが、2頭は先頭・2番手から離れた3番手を進んでおり、馬場中央を通って脚を伸ばした。例年と馬群の構造が異なったものの、他の4年と比較すると先頭との距離差は中団あたりから差し脚を伸ばした馬のそれに近かった。そして、3着には後方から大外一気で伸びた①メートルダールが届いている。つまり、馬場・メンバー構成・ペースにかかわらず差し&追い込みが届きやすいレースと認識していい。それも、直線では馬場中央から外を通った馬ばかりが台頭する。この傾向に唯一当てはまらなかった18年1着馬ジェネラーレウーノは、後に皐月賞でも厳しい流れを粘って3着に好走している。京成杯の好走馬がクラシックでも3着以内に好走したのは10年1着エイシンフラッシュ以来だった。

　差しが決まりやすいことに併せて特徴的なのが外枠の好走。特に大外馬番が直近の5年で2勝・2着1回の3連対を挙げている。これを含め二桁馬番の6頭が3着以内に好走。一方で馬番1~6番も7頭が馬券絡み。中山金杯からそう日が経っていないが、中山金杯が内枠有利なのに対して、京成杯は多頭数でも枠順はフラットであると考えるべきだ。1番人気は5頭中4頭が連対しており、10年遡っても馬連万馬券は一度もない。人気の差し馬が力を発揮しやすいレース設定となっており、人気薄の好走は差し馬が中心。ただし、直近5年の3着以内馬は全て単勝オッズ20倍未満であり、このレースまでに差し脚に見所のなかった馬の好走は望み薄と見るべき。

040

2016年 1月17日(日) 1回中山6日 天候:曇 馬場状態:良

【11R】第56回京成杯
3歳・オープン・G3(別定) (国際)(特指) 芝2000m 15頭立

着	枠	馬番	馬名	性齢	上3F	人
1	3	4	プロフェット	牡3	34.6	5
2	6	9	ケルフロイデ	牡3	34.9	7
3	1	1	メートルダール	牡3	33.9	2
4	7	10	アドマイヤモラール	牡3	35.4	10
5	2	2	ウムブルフ	牡3	34.9	1
6	7	12	ユウチエンジ	牡3	35.0	4
7	4	6	プランスシャルマン	牡3	34.7	8
8	8	15	ナムラシンゲン	牡3	33.8	6
9	4	6	ルネイション	牝3	34.6	11
10	5	7	マイネルラフレシア	牡3	34.8	3
11	5	9	オンザロックス	牡3	36.6	13
12	8	14	ブレイブスマッシュ	牡3	35.5	9
13	7	13	ダイチラディウス	牡3	35.2	12
14	3	5	カミノライデン	牡3	36.2	14
15	6	11	アポロナイスジャブ	牡3	37.6	15

短距離でならしてきた⑩を制して⑨が先導。③・④が好位の内に収まる。前半3ハロン36秒6という遅い流れになりながらも各馬折り合い重視で縦長の隊列。3角までに⑨が5馬身のリードを保ったものの、直線の坂で⑨が急失速すると2番手の⑩が先頭。ここに3~4番手を追走した④・③が襲いかかって捕らえる。3着は①が上がり2位の末脚で浮上。

馬連 ③-④ ¥7460 (33) 3連複 ③-④ ¥11280 (44/455)
3連単 ④-③-① ¥78050 (295/2730)

2017年 1月15日(日) 1回中山5日 天候:晴 馬場状態:良

【11R】第57回京成杯
3歳・オープン・G3(別定) (国際)(特指) 芝2000m 15頭立

着	枠	馬番	馬名	性齢	上3F	人
1	5	9	コマノインパルス	牡3	35.6	1
2	6	11	ガンサリュート	牡3	35.5	7
3	2	2	マイネルスフェーン	牡3	35.6	3
4	3	5	ジュエーブル	牡3	35.6	15
5	7	12	アサギリジョー	牡3	36.2	8
6	5	8	バリングラ	牡3	36.4	9
7	4	7	サンティール	牝3	35.7	12
8	4	6	ニシノアモーレ	牝3	35.9	10
9	7	13	アダマンティン	牡3	36.4	13
10	3	4	ポポカテペトル	牡3	36.8	4
11	8	14	ベストリゾート	牡3	37.0	6
12	6	10	アダムバローズ	牡3	36.6	11
13	7	13	メリオラ	牡3	37.2	14
14	1	1	サーベラージュ	牡3	36.8	2
15	2	3	イブキ	牡3	37.2	5

外枠から先行したい馬が複数おり掛かり気味に前に行く馬も複数。⑬・⑭・⑮の順で1角へ。道中の攻防はないものの、後方待機の1番人気⑧は3角付近から外に出して徐々に浮上。失速する先行勢を⑧が直線半ばまでに抜き去ると、さらに後方からの追い込み馬が大挙して浮上。枠順の偏りはなかったが、上がり1~3位が上位を独占する決着となった。

馬連 ⑧-⑪ ¥2580 (8) 3連複 ②-⑧-⑪ ¥4660 (9/455)
3連単 ⑧-⑪-② ¥23040 (42/2730)

2018年 1月14日(日) 1回中山5日 天候:晴 馬場状態:良

【11R】第58回京成杯
3歳・オープン・G3(別定) (国際)(特指) 芝2000m 15頭立

着	枠	馬番	馬名	性齢	上3F	人
1	8	15	ジェネラーレウーノ	牡3	36.3	1
2	3	5	コズミックフォース	牡3	35.4	2
3	1	1	イェッツト	牡3	35.7	6
4	6	11	ライトカラカゼ	牡3	35.9	10
5	2	2	サクステッド	牡3	36.6	9
6	3	4	ロジティナ	牡3	35.3	8
7	5	8	ダブルシャープ	牡3	35.5	4
8	4	6	スラッシュメタル	牡3	35.9	11
9	7	12	タイキフェルヴール	牡3	36.1	12
10	4	7	エイムアンドエンド	牡3	37.0	5
11	2	3	コスモグラナーツ	牡3	38.1	8
12	2	3	ヤマノグラップル	牡3	37.3	15
13	6	10	デルタバローズ	牡3	37.7	3
14	8	14	ジョリルミエール	牝3	36.7	14
15	7	13	ギャンブラー	牡3	37.5	13

オープン特別・重賞で3戦続けて速い流れで逃げていた②が先手を主張。逃げ馬の1番人気⑮は離れた2番手を進む。後続を離して逃げた②の1000m通過は59秒7のハイペース。2番手もレース平均以上に速いラップを踏みながら直線へ。失速した②に代わって⑮が早めに先頭に立つと、4角11番手から直線だけで追い上げた⑤の追撃を振り切って優勝した。

馬連 ⑤-⑮ ¥780 (1) 3連複 ①-⑤-⑮ ¥3130 (6/455)
3連単 ⑮-⑤-① ¥12290 (15/2730)

PART 2

05 日経新春杯

京都芝・外2400m

枠順 重要度 ◎ / 位置取り 重要度 △ / 上がり 重要度 ◎

末脚堅実な内枠の馬を狙えばほぼ間違いないレース

　日経新春杯が行われるのは1回京都の5日目。京都金杯〜シンザン記念の頃に比べると芝レースにおける内枠有利の傾向もマイルドになりつつあるものの、この日経新春杯でも内枠有利が目立つ。過去5年の3着以内馬15頭のうち、11頭は1〜4枠で、7〜8枠は3着が2頭のみ。連対馬は出ていない。その7枠で3着に入った2頭も、12頭立ての10番と9番。10年遡っても馬番13〜18番は全て4着以下に敗れている。

　また、京都芝2400mは全場・全コースの中でも屈指の上がり順位が結果に直結しやすい舞台のひとつ。このコースらしく上位の上がりをマークした差し馬の台頭が目立っており、「上がり最速馬」が3勝・2着1回。連対馬9頭は上がり5位以内。道中の流れが緩みやすく、レースラップのラスト3ハロンは11秒台の年がほとんどなので、上がり33〜34秒台の末脚が要求される。

　16年は逃げ馬不在のメンバー構成で、⑧ダコールが生涯初の逃げ。無論ペースが上がるはずもなく、古馬重賞らしからぬスローペースに業を煮やした人気薄の⑪メイショウウズシオが途中から先頭へ。しかし、後続はこれを放置して直線での上がり勝負。道中は最後方のラチ沿いを進んだ①レーヴミストラルが、直線だけ外に出すと上がり33秒1というズバ抜けた末脚であっという間に差し切り2馬身千切り捨てた。2着も上がり2位の⑦シュヴァルグランで、内〜中枠の差し＆追い込みによる1・2着で決着している。

　同じスローペースでも18年は4角3番手の⑦パフォーマプロミス・「4角先頭馬」の②ロードヴァンドール・2番手の⑨ガンコによる1〜3着。ただし、1着馬は上がり1位、2着が2位・3着が3位と、先行馬がいずれも速い上がりをマークできるタイプだった。この2年の結果からも分かるように、スローペースで先行しても速い上がりを使えない馬は捕まるし、スローペースで最後方にいてもダントツの上がりを繰り出す性能があれば差し切れる。ただし、それには位置取りも大いに関係している。レーヴミストラルは1枠1番を活かして4角まで内ラチ沿いで脚を溜めていたし、パフォーマプロミスは鞍上のファインプレーもあって1角までにラチ沿いの絶好位を確保していた。

　「内枠」＋「上位の上がり」を重視した馬券戦略で攻略しやすいレースのひとつと言える。

2016年1月17日(日)　1回京都6日　天候：曇　馬場状態：良

【11R】第63回日経新春杯
4歳以上・オープン・G2(ハンデ)　(国際)[指定]　芝・外 2400m　12頭立

着	枠	馬番	馬名	性齢	上3F	人
1	①	1	レーヴミストラル	牡4	33.1	2
2	⑥	7	シュヴァルグラン	牡4	34.0	1
3	⑦	10	サトノノブレス	牡6	34.3	4
4	⑥	8	ダコール	牡6	34.6	9
5	⑦	9	ベルーフ	牡4	34.0	5
6	⑤	6	プロモントーリオ	牡6	34.2	3
7	⑧	12	メイショウカンパク	牡6	34.1	11
8	③	3	アドマイヤフライト	牡7	34.2	6
9	⑧	11	メイショウウズシオ	牡6	35.9	10
10	②	2	コスモロビン	牡8	34.0	12
11	④	4	シャドウダンサー	牡5	34.2	8
12	⑤	5	ダービーフィズ	牡6	34.7	7

先手を主張する馬は不在で押し出されるように⑧が先頭に立ち、⑩が2番手で1角へ。1000m通過62秒0は古馬GⅡらしからぬ遅い流れ。耐えかねた⑪が3角手前から動いて先頭に立ったが、2番手以下は大きくペースアップしないまま直線へ。スローの上がり勝負になり、4角出口で大外に出した①が上がり最速で差し切り勝ち。2~5着は僅差で入線。

馬連1-7 ￥510 (1)　3連複1-7-10 ￥1400 (2/220)
3連単1-7-10 ￥6550 (15/1320)

2017年1月17日(火)　1回京都5日　天候：晴　馬場状態：稍重

【11R】第64回日経新春杯
4歳以上・オープン・G2(ハンデ)　(国際)[指定]　芝・外 2400m　14頭立

着	枠	馬番	馬名	性齢	上3F	人
1	③	5	ミッキーロケット	牡4	36.0	1
2	③	3	シャケトラ	牡4	35.7	2
3	⑤	8	モンドインテロ	牡5	35.8	4
4	⑥	9	レッドエルディスト	牡5	35.3	5
5	⑤	7	カフジプリンス	牡4	35.7	3
6	②	2	ヤマカツライデン	牡4	36.1	8
7	①	1	トルークマクト	牡7	36.8	6
8	③	4	マドリードカフェ	牡5	37.5	13
9	⑥	10	アクションスター	牡6	35.8	9
10	⑧	12	レーヴミストラル	牡5	35.6	6
11	⑧	13	ウインインスパイア	牡5	36.5	14
12	⑥	11	テイエムナナヒカリ	牡5	36.5	11
13	⑦	6	ダコール	牡9	37.9	10
14	⑦	14	アドマイヤフライト	牡8	42.3	12

②の先導で⑪が2番手と隊列は早々に決まると1角までに馬群は縦長に。道中は淡々と流れて3コーナーの下り坂から馬群は凝縮。道中でもラチ沿い・2頭目の4~6番手を進んだ⑤・③と⑧による叩き合い。残り100mからは⑤と③のマッチレースとなったまま併入。⑤がハナ差争いを制する。道中で後方・3頭目・直線で外から脚を伸ばした⑨は届かず。

馬連3-5 ￥620 (1)　3連複3-5-8 ￥1330 (2/364)
3連単5-3-8 ￥5040 (3/2184)

2018年1月14日(日)　1回京都5日　天候：曇　馬場状態：良

【11R】第65回日経新春杯
4歳以上・オープン・G2(ハンデ)　(国際)[指定]　芝・外 2400m　12頭立

着	枠	馬番	馬名	性齢	上3F	人
1	⑥	7	パフォーマプロミス	牡6	34.4	1
2	②	2	ロードヴァンドール	牡5	34.6	4
3	⑦	9	ガンコ	牡5	34.8	7
4	⑥	8	ミッキーロケット	牡5	35.3	2
5	①	1	サンタフェチーフ	牝6	35.2	6
6	④	4	ヒットザターゲット	牡10	35.2	10
7	③	3	モンドインテロ	牡6	35.4	3
8	⑤	6	カラビナ	牡6	35.6	8
9	⑤	5	アクションスター	牡7	35.4	11
10	⑧	11	ベルーフ	牡6	35.5	9
11	⑦	10	ソールインパクト	牡6	36.0	5
12	⑧	12	トルークマクト	牡8	35.5	12

②が早々と先頭に立ち⑨が2番手へ、⑦が3番手の内に潜り込み1コーナーまでに流れが落ち着く。馬群は一団で道中ではほぼ動きもないまま3~4コーナーへ。ここで前年覇者の2番人気⑧が先団を捕らえに動くものの、遅い流れでしっかりと脚を溜めた1~3番手の3頭に振り切られてしまう。逃げ粘る②をゴール寸前で⑦が差し切り。⑨が3着に残る。

馬連2-7 ￥1680 (9)　3連複2-7-9 ￥9240 (35/220)
3連単7-2-9 ￥37240 (137/1320)

06 小倉大賞典

逃げるか追い込むか、極端な脚質の馬が活躍

　小倉芝1800mはスタートから平坦な直線を経た後に、1コーナーから2コーナーにかけて上り坂。その後は直線にかけて下り〜平坦の道のり。コース全体の傾向としては、多少ペースが上がっても逃げ〜先行有利である。小倉大賞典は過去5年で「4角先頭馬」が3勝、2番手が1勝を挙げている。14年は豪快にマクって3角から先頭に立ったラストインパクト（1番人気）が押し切り。15年はトップハンデ58キロを背負ったGⅠ馬カレンブラックヒル（3番人気）が3角先頭から押し切り。17年は現役屈指の逃げ馬マルターズアポジー（4番人気）が超ハイペースでの逃げ切り。18年はトリオンフ（1番人気）が4角2番手・直線入り口で先頭から押し切り。ただし、軽ハンデ馬や人気薄の逃げはもれなく失速している。この小倉大賞典に関しては、単純な逃げ有利ではなく、"力のある馬は早め先頭からでも押し切れる"という解釈をすべきか。逃げ・先行馬は地力を問われている反面、毎年のように前崩れの流れになるので、展開は差し・追込み馬に味方しやすい。18年2着クインズミラーグロ（15番人気）や、17年2着ヒストリカル（8番人気）のように、3コーナーで中団以下にいた差し＆追込み馬でも届くケースが見られる。強い逃げ（先行）馬がいる年は、逃げ＋差し＆追い込みの組合せで決着しやすく、強い逃げ馬が不在の年には差し＆追い込み同士の決着も起こり得る。

　そして最大の特徴が「内枠有利」。全てフルゲートで行われた過去5年、1〜4枠が4勝・2着3回の7連対に対して、5〜8枠は1勝・2着2回の3連対。中でも1枠は1勝・2着3回・3着2回であり、完走した9頭中6頭が馬券絡みを果たしている。道中の流れが厳しくなりやすいので3〜4コーナーで外を回すことは問題ないが、序盤で脚を使うと後半に響く。よって序盤で脚を溜められる内枠が有利に働きやすい。7枠・8枠がともに連対した18年は、3コーナーで1枠の馬にアクシデントがあり、付近にいた内枠の複数頭が影響を受けた。「内枠有利」・「差し＆追い込み有利」・「強い逃げ馬だけが残る」という3点が攻略のカギと言える。

2016年 2月21日(日)　1回小倉4日　天候：晴　馬場状態：良

【11R】第50回小倉大賞典
4歳以上・オープン・G3(ハンデ)　(国際)　芝1800m　16頭立

着	馬名	性齢	上3F	人
1	1②アルバートドック	牡4	34.4	2
2	2①ダコール	牡7	34.6	6
3	6⑪ネオリアリズム	牡5	35.0	5
4	4⑧ケイティープライド	牡5	34.9	14
5	3⑥ハピネスダンサー	牝5	35.0	4
6	8⑯ベルーフ	牡5	35.1	3
7	3⑤レッドアリオン	牡6	35.7	8
8	8⑮コスモソーンパーク	牡6	35.6	9
9	7⑬メイショウカンパク	牡9	35.1	16
10	5⑨マイネルフロスト	牡5	35.9	7
11	4⑦デウスウルト	セ8	35.4	13
12	2③メイショウヤタロウ	牡5	35.5	11
13	6⑫タマモベストプレイ	牡5	36.0	12
14	5⑩メドウラーク	牡5	36.0	1
15	7⑭テイエムタイホー	牡7	35.7	10
16	5⑨スマートオリオン	牡6	37.1	15

先手を主張したのは⑨、次いで⑭が2番手で1角へ。マイル以下を主戦場とする馬が先導したことで序盤から速い流れになり3コーナーで先頭が交替する前崩れの流れ。直線では凝縮した馬群が大きく横に広がっての差し脚比べ。ラチ沿いに賭けた②と、3角から大外を狙って進出した①の追い込み合戦は、名伯楽に捧げる好騎乗を見せた②に軍配が上がる。

馬連 1-2 ¥2700 (8)　3連複 1-2-11 ¥8620 (22/560)
3連単 2-1-11 ¥45220 (114/3360)

2017年 2月19日(日)　1回小倉4日　天候：晴　馬場状態：良

【11R】第51回小倉大賞典
4歳以上・オープン・G3(ハンデ)　(国際)　芝1800m　16頭立

着	馬名	性齢	上3F	人
1	4⑦マルターズアポジー	牡5	36.5	4
2	7⑭ヒストリカル	牡6	35.9	8
3	6⑪クラリティスカイ	牡6	36.3	5
4	8⑯ロードヴァンドール	牡4	36.4	11
5	1②ストロングタイタン	牡7	36.4	1
6	6⑫フルーキー	牡6	36.1	6
7	1①レッドソロモン	牡5	36.4	12
8	7⑬スピリッツミノル	牡5	36.4	13
9	2④コスモソーンパーク	牡6	36.5	16
10	8⑮ダコール	牡8	35.8	14
11	2③ダノンメジャー	牡5	37.3	10
12	4⑧ベルーフ	牡6	36.4	2
13	3⑤クランモンタナ	牡6	36.8	15
14	5⑩ケイティープライド	牡6	37.8	9
15	3⑥パドルウィール	牡7	37.8	7
16	3⑥マイネルハニー	牡6	38.5	3

デビューから全戦で初角1番手の快速馬⑦がハナに立ち、内から⑥、大外枠の⑯が押して先団を形成。序盤から速いラップが刻まれて好位～中団を追走する各馬にも楽ではないペース。1200mを1分9秒3で引っ張った⑦が、後続にも脚を使わせて一杯になりながらも逃げ切り勝ち。2着には2角13番手、3角9番手の⑭が追い込み。大半の馬がバテる展開。

馬連 7-14 ¥9790 (44)　3連複 7-11-14 ¥34780 (132/560)
3連単 7-14-11 ¥141970 (557/3360)

2018年 2月18日(日)　1回小倉4日　天候：晴　馬場状態：良

【11R】第52回小倉大賞典
4歳以上・オープン・G3(ハンデ)　(国際)　芝1800m　16頭立

着	馬名	性齢	上3F	人
1	7⑬トリオンフ	セ4	34.2	1
2	8⑯クインズミラーグロ	牝6	34.1	15
3	1①スズカデヴィアス	牡7	34.3	4
4	3⑥ダッシングブレイズ	牡6	34.2	6
5	4⑧マサハヤドリーム	牡6	34.2	7
6	2③サトノスティング	牡4	34.3	13
7	8⑮ハッピーユニバンス	牝6	34.2	12
8	3⑤サトノアリシア	牝4	35.2	8
9	4⑦ケイティープライド	牡7	35.2	6
10	5⑩タイセイサミット	牡5	35.3	10
11	2④ストレンジクォーク	牡6	34.7	5
12	6⑫クラリティスカイ	牡7	35.2	14
13	4⑦ヒットザターゲット	牡10	34.6	11
14	6⑪ウインガナドル	牡6	36.1	16
15	6⑪ヤマカツライデン	牡6	34.9	3
止	1②ダノンメジャー	牡6		2

出ムチを入れて先頭に立った⑪を、外から⑭が交わして2角で強引に先頭を奪う態勢。2頭が引っ張り縦長の隊列。失速する逃げ・先行馬に、1番人気⑬は持ったままで追い付き、外を回しながらも直線入り口で先頭。後続を問題にせず一気に突き放して完勝。先行馬が崩れる中、故障馬によって生じたスペースを活かして内に突っ込めた⑯が2着。

馬連 13-16 ¥14620 (39)　3連複 1-13-16 ¥34380 (104/560)
3連単 13-16-1 ¥163430 (486/3360)

045

07 弥生賞

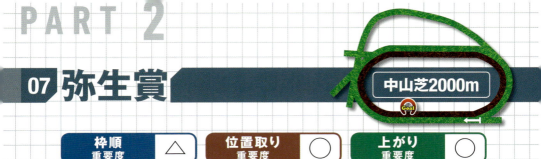

枠順 重要度	位置取り 重要度	上がり 重要度
△	○	○

ここで強烈な末脚を発揮できた馬はダービーでも?

　皐月賞の主要トライアルのひとつ弥生賞が行われる舞台は2回中山2週目の芝2000m・Aコース。内の馬場は良い状態であることが多いものの、「4角先頭馬」は2着1回のみ。10~13頭と頭数は揃わないが、「上がり最速馬」は2勝・2着3回と全てが連対。3着以内の15頭中11頭が上がり1~3位。ペースにかかわらず上がり上位の末脚を求められやすい。過去5年の優勝馬から皐月賞馬は出ておらず、弥生賞→皐月賞を連勝した馬は2010年1着のヴィクトワールピサまで遡る。一方、16年1着馬マカヒキが皐月賞2着を経てダービー馬を制したのを筆頭に、14年2着ワンアンドオンリー、18年2着ワグネリアンは皐月賞で4着以内に敗れていたが、後にダービーを制覇。3頭はいずれも弥生賞で上がり最速をマークして連対していた。つまり、弥生賞で上がり最速をマークして連対した実績はダービーでの好走に繋がりやすい。15年に上がり2位で勝利のサトノクラウンも、皐月賞では6着に敗れたものの、ダービーでは3着に巻き返している。弥生賞を予想する際にもこの傾向を逆手にとって、小回りの中山に対応可能な器用さではなく、ダービーを意識させるような才能・末脚の破壊力に注目すべきだ。

　なお、弥生賞より前に同じ中山芝2000mを舞台とする重賞はホープフルS（2014~2016年はGⅡ・2017年からGⅠ）と、京成杯（GⅢ）があり、過去5年でホープフルSの連対馬3頭、京成杯の連対馬2頭が出走しているが、いずれも弥生賞では連対していない。過去5年の連対馬10頭のうち、9頭が前走でも連対していたが、京成杯・ホープフルS組はこの傾向に反して結果が出ていないので注意しておきたい。

　枠順別成績では、1~4枠が1勝のみだったのに対して、5~8枠が4勝・2着5回。ほぼ5番人気以内で決着する堅い重賞なので、そこまで枠順の重要性は高くないと考えられる。1コーナーまでの距離が長く、頭数も揃わないので外枠が不利を被ることはないものと考えていい。

2016年3月6日(日) 2回中山4日 天候:曇 馬場状態:良

【11R】第53回報知杯弥生賞
3歳・オープン・G2(馬齢) (国際)(指定) 芝2000m 12頭立

着	馬名	性齢	上3F	人
1	⑧⑪ マカヒキ	牡3	33.6	2
2	⑦⑩ リオンディーズ	牡3	34.4	1
3	④④ エアスピネル	牡3	34.4	3
4	③③ タイセイサミット	牡3	35.2	4
5	①① アドマイヤエイカン	牡3	35.0	5
6	⑧⑫ エディット	牡3	34.7	12
7	⑥⑧ イマジンザット	牡3	35.5	6
8	⑦⑨ モーゼス	牡3	37.1	7
9	⑤⑥ モウカッテル	牡3	35.5	11
10	②② シャララ	牝3	37.5	8
11	⑥⑦ ケンホファヴァルト	牡3	38.0	10
12	⑤⑤ ヴィガーエッジ	牡3	39.0	9

内から②が先頭に立ちかけるものの、若手騎手の⑦が引かずに先手を主張。1角過ぎまで先行争いがもつれる。前半3ハロン34秒3の速い流れで12頭立てながら縦長の隊列。三つ巴の人気馬の中で最も前にいた⑩が4角で2番手に浮上、これを目標に④・⑪も追撃。早め先頭に立った⑩を、上がり最速33秒6の末脚で迫った⑪がゴール前で豪快に差し切り。

馬連⑩−⑪: ¥220 (1) 3連複④−⑩−⑪: ¥190 (1/220)
3連単⑪−⑩−④: ¥830 (3/1320)

2017年3月5日(日) 2回中山4日 天候:晴 馬場状態:良

【11R】第54回報知杯弥生賞
3歳・オープン・G2(馬齢) (国際)(指定) 芝2000m 12頭立

着	馬名	性齢	上3F	人
1	⑧⑪ カデナ	牡3	34.6	1
2	⑦⑩ マイスタイル	牡3	35.1	8
3	④④ ダンビュライト	牡3	35.0	2
4	①① ベストアプローチ	牡3	34.8	7
5	⑤⑤ サトノマックス	牡3	34.6	3
6	⑥⑦ コマノインパルス	牡3	35.2	3
7	②② テーオーフォルテ	牡3	35.1	9
8	③③ グローブシアター	牡3	35.0	4
9	⑦⑨ ダイワキャグニー	牡3	35.5	2
10	⑧⑫ ディアシューター	牡3	35.9	10
11	⑥⑧ スマートエレメンツ	牡3	35.7	11
12	⑤⑤ キャッスルクラウン	牡3	36.2	12

先手を主張した⑩が最初のゴール板前で先頭に立ってペースダウン。前半1000m63秒2の遅い流れの中、12頭は団子状態で進む。3〜4角の攻防もないまま直線へ。終始楽な手応えで逃げた⑩の脚色は衰えず逃げ込みを図るが、ゴール寸前で大外から上がり最速をマークした⑪が差し切り。2着に逃げた②、3着には内を進んだ④が4角5番手から流れ込み。

馬連⑩−⑪: ¥4360 (19) 3連複④−⑩−⑪: ¥9480 (38/220)
3連単⑪−⑩−④: ¥46720 (182/1320)

2018年3月4日(日) 2回中山4日 天候:晴 馬場状態:良

【11R】第55回報知杯弥生賞
3歳・オープン・G2(馬齢) (国際)(指定) 芝2000m 10頭立

着	馬名	性齢	上3F	人
1	⑧⑨ ダノンプレミアム	牡3	34.1	1
2	⑦⑧ ワグネリアン	牡3	33.7	2
3	③③ ジャンダルム	牡3	34.1	4
4	⑧⑩ サンリヴァル	牡3	34.6	5
5	④④ リビーリング	牡3	34.7	6
6	⑦⑦ トラストケンシン	牡3	34.0	7
7	①① オブセッション	牡3	35.0	3
8	②② アラウン	牡3	35.1	10
9	⑥⑥ アサクサスポット	牡3	35.7	8
10	⑤⑤ ヘヴィータンク	牡3	45.7	9

⑨は好発を決めるが手綱を引いて折り合い重視。大外の⑩がゴール板までに先頭に立って後続を引き離しながら1コーナーへ。⑨が離れた2番手、③が4番手、⑧が5番手を進むが、縦長の隊列で緩い流れ。3〜4角で徐々に馬群が凝縮していき、⑨は抑えきれない手応えで4角出口では先頭に立ち、余裕の手応えで押し切る。2着には上がり最速の⑧。

馬連⑧−⑨: ¥300 (1) 3連複③−⑧−⑨: ¥500 (2/120)
3連単⑨−⑧−③: ¥1320 (3/720)

08 フラワーC

人気薄の台頭も見られる「前有利」の重賞競走

　中山芝1800mはスタート直後から上り坂が続くうえ、1コーナーまでの距離が短いために道中のペースは上がりにくい。とりわけフラワーCは3歳牝馬の1勝クラスがメンバーの大半でもあり、折り合いを重視する人馬が多いので厳しい流れになることはない。過去5年、「4角先頭馬」が2勝を挙げており、勝ち馬はすべて4角4番手以内で立ち回っている。逃げ切りを果たしたのは15年アルビアーノ（1番人気）、16年エンジェルフェイス（1番人気）の2頭なので、一見すると強い馬が逃げ切っているだけにも見えるが、17年は逃げたドロウアカード（7番人気）が3着。14年は4角2番手のマイネグレヴィルが2着同着（4番人気）、3番手のパシフィックギャル（6番人気）が2着同着。18年は4角2番手のノームコア（4番人気）が3着。人気以上の好走や、人気薄の前残りも複数見られる。過去10年まで遡っても4角4番手以内が総崩れになったのは、重馬場になった2012年のみ。過去5年で3着以内の15頭中、4角6番手以下からも6頭が馬券に絡んでいるが、もちろん全てが2～3着止まりで、上がり3位以内の馬券絡みも3頭のみと少ない。総合的に見て前残りの傾向が強く、位置取りが重要な重賞と考えていい。日程的に2月のクイーンCから挑む馬も毎年のように現れ、過去5年で3～5番人気馬5頭を含む8頭がこのステップで参戦しているが、いずれも4着以下に敗戦。東京芝1600mの重賞で目を引く末脚を発揮していても、位置取りが重要なフラワーCには繋がりにくい。よって危険な人気馬となっている。

　枠順別では1～4枠が2勝・2着2回の4連対に対して、5～8枠が3勝・2着4回の7連対。ただし、16頭立てでの施行時（3回）には1～4枠が2勝・2着2回の4連対に対して、5～8枠が1勝・2着2回。頭数が揃わないことも多々あるレースなのでそこまで意識する必要はないが、多頭数時にはやや外枠が有利になる可能性を考慮すべき。

2016年3月21日(月) 2回中山8日 天候：晴 馬場状態：良

【11R】第30回フラワーカップ
3歳・オープン・G3(別定) (牝)(国際)(特指) 芝 1800m 16頭立

着	馬名	性齢	上3F	人
1	5 9 エンジェルフェイス	牝3	35.6	1
2	2 3 ゲッカコウ	牝3	35.2	7
3	5 11 ウインクルサルーテ	牝3	35.2	14
4	3 5 ギモーヴ	牝3	35.5	4
5	6 11 エテルナミノル	牝3	35.7	13
6	2 4 アオイサンシャイン	牝3	35.7	3
7	1 1 ラブリーアモン	牝3	35.1	5
8	4 8 ルフォール	牝3	35.7	3
9	7 13 アオイプリンセス	牝3	36.0	11
10	4 7 ラルク	牝3	35.5	8
11	8 15 フェイズベロシティ	牝3	35.0	6
12	3 6 ヴィブロス	牝3	35.4	10
13	8 16 フジマサアクトレス	牝3	34.7	15
14	7 14 ゴッドカリビアン	牝3	35.3	12
15	6 12 ベルソナリテ	牝3	35.7	9
16	7 14 カジノクイーン	牝3	37.1	16

好発から⑨が1角までに先頭へ。⑪が続き④・⑬が3~4番手を形成。横並び2頭ずつの縦長の隊列は、3角から徐々に凝縮。淡々と逃げた1番人気⑨が直線でもリードを保って逃げ切り勝ち。2着にはラチ沿いの6~7番手を進んだ③が、先行馬を捌いて浮上。3着は直線だけ馬場中央に出した⑩が届く。2~4番手を追走した馬も4~6着に流れ込み。

馬連 3~9 ¥1120 (1) 3連複 3~9~10 ¥24920 (90/560)
3連単 9~3~10 ¥82600 (279/3360)

2017年3月20日(祝) 2回中山8日 天候：晴 馬場状態：良

【11R】第31回フラワーカップ
3歳・オープン・G3(別定) (牝)(国際)(特指) 芝 1800m 13頭立

着	馬名	性齢	上3F	人
1	8 12 ファンディーナ	牝3	34.9	1
2	5 8 シーズララバイ	牝3	34.9	8
3	6 8 ドロウアカード	牝3	36.1	7
4	8 13 エバープリンセス	牝3	34.9	12
5	7 10 ハナレイムーン	牝3	35.7	4
6	1 1 ディーパワンサ	牝3	35.7	3
7	4 4 サンティール	牝3	35.5	2
8	5 7 トーホウアイレス	牝3	35.7	10
9	3 3 モリトシラユリ	牝3	35.5	6
10	6 9 サクレエクスプレス	牝3	36.2	11
11	4 5 デアレガーロ	牝3	36.2	2
12	2 2 ブライトムーン	牝3	35.5	9
13	7 11 ヴィーナスアロー	牝3	36.5	13

好発から先頭に立つ⑧を行かせて、断然1番人気⑫は2番手を追走。前半3ハロン36秒5、1000m61秒1のスローペース。⑫の鞍上は懸命に抑えて4角出口で先頭に立つと突き放す一方。追うところなく持ったまま上がり最速の34秒9で2着に5馬身差。2着は上がり最速タイをマークした⑥が4角7番手から浮上しているが、逃げた⑧が3着に粘っている。

馬連 6~12 ¥2370 (8) 3連複 6~8~12 ¥13990 (41/286)
3連単 12~6~8 ¥36520 (103/1716)

2018年3月17日(土) 2回中山7日 天候：晴 馬場状態：良

【11R】第32回フラワーカップ
3歳・オープン・G3(別定) (牝)(国際)(特指) 芝 1800m 13頭立

着	馬名	性齢	上3F	人
1	7 10 カンタービレ	牝3	35.1	2
2	6 9 トーセンブレス	牝3	34.6	3
3	3 3 ノームコア	牝3	35.7	4
4	5 7 ウスベニノキミ	牝3	34.9	8
5	8 12 ファストライフ	牝3	35.4	9
6	1 1 メサルティム	牝3	36.0	6
7	4 5 ノーブルカリナン	牝3	35.0	6
8	6 8 モルフェオルフェ	牝3	36.1	7
9	5 7 カラリーヴァ	牝3	36.1	12
10	2 2 バケットリスト	牝3	36.3	10
11	5 6 インヴィジブルワン	牝3	35.8	11
12	7 11 キープシークレット	牝3	35.6	5
13	4 4 ロックディスタウン	牝3	37.0	1

好ダッシュの③を⑧が1コーナーで制して先頭へ、①・②が続く。流れは急激に落ち着いて馬群が一団となり、後半勝負の様相で3~4コーナーへ。先団直後の5番手を追走した⑩が馬場中央に出して粘る⑧・①を差し切り。2着は出遅れて後方待機から直線勝負に賭けた⑨が、大外一気に上がり最速34秒6をマークしてクビ差まで迫る。道中2番手の③が3着。

馬連 9~10 ¥1420 (5) 3連複 3~9~10 ¥2870 (10/286)
3連単 10~9~3 ¥12440 (34/1716)

049

PART 2

09 阪神大賞典

阪神芝・内3000m

枠順 重要度	位置取り 重要度	上がり 重要度
△	◎	◎

嵐の前の静けさで、強い馬が強い競馬をするレース

　阪神大賞典が行われるのは1回阪神8日目。開催4週目にあたるが、大幅な馬場悪化も見られず良好な状態を維持していることが多い。阪神芝3000mは向正面の2コーナー出口付近からのスタートで、コーナーを計6回通過するおよそ1周半のコース。3コーナーまでの距離が十分にあるので先行争いそのものは激しくならない。また、頭数も10頭前後になることが多いので枠順の有利不利もごく僅か。直線の急坂を2回登るためしっかりとスタミナが問われることに加えて、別定戦なのでスタミナ・能力がストレートに結果に反映されやすい。同じ長距離戦でもダイヤモンドS（GⅢ）や万葉S（OP）などのハンデ戦では、人気薄の軽ハンデ馬が上位に食い込む例も見られるが、別定戦のステイヤーズS・阪神大賞典は実力どおりに決まることがほとんど。過去5年の1番人気は［4・0・1・0］。4頭が単勝オッズ1倍台の断然人気だったとはいえ立派な安定感といえる。
　「上がり最速馬」は過去5年で全勝。1~3着馬15頭中12頭までを上がり3位以内が占めており、上がり1・2位によるワン・ツー決着も3回。道中は中団~後方で進んだ差し・追込み馬の台頭が目立つ。単勝オッズ10倍以上の馬券絡みは過去5年で3頭いて、14年2着アドマイヤラクティ（5番人気・単15.6倍）、15年2着デニムアンドルビー（5番人気・単18.6倍）、17年3着トーセンバジル（5番人気・単33.5倍）。3頭はいずれも3角5番手以下から上がり2位をマークした差し馬だった。対照的に逃げ馬は振るわず、1コーナーまでに先頭に立ったうえでの馬券絡みは14年バンデ（3着）のみ。過去10年まで遡っても連対例はなく、直線の短い阪神内回りコースで行われるレースでありながら、道中の流れが緩んでも逃げた馬は残れない。
　17年はサトノダイヤモンドが2着シュヴァルグランに1馬身半の差を付けて勝利。この着差は決定的なものかと思われたが、天皇賞（春）では3枠6番の好枠を引いたシュヴァルグランが、8枠15番という不利な枠を引いてしまったサトノダイヤモンドを逆転している。ステップレースの阪神大賞典は実力どおりに決まりやすいレースだが、本番の天皇賞（春）は枠順や展開による紛れが多いレースである点には注意したい。

2016年 3月20日(祝)　1回阪神8日　天候：晴　馬場状態：良

【11R】第64回阪神大賞典
4歳以上・オープン・G2(別定)　(国際)(指定)　芝・内 3000m　11頭立

着	馬名	性齢	上3F	人
1	⑧⑪ シュヴァルグラン	牡4	34.9	1
2	⑥⑥ タンタアレグリア	牡4	35.5	4
3	②② アドマイヤデウス	牡5	36.1	3
4	⑦⑨ タマモベストプレイ	牡6	36.5	9
5	⑤⑤ マイネルメダリスト	牡5	35.9	8
6	①① カレンミロティック	セ8	36.7	5
7	③③ トーホウジャッカル	牡5	37.3	2
8	⑥⑦ カムフィー	牡5	37.1	6
9	④④ アドマイヤフライト	牡7	37.7	7
10	⑧⑩ サイモントルナーレ	牡10	37.6	11
11	⑦⑧ ストロベリーキング	セ5	38.1	10

内から①が先手を主張、⑨・②・③が続く。1周目3コーナーまでに隊列が決まり、前半1000m通過は61秒6のペース。中盤1000mで息が入る流れの中、1番人気⑪はじっくり構えて3角から進出、併せて動いた⑥と共に4角で先頭に並びかけると、外から先行馬を一掃。⑪が2馬身半差を付けて完勝。2着にも外から伸びた⑥、3着②は直線で前が詰まるロス。

馬連 ⑥-⑪ ¥670 (2)　3連複 ②-⑥-⑪ ¥810 (1/165)
3連単 ⑪-⑥-② ¥3310 (2/990)

2017年 3月19日(日)　1回阪神8日　天候：晴　馬場状態：良

【11R】第65回阪神大賞典
4歳以上・オープン・G2(別定)　(国際)(指定)　芝・内 3000m　10頭立

着	馬名	性齢	上3F	人
1	⑥⑨ サトノダイヤモンド	牡4	35.4	1
2	③③ シュヴァルグラン	牡5	35.9	2
3	④④ トーセンバジル	牡5	35.8	5
4	⑦⑦ タマモベストプレイ	牡7	36.6	6
5	①① スピリッツミノル	牡5	36.4	8
6	⑧⑩ マドリードカフェ	牡6	37.8	9
7	⑦⑧ ワンアンドオンリー	牡7	37.7	3
8	⑤⑤ トウシンモンステラ	牡7	36.7	10
9	⑥⑥ レーヴミストラル	牡5	38.3	4
10	②② ウインスペクトル	牡5	40.2	7

大外から⑩が先頭に立つが⑥が掛かり気味に進出。これが落ち着いたかに見えたところに②が1周目1角で外から先頭を奪い、序盤から先団は目まぐるしく動く。断然人気の⑨・1番人気⑤は関せず後方待機。先に③が3角から動き出し、これを追う⑨。直線は2頭のマッチレースとなり、坂上で⑨が交わす。3着には道中9番手で待機の④が大外から浮上。

馬連 ③-⑨ ¥140 (1)　3連複 ③-④-⑨ ¥470 (1/120)
3連単 ⑨-③-④ ¥740 (1/720)

2018年 3月18日(日)　1回阪神8日　天候：曇　馬場状態：良

【11R】第66回阪神大賞典
4歳以上・オープン・G2(別定)　(国際)(指定)　芝・内 3000m　11頭立

着	馬名	性齢	上3F	人
1	⑥⑦ レインボーライン	牡5	35.8	3
2	⑥⑥ サトノクロニクル	牡4	36.0	4
3	⑦⑧ クリンチャー	牡4	36.6	1
4	⑧⑩ アルバート	牡7	35.9	2
5	④④ カレンミロティック	セ10	36.7	6
6	⑧⑪ ヤマカツライデン	牡7	37.3	7
7	③③ シホウ	牡7	36.9	10
8	④⑤ ムイトオブリガード	牡4	37.5	5
9	②② スーパーマックス	牡7	36.7	8
10	①① トミケンスラーヴァ	牡7	37.8	8
11	⑤⑤ コウエイワンマン	牡7	36.8	11

⑪番が敢然とハナを切り2番手に⑨、3番手に①・⑧の隊列でホームストレッチへ。やや速い流れになり先団4頭とその後ろのグループが離れて向正面を進む。後方で構えた⑥・⑦は3角から進出。1番人気⑧は手応えが案外で先頭に立てないまま、⑦に並ばれて直線。⑦がマクリ切った勢いで押し切り、2着に⑥。⑧もしぶとさで3着は確保。遅れて⑩。

馬連 ⑥-⑦ ¥1290 (6)　3連複 ⑥-⑦-⑧ ¥760 (3/165)
3連単 ⑦-⑥-⑧ ¥6530 (20/990)

10 マーチS

枠順 重要度 ◎　**位置取り 重要度** △　**上がり 重要度** ○

人気馬が苦戦する中、内枠の逃げ・先行馬が台頭

　マーチSは中山ダ1800mで行われる唯一の重賞。スタートしてすぐに急坂を上り、375m先の1コーナーへ。ゴール前にある急坂の高低差は2mだが、全周ではJRAダートコースで最大となる4.4mの高低差があり、最もタフなコースになっている。最後の直線は308mで、ローカルを除く中央場4場では最短。

　下級条件では内枠より外枠の成績が良い傾向にあるが、このマーチSには当てはまっていない。過去5回の1~3着馬15頭のうち9頭は1~4枠で、3勝・2着2回・3着4回。7~8枠も2勝・2着3回・3着1回で、計6頭が馬券絡みしているが、5~6枠の3着以内はなし。1番人気が2頭・2番人気1頭・3番人気3頭が、全て馬券圏外に消えていることは看過できない。

　過去5年のうち4回は1秒4以上の前傾ラップとなっており、ペースは緩まないことが多い。中山で行われた09~13年の4回もすべて前傾ラップであり、0秒8の後傾ラップになった16年はかなりレアなケース。連対馬のうち7頭は上がり4位以内をマークしており、1~3着馬15頭のうち8頭は上がり3位以内をマーク。ただし、4角10番手以下からの追込みは届いておらず、差し・追込み馬も3角過ぎから動かないと間に合わない。

　枠順と展開をともに加味すると、内枠の先行馬に展開が向きやすく、16年1着④ショウナンアポロン（8番人気・単勝オッズ20.4倍）、16年2着③バスタータイプ（1番人気・単勝オッズ2.6倍）、17年1着④インカンテーション（10番人気・単勝オッズ25.4倍）、18年1着⑧センチュリオン（2番人気・単勝オッズ6.1倍）、18年3着ロワジャルダン（10番人気・単勝オッズ49.1倍）などの好走例がある。

　1番人気は［0・1・1・3］。09年エスポワールシチー以降、2頭しか馬券に絡んでいない。その一方で単勝オッズ10~50倍が3勝・2着2回・3着3回。単勝オッズ50倍以上の馬券絡みはないが、「フルゲート+ハンデ戦+ハイペース」で波乱が発生しやすい土壌が整っている。

2016年 3月27日(日)　3回中山2日　天候:晴　馬場状態:良

【11R】第23回マーチS
4歳以上・オープン・G3(ハンデ)　(国際)(指定)　ダート1800m　16頭立

着	馬名	性齢	上3F	人
1	②④ショウナンアポロン	牡6	37.3	8
2	②③バスタータイプ	牡4	37.1	1
3	④⑧ドコフクカゼ	牡6	36.7	2
4	④⑦イッシンドウタイ	牡7	37.3	3
5	⑦⑭クリノスターオー	牡7	37.7	5
6	⑤⑨キープインタッチ	牡8	37.3	12
7	①②ヒラボクプリンス	牡6	37.2	15
8	⑧⑮トウショウフリーク	牡6	37.9	11
9	⑦⑬モズライジン	牡7	37.8	6
10	⑥⑪キクノソル	牡6	36.9	13
11	⑧⑯サンマルデューク	牡6	37.1	4
12	⑤⑩マイネルバウンス	牡7	37.6	9
13	③⑤マイネルクロップ	牡6	38.0	7
14	⑥⑫ソロル	牡6	38.3	10
15	①①キングヒーロー	牡6	38.6	14
返	③⑥グランドシチー	牡9		

④が先手を主張、⑯も競ることなく隊列が固まって1角へ。1番人気③は4番手内に収まり、2番人気⑧は後方から3～4頭目での追走。前半3ハロン38秒1はこのレースに珍しい遅い流れで、道中のペースアップも僅か。楽に逃げた④が直線まで余力を残し、内から浮上の③を振り切る。大外から上がり最速をマークして3着の⑧以外は、前残りの決着。

馬連 ③－④ ¥3060 (11)　3連複 ④－③－⑧ ¥5650 (15/455)
3連単 ④－③－⑧ ¥50080 (157/2730)

2017年 3月26日(日)　3回中山2日　天候:小雨　馬場状態:稍重

【11R】第24回マーチS
4歳以上・オープン・G3(ハンデ)　(国際)(指定)　ダート1800m　16頭立

着	馬名	性齢	上3F	人
1	②④インカンテーション	牡7	38.3	10
2	⑧⑮ディアデルレイ	牡6	38.6	2
3	③⑤アルタイル	牡5	38.1	11
4	⑥⑫ロンドンタウン	牡4	38.7	3
5	⑦⑬アスカノロマン	牡6	38.9	4
6	④⑧リーゼントロック	牡7	38.7	7
7	④⑦メイショウスミトモ	牡6	38.5	5
8	⑤⑪コクスイセン	牡6	39.2	9
9	②③ディアドムス	牡8	38.0	15
10	⑥⑪マイネルクロップ	牡7	38.8	12
11	⑧⑯ストロングサウザー	牡5	39.0	13
12	⑤⑩コスモカナディアン	牡4	39.1	1
13	①②ショウナンアポロン	牡6	37.5	8
14	①①ハッピースプリント	牡6	38.9	14
15	⑦⑭シルクドリーマー	牡8	39.1	6
16	②③ピットボス	牡4	39.5	6

⑩が押して最初の1ハロンで先頭へ。⑭が2番手、外から2番人気⑮番が3番手外・④がその内で1角へ。1番人気⑪が7番手付近を追走。前半3ハロンは36秒6の速い流れ。直線に向くと⑩に次いで⑭も脚が上がり、3～4番手から④と⑮が浮上。叩き合いを制して④が1着。さらに外から⑤・⑫が猛追するが、3・4着まで。好位の実績上位馬での決着。

馬連 ④－⑮ ¥10760 (40)　3連複 ④－⑤－⑮ ¥83890 (215/560)
3連単 ④－⑮－⑤ ¥466890 (1191/3360)

2018年 3月25日(日)　3回中山2日　天候:晴　馬場状態:良

【11R】第25回マーチS
4歳以上・オープン・G3(ハンデ)　(国際)(指定)　ダート1800m　16頭立

着	馬名	性齢	上3F	人
1	④⑧センチュリオン	牡6	37.6	2
2	⑦⑭クインズサターン	牡5	37.4	5
3	②④ワンジャルダン	牡5	37.7	10
4	⑥⑫アルタイル	牡6	37.5	6
5	⑤⑪コスモカナディアン	牡5	37.8	8
6	⑧⑯ロンドンタウン	牡5	37.6	7
7	④⑦ディアデルレイ	牡7	38.5	4
8	③⑤サクラルコール	牡7	37.9	9
9	⑦⑬ハイランドピーク	牡6	36.9	1
10	②③サンマルデューク	牡8	36.9	13
11	⑧⑮オールブラッシュ	牡6	37.9	12
12	①①ブレスアロット	牡5	38.8	15
13	③⑥ジョルジュサンク	牡8	38.7	14
14	⑤⑨エピカリス	牡4	37.5	3
15	①②ストロングサウザー	牡6	38.7	11
16	⑥⑩メイショウウタゲ	牡7	39.1	11

④・⑦・⑨が先行する中から、⑦が先頭に立ち1角へ。2番人気⑧が4番手外。逃げ・3番手が予想された1番人気⑬は出遅れて後方2番手から。前半3ハロンは36秒4と速い流れ。直線に向いても手応え十分に⑧が抜け出すと、好位内から迫った④、大外から上がり3位をマークして追い込んだ⑭を抑えて1着。2着⑭以外は4番手3～4番手の好位勢。

馬連 ⑧－⑭ ¥2540 (12)　3連複 ④－⑧－⑭ ¥29020 (86/560)
3連単 ⑧－⑭－④ ¥153570 (413/3360)

053

PART 2

11 天皇賞・春

毎年一筋縄ではいかない難解レースは、内枠天国

　京都芝3200mは天皇賞（春）のみで使用されるコース。菊花賞より200m後方のスタート地点から発走し、京都芝外回りコースを1周半使用する長距離戦。この天皇賞（春）は3回京都開催の4日目で、芝は絶好の状態で迎える。菊花賞に比べて最初のコーナーまでの距離が200m長いが、天皇賞（春）も菊花賞と同様に内枠有利が著顕。過去5年では1〜4枠が4勝・2着2回・3着4回と10頭が馬券絡み。対して5〜8枠は1勝・2着2回・3着1回のみ。二桁馬番での好走は18年1着⑫レインボーライン（2番人気）・2着⑪シュヴァルグラン（1番人気）、17年3着⑮サトノダイヤモンド（2番人気）。3番人気以下での好走は15年2着⑭フェイムゲーム（7番人気）のみ。過去5年の1番人気は［1・1・0・3］だが、4着以下に敗れた14年キズナ（7枠14番・4着）、15年キズナ（7枠13番・7着）、16年ゴールドアクター（8枠17番・12着）らが二桁馬番で人気を裏切っている。

　一方、二桁人気での好走は14年3着ホッコーブレーヴ（3枠6番・12番人気）、15年3着カレンミロティック（1枠2番・10番人気）、16年2着カレンミロティック（2枠3番・13番人気）。穴馬の激走は内枠から出ることが多い。

　右頁3年の展開図が示すとおり、好走馬は先行馬も差し馬もラチ沿い〜2頭目を進んだ馬が中心で、16年は3〜4コーナーで見せ場十分に外から浮上した⑰ゴールドアクター・⑨トーホウジャッカルというGⅠ馬2頭が直線では失速。3着には終始ラチ沿いを進んだ⑧シュヴァルグランが浮上している。

　17年の2番人気⑮サトノダイヤモンドは、当時が全盛期と考えられる近況だった。しかし、不利な外枠を引いてしまった結果、キタサンブラックに迫れないばかりか、阪神大賞典で完勝した⑥シュヴァルグランに先着を許し、序盤の立ち回りが上手くいきラチ沿いを確保した⑩アドマイヤデウスにまで脅かされた。

　18年は全体のメンバーレベルがやや落ちる一戦。前2年に比べ外の枠を引いてしまった⑪シュヴァルグランは上手く立ち回ったが、⑫レインボーラインの命懸けの走りに屈している。久々に1〜3枠が馬券に絡まない結果となったが、1枠1番ミッキーロケットが9番人気ながら3着争いに加わる4着。やはり内を通る優位性・外を回る不利が大きい。

2016年 5月1日(日) 3回京都4日 天候：晴 馬場状態：良

【11R】第153回天皇賞（春）
4歳以上・オープン・G1（定量）（国際）（指定） 芝・外 3200m 18頭立

着	馬名	性齢	上3F	人
1	①①キタサンブラック	牡4	35.0	2
2	②③カレンミロティック	セ8	34.8	13
3	③④シュヴァルグラン	牡4	34.5	3
4	④⑦タンタアレグリア	牡4	34.3	10
5	⑤②トーホウジャッカル	牡5	34.9	7
6	⑤⑤アルバート	牡4	34.5	6
7	④⑦ファタモルガーナ	牡8	34.8	16
8	③⑤フェイムゲーム	牡7	34.4	4
9	③⑥アドマイヤデウス	牡5	35.1	9
10	⑤⑨レーヴミストラル	牡4	34.4	8
11	⑦⑭サノノプレス	牡5	34.9	12
12	⑥⑪ゴールドアクター	牡5	35.6	1
13	①②トゥインクル	牡5	36.2	9
14	⑧⑯ファントムライト	牡5	36.4	15
15	⑦⑤サウンズオブアース	牡5	37.8	5
16	⑦⑬マイネルメダリスト	牡7	37.8	18
17	⑥⑫ヤマニンボワラクテ	セ5	38.4	17
18	②④トーセンレーヴ	牡8	38.5	14

好発①が先頭、⑫が2番手、③が①の真後ろに収まる。1番人気⑰は内へ入れずに折り合いに難儀。道中の動きは僅かで、⑰は3角過ぎの下りから進出し4角で2番手に浮上、さらに外から⑨も接近。直線に向いて①を追うものの差を詰められず後退。代わって絶好の3番手から③が猛追し、一旦は前に出るが①が差し返す。3着はラチ沿いを進んだ⑧が浮上。

馬連 ①−③ ¥20160 (51) 3連複 ①−③−⑧ ¥32350 (103/816)
3連単 ①→③→⑧ ¥242730 (682/4896)

2017年 4月30日(日) 3回京都4日 天候：晴 馬場状態：良

【11R】第155回天皇賞（春）
4歳以上・オープン・G1（定量）（国際）（指定） 芝・外 3200m 17頭立

着	馬名	性齢	上3F	人
1	②③キタサンブラック	牡5	35.3	1
2	③⑥シュヴァルグラン	牡5	35.2	4
3	⑤⑧サトノダイヤモンド	牡4	35.0	2
4	⑤⑨アドマイヤデウス	牡6	35.2	10
5	④⑦アルバート	牡6	35.3	6
6	⑦⑬ディーマジェスティ	牡4	35.6	3
7	⑥⑫ゴールドアクター	牡6	35.5	5
8	④⑦トーセンバジル	牡5	35.5	9
9	①①シャケトラ	牡4	36.0	7
10	⑤⑨ファタモルガーナ	セ9	35.8	15
11	⑦⑭ワンアンドオンリー	牡6	36.6	11
12	⑧⑮レインボーライン	牡4	35.7	7
13	④⑧タマモベストプレイ	牡7	36.7	14
14	②④スピリッツミノル	牡5	36.6	16
15	⑧⑰ヤマカツライデン	牡5	38.7	12
16	⑥⑪プロレタリアト	牡5	37.1	7
17	①②ラブラドライト	セ8	37.7	13

⑰が先手を主張し③は2番手。⑩がラチ沿い3番手に潜り込む。2番人気⑮は内に入れないまま7番手付近。⑰の大逃げは放置され③が実質の先導役。3角下りで先頭は③に交代し、追って5番手から⑥が浮上。⑮は道中の消耗が大きく2着争いに加わるのが精一杯。最後まで脚色衰えぬ③が1馬身強のリードを保ったまま逃げ切り。2着に⑥、⑩も惜しい4着。

馬連 ③−⑥ ¥1040 (2) 馬複 ③−⑥−⑨ ¥610 (1/680)
3連単 ③→⑥→⑨ ¥3780 (5/4080)

2018年 4月29日(祝) 3回京都4日 天候：晴 馬場状態：良

【11R】第157回天皇賞（春）
4歳以上・オープン・G1（定量）（国際）（指定） 芝・外 3200m 17頭立

着	馬名	性齢	上3F	人
1	⑥⑫レインボーライン	牡5	35.2	2
2	③⑥シュヴァルグラン	牡6	35.8	5
3	④⑧クリンチャー	牡4	35.7	4
4	①①ミッキーロケット	牡5	35.5	6
5	⑤⑨チェスナットコート	牡4	35.9	7
6	⑤⑩トーセンバジル	牡6	36.2	8
7	④⑧スマートレイアー	牡8	35.3	1
8	⑤⑪アルバート	牡7	36.1	6
9	②④シホウ	牡8	35.9	14
10	⑧⑯ヤマカツライデン	牡6	37.0	11
11	⑦⑬ウインシュンステラ	牡5	35.9	17
12	⑤⑨サトノクロニクル	牡4	36.9	5
13	⑦⑭ソールインパクト	牡6	37.3	13
14	②③ガンコ	牡6	36.5	3
15	④⑦ピンポン	牡6	36.9	16
16	②④カレンミロティック	セ10	37.3	10
17	⑧⑤トミケンスラーヴァ	牡8	42.6	15

人気薄の⑤・⑰が先頭へ。これを見る形で⑥・⑪が内に入れながら3〜4番手。2番人気⑫は後方でラチ沿い。前年同様に2週目3コーナーからレースは動き、⑥が4角先頭、⑪が2番手。直線で抜け出した⑪に迫ったのは⑥・⑧、さらにラチ沿いから⑫。⑪に並んだ⑫がゴール手前で内から交わして1着。道中で上手く内を確保した⑧が3着に浮上。

馬連 ⑪−⑫ ¥1030 (3) 馬複 ⑥−⑪−⑫ ¥2060 (1/680)
3連単 ⑫→⑪−⑥ ¥11650 (4/4080)

12 エプソムC

開催後半に差し掛かり、中～外枠の馬が好走傾向

　東京芝1800mは1～2コーナーの右手にあるポケット地点からスタート。スタートして間もなく短い左コーナーがあるものの、2000mのように外枠が大きく不利になるほどではない。向正面の距離も長く、長い直線を意識するためペースは上がりにくいので、どの重賞でも道中の流れは緩み、速い上がりを求められる展開になりやすい。

　エプソムCが行われるのは3回東京4日目。2回東京が12日と長いので、連続開催の8週目にあたる。ダービーの週から使用されるCコースも3週目なので内の芝が傷んでいることも多く、各馬が内を開けて走る年も多い。過去5回のうち4回は前後半で1秒以上の後傾ラップになっており、スローペースからの上がり勝負になりやすい。そのため、速い上がりをマークできれば、東京の長い直線を逃げ先行馬が粘るシーンも珍しくない。過去5回の1～3着馬15頭のうち8頭までが4角6番手以内での立ち回り。「4角先頭馬」も、1勝・3着2回と3頭が馬券に絡んでいる。「上がり最速馬」は2勝・2着1回。9頭までが上がり3位以内をマーク。良馬場では32～33秒台も求められるように速い上がりが重要ではあるが、前残りが多い点にも注意しておくべき。過去5回で唯一、前傾の流れになったのが18年。重馬場に加えてやや速いペースだったことで差し・追込み馬が上位に食い込んだが、勝ち馬は外枠の先行だった。

　枠順別成績では、1～4枠が1勝・2着3回・3着3回に対して、5～8枠が4勝・2着2回・3着2回。8枠が2勝を含む4頭の馬券絡み。開催後半に差し掛かっており、内の馬場悪化が進んでいるので、中～外枠の好走が目立っている。

　また、このレースの特徴として挙げられるのが、上位人気馬の安定感。過去5年の3連単配当が全て500倍以下であり、連対馬は全て1～5番人気以内。ＧⅠシーズンの谷間に行われるＧⅢだが、ハンデ戦ではなく別定戦。また、安田記念を除外された格上馬や有力4歳馬の出走も多いので堅い決着が目立つ。

2016年 6月12日(日) 3回東京4日 天候:曇 馬場状態:良

【11R】第33回エプソムカップ
3歳以上・オープン・G3(別定) (国際)(特指) 芝1800m 18頭立

押して外から⑬がハナ、⑭・⑨が続く。2番人気⑦は5番手付近、1番人気⑱は8番手付近の外を追走、3番人気⑯はこれを見ながら2~3馬身後方。⑬の逃げ脚は衰えず坂の上でも3~4馬身のリードを保ったが、大外から上がり最速をマークの⑱が残り50m付近で一気に差し切り、さらに上がり2位の末脚で⑯が浮上。⑬は一杯になるが3着を確保。

着	馬名	性齢	上3F	人
1	⑧⑱ ルージュバック	牝4	32.8	1
2	⑧⑯ フルーキー	牡6	33.0	3
3	⑦⑬ マイネルミラノ	牡6	34.3	6
4	④⑦ ロジチャリス	牡6	33.5	2
5	⑥⑫ レコンダイト	牡6	33.3	7
6	③⑤ ヒストリカル	牡7	33.0	8
7	③⑥ アルバートドック	牡4	33.4	5
8	②④ サトノギャラント	牡7	33.3	12
9	①① ラングレー	牡5	34.1	4
10	④⑧ エキストラエンド	牡7	34.1	9
11	⑦⑮ ショウナンバッハ	牡6	33.1	13
12	⑤⑨ アルマディヴァン	牝6	34.4	15
13	⑥⑪ メイショウヤタロウ	牡6	34.0	17
14	⑤⑩ エックスマーク	牡7	33.4	18
15	⑧⑰ ダービーフィズ	牡4	33.9	10
16	①② ステラウインド	牡7	34.2	14
17	⑦⑭ ナカヤマナイト	牡7	34.8	16
18	②③ マイネルホウオウ	牡6	34.6	11

馬連:16-18 ¥750 (5) 3連複:13-16-18 ¥4550 (11/816)
3連単:18-16-13 ¥15090 (34/4896)

2017年 6月11日(日) 3回東京4日 天候:曇 馬場状態:良

【11R】第34回エプソムカップ
3歳以上・オープン・G3(別定) (国際)(特指) 芝1800m 18頭立

好発から⑦がハナへ、⑩・⑧が続いて①・⑬・⑫と先団を形成。2番人気⑭は7~8番手付近、3番人気⑥も中団。前半3ハロンは36秒1のスローペース。直線でも⑦の逃げ脚は鈍らず、3番手から外に出して⑩、⑦の内を狙って⑫が接近。ゴール前まで続いた3頭の叩き合いから⑫が抜けて1着、2~3着は僅差で⑩・⑦の順。4着も先行した⑬が粘る。

着	馬名	性齢	上3F	人
1	⑥⑫ ダッシングブレイズ	牡5	34.2	5
2	⑤⑨ アストラエンブレム	牡4	34.2	4
3	④⑦ マイネルハニー	牡4	34.6	6
4	⑦⑭ クラリティシーザー	牡4	34.2	12
5	②③ バーディーイーグル	牡7	33.9	17
6	⑦⑭ タイセイサミット	牡7	34.2	2
7	①① マイネルミノル	牡4	34.8	8
8	③⑥ デンコウアンジュ	牝4	34.3	3
9	①② フルーキー	牡7	34.6	9
10	⑧⑱ ナスノセイカン	牡5	33.9	11
11	⑥⑪ ベルーフ	牡5	34.1	10
12	②④ ヒストリカル	牡8	34.5	7
13	③⑤ カムフィー	牡5	34.4	18
14	⑧⑯ メドウラーク	牡4	34.9	15
15	⑤⑩ クラリティスカイ	牡5	34.9	4
16	⑧⑰ レッドレイヴン	牡6	35.0	13
17	④⑧ ハーセンレーヴ	牡4	35.5	16
18	⑦⑮ パドルウィール	牡5	34.7	14

馬連:10-12 ¥1640 (5) 3連複:7-10-12 ¥6890 (17/816)
3連単:12-10-7 ¥47120 (121/4896)

2018年 6月10日(日) 3回東京4日 天候:雨 馬場状態:重

【11R】第35回エプソムカップ
3歳以上・オープン・G3(別定) (国際)(特指) 芝1800m 16頭立

約2年ぶりに出走の⑨が手綱を引っ張りながら先頭、⑦に続いて②・⑫・⑪、そして2番人気⑯が外から浮上。1番人気⑱は8番手付近の追走。⑨が先頭のまま直線に向き、⑫が変わって先頭に立つも余力は乏しく。直線半ばで一気に⑯が先頭に立つと中団~後方待機の差し&追込み馬が殺到。⑯が押し切り、2着に⑥、3着⑤、以下⑧・③らの差し馬が浮上。

着	馬名	性齢	上3F	人
1	⑧⑯ サトノアーサー	牡4	35.2	2
2	③⑥ ハクサンルドルフ	牡5	34.7	4
3	③⑤ グリュイエール	牡5	35.1	5
4	④⑧ サーブルオール	牡5	35.2	3
5	②③ エアアンセム	牡7	35.2	8
6	①② ベルキャニオン	牡4	36.3	9
7	⑧⑮ ゴールドサーベラス	牡6	35.3	15
8	⑦⑭ バーディーイーグル	牡8	35.5	12
9	④⑦ マイネルフロスト	牡7	36.7	13
10	①① ブラックスピネル	牡5	36.5	11
11	⑥⑫ マイネルミラノ	牡8	37.5	14
12	⑤⑨ スマートオーディン	牡5	37.7	6
13	②④ トーセンマタコイヤ	牡7	36.6	10
14	⑤⑩ ダイワキャグニー	牡4	36.7	1
15	⑦⑬ アデイインザライフ	牡5	37.2	7
16	⑥⑪ シャイニープリンス	牡8	40.7	16

馬連:6-16 ¥2240 (8) 3連複:5-6-16 ¥6380 (17/560)
3連単:16-6-5 ¥28020 (73/3360)

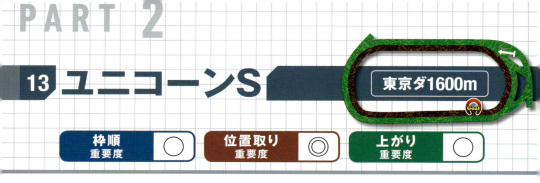

13 ユニコーンS

何は無くとも、後方から確実な末脚を繰り出せる馬

　1200～1400mの短距離戦から参戦する馬が複数いるうえに、スタート直後の芝でペースが上がりやすいのがユニコーンSの特徴。その結果として、過去5年の前後半3ハロンの平均は34秒8-36秒4となっており、前傾1秒6のハイラップ。10年遡っても後傾ラップは1回だけ。ほぼ毎年、ハイペースとなり展開は差し・追込み馬に味方する。

　「上がり最速馬」は2勝・2着1回・3着2回、勝ち馬はすべて上がり3位以内をマークしており、1～3着馬15頭のうち11頭までが上がり3位以内。4角9番手以下からでも1着2頭・2着2頭・3着4頭が入っており、速い上がりさえマークできれば馬券圏内に届く。ダート重賞は数あれども、これほど追込みが届くレースは他にない。

　対照的に「4角先頭馬」の馬券絡みは2着1回のみで、その1頭は後にJBCスプリント制覇をはじめダート短距離重賞で活躍したコーリンベリー（13年2着）。5番人気以下かつ4角3番手以内で立ち回った馬で馬券に絡んだのは15年2着ノボバカラのみ。速い流れの中、いかに直線までに脚を溜められるかが重要なレース。枠順別の成績では、1～4枠が1勝・2着2回・3着2回に対して、5～8枠が4勝・2着3回・3着3回。本来の東京ダ1600mのコース傾向にならって中～外枠有利の傾向が強く出ている。1～4枠の1着例も馬番8番の2番人気馬が挙げたものであり、馬番1～4番は2着1回・3着1回のみ。連対馬のうち9頭が5番人気以内という、堅くおさまりやすい重賞でありながら、馬番2番・4番の1番人気馬が着外に消えている。こちらもコース傾向にならって内枠は割引くべき。

　過去5年ではノーザンファームの生産馬が2勝・3着1回、社台ファーム＆社台コーポレーション白老ファームの生産馬が2勝・2着1回・3着1回。3歳ダート路線の要衝であるがゆえに、大手生産者が素質馬をしっかりと仕上げて送り込んで結果を残している。同時に、連対馬が後にGⅠ馬にまで登り詰める例も多い。

枠順と位置取りで勝ち馬を見抜く！

2016年 6月19日(日) 3回東京6日 天候：曇 馬場状態：良

【11R】第21回ユニコーンS
3歳・オープン・G3(別定) (国際)(指定) ダート1600m 16頭立

着	馬名	性齢	上3F	人
1	6 12 ゴールドリーム	牡3	35.9	2
2	7 13 ストロングバローズ	牡3	36.2	1
3	7 14 グレンツェント	牡3	35.7	3
4	3 6 ピットボス	牡3	36.4	6
5	6 11 クインズサターン	牡3	36.4	5
6	2 4 ダノンフェイス	牡3	35.7	4
7	4 8 レッドウィズダム	牡3	36.3	9
8	5 10 イーグルフェザー	牡3	36.1	7
9	1 1 マイネルバサラ	牡3	37.3	8
10	3 5 ノーモアゲーム	牡3	36.2	15
11	8 15 ヒロブレイブ	牡3	36.1	12
12	2 3 ヤマイチジャスティ	牝3	37.3	11
13	4 8 ピュアンコンチェルト	牝3	37.7	14
14	5 9 スミレ	牝3	38.2	10
15	4 7 ヴェゼール	牡3	37.5	13
16	1 2 ビービーサレンダー	牡3	39.2	16

好発の1番人気⑬に内から①が並んで先頭、②・⑥・⑨に2番人気⑫が3番手集団を形成。3番人気⑭は中団やや後方の10番手付近を追走。前半3ハロンは35秒2で淡々と流れて直線。2番手から⑬、その直後から⑫が追って直線は2頭のマッチレースが300m以上続いたがゴール寸前で⑫が先着。遅れて追い込んだ⑭が⑥の前残りを阻止して3着。

馬連⑫-⑬ ￥340 (1) 3連複⑫-⑬-⑭ ￥470 (1/560)
3連単⑫-⑬-⑭ ￥1560 (1/3360)

2017年 6月18日(日) 3回東京6日 天候：雨 馬場状態：良

【11R】第22回ユニコーンS
3歳・オープン・G3(別定) (国際)(指定) ダート1600m 16頭立

着	馬名	性齢	上3F	人
1	4 8 サンライズノヴァ	牡3	35.4	2
2	1 2 ハルクンテソーロ	牡3	36.1	5
3	8 15 サンライズソア	牡3	36.8	3
4	5 10 サンオークランド	牡3	36.1	9
5	6 11 タガノカトレア	牝3	37.3	11
6	7 13 ウォーターマーズ	牡3	36.4	7
7	2 4 リエンテソーロ	牝3	37.4	1
7	4 7 アンティノウス	牡3	37.0	4
9	3 6 ラュロット	牡3	37.3	10
10	5 9 シゲルベンガルトラ	牡3	37.1	8
11	2 3 ブルベアバブーン	牡3	37.1	14
12	8 16 トラネコ	牡3	37.0	13
13	3 5 サヴィ	牡3	38.1	6
14	7 14 トロピカルスパート	牝3	37.8	16
15	1 1 シゲルコング	牡3	41.0	15
16	6 12 テイエムヒッタマゲ	牡3	44.8	12

出遅れた若手騎手の①が猛烈に押して内から強引にハナに立った結果、かなりのオーバーペースで縦長の馬群。1番人気④は4番手、2番人気⑧は中団10番手あたりの外を進む。直線の坂を待たずに①は失速、代わって④が先頭に立とうとするものの余力なし。一気に外から⑧がまとめて差し切ると4馬身差をつける完勝劇。2着も後方待機の②が浮上。

馬連②-⑧ ￥2860 (9) 3連複②-⑧-⑮ ￥4110 (8/560)
3連単⑧-②-⑮ ￥25710 (73/3360)

2018年 6月17日(日) 3回東京6日 天候：曇 馬場状態：重

【11R】第23回ユニコーンS
3歳・オープン・G3(別定) (国際)(指定) ダート1600m 16頭立

着	馬名	性齢	上3F	人
1	7 14 ルヴァンスレーヴ	牡3	35.2	1
2	2 3 グレートタイム	牡3	35.6	3
3	6 12 エングローサー	牡3	35.2	7
4	3 6 ホウショウナウ	牡3	36.3	10
5	1 1 セイウンクールガイ	牡3	36.4	16
6	2 4 トキノパイレーツ	牡3	36.0	13
7	7 13 リョーノテソーロ	牡3	35.9	6
8	5 9 コマビショウ	牡3	35.9	5
9	4 7 グリム	牡3	36.4	2
10	2 3 プロスパラスデイズ	牡3	36.8	9
11	5 10 ミックベンハー	牡3	36.3	14
12	8 15 ダンケシェーン	牡3	36.0	11
13	4 8 ハーベストムーン	牡3	37.2	4
14	5 11 バイラ	牡3	37.1	9
15	1 2 タイセイアベニール	牡3	37.5	15
16	6 11 ベストマイウェイ	牡3	38.8	12

①・②・⑥・⑧が先行争い、2ハロン目で①が先頭へ。2番人気⑦は5番手の中、1番人気⑭はスタート直後に後方2番手になったものの、徐々に挽回して外から中団まで浮上。4角では大外の4～5番手まで上がり、直線に向かうと持ったまま坂で先頭。そのまま突き放す一方の圧勝劇。離れた2着争いは道中後方の⑤・⑫が争う。4～5着は4角1・2番手。

馬連⑤-⑭ ￥740 (2) 3連複⑤-⑫-⑭ ￥7550 (21/560)
3連単⑭-⑤-⑫ ￥22430 (56/3360)

059

PART 2

14 ラジオNIKKEI賞

枠順 重要度	位置取り 重要度	上がり 重要度
◎	△	○

小回りコースらしく、ベタに内枠の先行馬が有利

　福島芝1800mはゴール前にある緩やかな上り勾配の手前あたりから発走。1コーナーまでの距離は約300mとやや短いので先行争いはそこまで激しくならないが、直線が約290mと短いことを意識されるので3角から、早ければ向正面からレースが動くこともある。

　ラジオNIKKEI賞は13年から2回福島の2日目に日程が変更された。開催3週目の施行から開幕週に変わったため、当然馬場傾向も異なるので好走馬の枠順・脚質傾向も一変している。

　まず枠順傾向について。13年から17年の5回では、1~3着馬15頭のうち1~3枠が2勝・2着3回・3着4回と、計9頭が馬券絡み。これに対して5~8枠は3勝・2着2回・3着1回。ただし、馬番13~16番は16年3着⑮アーバンキッドのみ。多頭数時の7・8枠は不利が大きく、内枠のアドバンテージがかなり大きい。これを含め二桁馬番の馬券絡みは4例。馬番11番で勝ったのは13年1着⑪ケイアイチョウサン。同馬は4コーナーを14番手で通過しているが、そこから鞍上が開いていた最内を突くという横山典弘騎手ならではのウルトラCを披露しての勝利だった。17年1着⑪セダブリランテスは12頭立てだったことに加えて3番手を追走していた。15年2着⑫ミュゼゴーストも、やはり先行策を取っており道中は2~3番手を追走し、ジリジリ伸びて流れ込んでいる。

　13年から17年の5回、「4角先頭馬」は2着1回・3着1回のみだが、これを含めて1~3着馬15頭のうち8頭は4角5番手以内で立ち回っている。一方、「上がり最速馬」は2勝・2着1回・3着1回。これを含めて上がり3位以内は9頭が馬券絡み。全体的には先行有利だが、内枠で速い上がりを使える馬は差し届く。外枠の差し＆追込みは、上手く内に潜り込むか、馬群を捌いて速い上がりをマークする必要があるため、好走のハードルが高い。雨さえなければ開催2日目は絶好の馬場状態なので、逃げ＆先行、そして内を通るアドバンテージが大きい。

　本書の締切り直前に終了した18年は、3番手で立ち回った②が1着、2着には大外一気の⑥が追込み、3着には逃げた⑦が粘って9番人気ながら馬券絡み。1・3着馬は例年の傾向どおりの好走パターンだったが、傾向を大きく覆した⑥は、この先に大仕事を果たす可能性を秘める。

2015年 7月5日(日)　2回福島2日　天候：曇　馬場状態：良

【11R】第64回ラジオNIKKEI賞
3歳・オープン・G3(ハンデ)(国際)(特指)　芝1800m　16頭立

着	馬名	性齢	上3F	人
1	②③アンビシャス	牡3	34.3	1
2	⑥⑫ミュゼゴースト	牡3	35.4	4
3	③⑥マルターズアポジー	牡3	35.8	12
4	⑧⑯ロジチャリス	牡3	35.6	3
5	⑦⑭ブランドベルグ	牡3	35.5	10
6	②④ナヴィオン	牡3	34.8	11
7	④⑧ストレンジクォーク	牡3	34.7	9
8	①②ホワイトウインド	牡3	35.5	14
9	⑤⑩グリュイエール	牡3	35.2	6
10	④⑦アッシュゴールド	牡3	35.1	7
11	⑦⑬ストリートキャップ	牡3	35.1	15
12	⑥⑪グランアルマダ	牡3	36.2	8
13	⑤⑨マイネルシュバリエ	牡3	35.9	13
14	①①アクセラレート	牡3	35.7	16
15	⑧⑮キャンベルジュニア	牡3	36.6	5
16	③⑤レアリスタ	牡3	36.8	2

好ダッシュ⑥が先頭、3番人気⑯がこれを追って⑫が3番手で1角。1番人気③は10番手付近の内。淡々としたペースで流れて直線に向くと、3角から徐々にポジションを上げていた③が一気に抜け出し後続を3馬身半突き放す完勝劇。2着争いは懸命に粘る⑥を、3番手からジリジリと伸びた⑫が交わして先着。4着⑯・5着⑭で、勝ち馬以外は前残り。

馬連③–⑫ ¥1420 (3)　3連複③–⑥–⑫ ¥19940 (63/560)
3連単③–⑫–⑤ ¥75100 (219/3360)

2016年 7月3日(日)　2回福島2日　天候：曇　馬場状態：良

【11R】第65回ラジオNIKKEI賞
3歳・オープン・G3(ハンデ)(国際)(特指)　芝1800m　16頭立

着	馬名	性齢	上3F	人
1	①①ゼーヴィント	牡3	34.5	1
2	③⑥ダイワドレッサー	牝3	35.1	9
3	⑧⑮アーバンキッド	牡3	34.3	5
4	②③アップウォーク	牡3	34.3	6
5	⑧⑯ブラックスピネル	牡3	34.1	2
6	②④ジョルジュサンク	牡3	35.3	6
7	⑤⑩ナイトオブナイツ	牡3	34.9	8
8	④⑦ミライヘノツバサ	牡3	35.2	10
9	⑥⑫ロードヴァンドール	牡3	35.4	4
10	③⑤ストーミーシー	牡3	34.8	7
11	⑦⑬ピックミータッチ	牡3	34.2	11
12	①②キングハート	牡3	35.4	13
13	④⑧トテモモリバー	牝3	35.4	12
14	⑦⑭カネノイロ	牡3	35.4	15
15	⑥⑪ミエノドリーマー	牡3	36.6	3
16	⑤⑨カーブストリーマー	牡3	38.8	14

内から④・⑥が併走で先行、1角で④がハナに立ち、態勢決まりかけた2角で外から⑪が交わして先頭へ。1番人気①は7番手付近の内を追走。3角過ぎで再び④が先頭、⑥が2番手へ。直線半ばまで④が粘るものの、ジリジリ接近の⑥・馬群を捌いて①が差し脚を伸ばし、さらに外から⑮の追込み。ゴール前で様相一変し、①が差し切り、⑥が2着。

馬連①–⑥ ¥3580 (14)　3連複①–⑥–⑮ ¥13040 (48/560)
3連単①–⑥–⑮ ¥67460 (245/3360)

2017年 7月2日(日)　2回福島2日　天候：曇　馬場状態：良

【11R】第66回ラジオNIKKEI賞
3歳・オープン・G3(ハンデ)(国際)(特指)　芝1800m　12頭立

着	馬名	性齢	上3F	人
1	⑧⑪セダブリランテス	牡3	35.1	2
2	⑥⑦ウインガナドル	牡3	35.4	8
3	①①ロードリベラル	牡3	34.4	9
4	⑧⑫クリアザトラック	牡3	35.5	3
5	④④マイネルスフェーン	牡3	35.4	6
6	⑤⑥サトノクロニクル	牡3	35.6	1
7	⑦⑨バルベーラ	牝3	35.8	10
8	⑥⑧ビービーガウディ	牡3	35.8	12
9	②②グランドボヌール	牡3	35.8	7
10	⑦⑩マイブルーヘブン	牡3	36.1	11
11	⑤⑤ライジングリーズン	牝3	36.3	5
12	③③ニシノアップルパイ	牡3	37.0	4

⑦が先手を奪い③が2番手、2番人気⑪が3番手外を追走。その直後に1番人気⑥・3番人気⑫が浮上。①が3角大外に出してマクリ浮上、⑪も3角過ぎから徐々に前との差を詰めつつ、淡々とした流れで直線へ。⑦が③を振り切り逃げ粘るところに⑪が馬体を併せて競り合い、ゴール前で競り勝つ。マクリで上位2頭に迫った①はゴール前で脚鈍る。

馬連⑦–⑪ ¥4580 (22)　3連複①–⑦–⑪ ¥34600 (104/220)
3連単⑪–⑦–① ¥156510 (498/1320)

PART 2

15 CBC賞

 枠順 重要度 ○

 位置取り 重要度 ◎

 上がり 重要度 △

差しが利くレースだが、人気薄の逃げ残りにも注意

　CBC賞が行われるのは3回中京の開幕週。馬場状態は絶好で、16年には1分7秒2の速いタイムで決着している。ただし、梅雨の時期で雨に見舞われることも多い。

　過去5回、「4角先頭馬」は2着1回・3着2回。これを含めて7頭までが4角3番手以内で立ち回っている。17年は逃げた8番人気アクティブミノルが3着・2番手追走の13番人気セカンドテーブルが2着に粘る好走。1着は2番人気だったが、3連複89,500円の高配当になっている。この他にも16年2着のラヴァーズポイントは2番手追走から粘り、7番人気ながら2着に好走。人気薄の先行馬が穴になりやすい。

　その一方で、「上がり最速馬」は3勝・3着1回。4角9番手以下からも5頭が3着以内に食い込んでおり、上がり32～33秒台をマークできれば後方からでも差し届く。

　過去5回で1～2枠は連対なし。1～4枠が2勝・2着2回・3着3回に対して、5～8枠が3勝・2着3回・3着2回。二桁馬番が3勝・2着2回を挙げている。ただし、15番から外の連対はないので注意。

　この時期の中京は関西圏の位置付けだが、同時に函館開催があるので関西の有力騎手が分散する。中京をメインに騎乗する中で、この開催の重賞に強い福永祐一騎手が2勝を挙げている。酒井学騎手は［0・1・2・1］。異なる3頭で3着以内に好走しており、17年に8番人気アクティブミノルを3着に、14年には10番人気ニンジャを3着に導き、波乱を演出している。また、3頭のうち2頭では逃げており、積極策にも注目したい。

　種牡馬別の成績では、スプリント重賞として珍しく、ディープインパクト産駒が2勝を挙げている。ともに2番人気（15年ウリウリ・17年シャイニングレイ）ではあるものの、それぞれ上がり3位・2位をマークして、4角10番手以下からの差し切り勝ちを収めている。他場のスプリント重賞では目立つ存在ではないものの、直線が長くて坂のある中京では速い上がりを使える特性を活かせる。同様のことは同じ舞台で行われる高松宮記念にも言える。

2015年 7月5日(日) 3回中京2日　天候：曇　馬場状態：重

【11R】第51回CBC賞
3歳以上・オープン・G3(ハンデ)　(国際)(特指)　芝1200m　18頭立

着	馬名	性齢	上3F	人
1	③⑥ウリウリ	牝5	34.4	2
2	②⑦ダンスディレクター	牡6	34.7	1
3	⑦⑬サドンストーム	牡6	34.5	3
4	⑤⑩ベルカミニエール	牝4	35.0	17
5	①①セイカプリコーン	牝4	34.3	17
6	⑥⑫タガノブルグ	牡5	34.3	14
7	②④トーホウアマポーラ	牝5	35.5	9
8	④⑧ジャストドゥイング	牝3	35.7	8
9	⑦⑭ホウライアキコ	牝4	35.5	4
10	⑤⑨ワキノブレイブ	牡5	35.4	12
11	①②フレイムヘイロー	セ7	36.1	15
12	⑤⑨ベステゲシェンク	牝5	35.6	6
13	⑧⑱ニンジャ	牝6	35.2	13
14	③⑤レオパルディナ	牝5	36.9	11
15	⑥⑪レオンビスティー	牡6	37.0	16
16	⑧⑰レッドオーヴァル	牝5	36.1	7
17	②③マコトナワタラナ	牝5	40.3	10
消	⑧⑯ベルカント	牝4		

馬連 ⑥-⑦ ¥1170 (1)　3連複 ⑥-⑦-⑬ ¥2390 (1/680)
3連単 ⑥-⑦-⑬ ¥9110 (2/4080)

雨が降り重馬場の中、⑤・⑧・⑪の先行争いから⑧が逃げて⑧が2番手。1番人気⑦は10番手付近の内、3番人気⑬がその外、そのうしろの2番人気⑥は後方から4頭目のラチ沿いを追走。直線の坂に差し掛かると先団各馬の脚色が鈍り、ラチ沿いを捌いて⑥が浮上し一気に先頭。2着争いは外から伸びた⑦・⑬がゴール前で浮上、⑩は僅かに差されて4着。

2016年 7月3日(日) 3回中京2日　天候：曇　馬場状態：良

【11R】第52回CBC賞
3歳以上・オープン・G3(ハンデ)　(国際)(特指)　芝1200m　13頭立

着	馬名	性齢	上3F	人
1	⑤⑪レッドファルクス	牡5	32.7	3
2	②②ラヴァーズポイント	牝5	33.3	7
3	③④ベルカント	牝5	33.5	2
4	⑤⑦サドンストーム	牡7	33.3	6
5	⑥⑫ベルミエール	牝5	33.4	10
6	③③スノードラゴン	牡8	33.0	5
7	④⑥ワキノブレイブ	牡6	33.3	8
8	⑦⑩シンデレラボーイ	牡6	34.0	4
9	②②エイシンブズアイ	牝5	33.9	1
10	⑧⑬サクラアドニス	牡6	33.1	13
11	⑤⑥ラインスピリット	牡6	33.1	11
12	④⑤メイショウライナー	牡6	33.7	9
13	①①ジョディーズロマン	牡5	33.6	12

馬連 ⑥-⑦ ¥1170 (1)　3連複 ⑥-⑦-⑬ ¥2390 (1/680)
3連単 ⑥-⑦-⑬ ¥9110 (2/4080)

好発から2番人気⑤が逃げて⑦・⑩が続く。3列目の内に1番人気②、⑨・⑫が並び、3番人気⑪は中団9番手付近の外。前半3ハロン通過33秒8はスプリント重賞としては遅めの流れ。逃げ粘る⑤、2番手⑦が好位置を振り切った外から上がり最速の32秒7をマークした⑪が一頭だけ差し脚を伸ばして差し切り。ゴール前で⑦が2着に浮上した。

2017年 7月2日(日) 3回中京2日　天候：雨　馬場状態：良

【11R】第53回CBC賞
3歳以上・オープン・G3(ハンデ)　(国際)(特指)　芝1200m　18頭立

着	馬名	性齢	上3F	人
1	④⑦シャイニングレイ	牡5	33.2	2
2	⑦⑭セカンドテーブル	牡5	34.6	13
3	②④アクティブミノル	牡5	35.1	8
4	①②ティーハーフ	牡5	33.8	9
5	⑥⑪スノードラゴン	牡9	33.5	12
6	④⑧ナリタスターワン	牡5	34.3	15
7	⑧⑰ラヴァーズポイント	牝6	34.3	17
8	③⑥トーセンデューク	牡7	34.7	11
9	①①オメガヴェンデッタ	セ6	34.7	16
10	②③メラグラーナ	牝5	34.1	1
11	⑤⑨エイシンスパルタン	牡5	35.2	10
12	⑧⑱メイソンジュニア	牡3	35.2	10
13	⑥⑫アルティマブラッド	牝5	34.8	4
14	⑦⑬タイムトリップ	牡6	34.3	6
15	③⑤ラインスピリット	牡7	35.0	14
16	⑤⑩トウショウドラフタ	牡4	33.7	5
17	⑧⑯ウインオスカー	牡6	35.8	18
18	③⑤オウノミチ	牡6	35.8	18

馬連 ⑦-⑭ ¥11420 (36)　3連複 ⑦-⑭-⑤ ¥18140 (60/286)
3連単 ⑪-⑦-⑤ ¥136160 (424/1716)

発表は「良」だが強い雨の中。出ムチを入れて④が逃げて⑭が続くが、2番手以下は序盤から目まぐるしく動く。1番人気③は中団より後方の12番手付近の中、2番人気⑦は後方から2～3頭目を追走。直線、懸命に粘る④を2番手から⑭が交わして先頭。前の2頭で決まるかというところへ、大外から上がり最速33秒2の末脚で⑦がまとめて差し切り。

16 中京記念

枠順 重要度	位置取り 重要度	上がり 重要度
×	◎	○

末脚自慢が大いに本領を発揮する舞台

　中京記念が行われるのは3回中京の最終日。梅雨の時期が開催に重なることもあって、ほぼ例外なく内側の馬場は荒れている。中京記念は12年から今と同じ日程で芝1600mのハンデ重賞に変更。その初年度から続く根強い傾向が出ている。

　過去5回では、1～4枠が2勝・2着3回・3着2回に対して、5～8枠が3勝・2着2回・3着3回。こう見ると僅差ではあるが、二桁馬番が3勝・2着2回・3着3回は、芝重賞としては多い水準。馬番12～16番の勝率12.0%・連対率20.0%・複勝率28.0%は、過去5年の中京芝1600mにおける馬番12～16番の全成績（勝率7.9%・連対率14.0%・複勝率20.2%）と比べても明らかに高い。

　外枠有利と併せて差し&追込みが届きやすいのも特徴。過去5年の1～3着馬15頭のうち、4角9番手以下が3勝・2着3回・3着4回と10頭が馬券絡み。「上がり最速馬」は3勝を挙げており、15年以外の4回で馬券圏内まで差し届いている。一方、「4角先頭馬」は全て4着以下に敗れており、4角5番手以内の馬券絡みは4頭のみ。このうち3頭が1～4枠なので、外枠は差し追込み馬の台頭が目立つ反面、先行馬は不利な展開にハマりやすいと考えられる。17年は当日の7R（芝2000m・3歳500万下）で3枠5番ナリタピクシーが4角2番手から1着、逃げた4枠6番メイショウタチマチが2着、9R渥美特別（芝2200m・500万下）で1枠1番ラウレアブルームが逃げ切り勝ち。例年とは明らかに馬場傾向が異なり、最内を通った馬が極端に有利だった。似たようなケースがあれば、逃げ・2番手や内の馬にも注意が必要だが、その再現性は微妙なところだ。

　1番人気の不振も目立つレースで、過去5年では［0・0・1・4］。唯一馬券に絡んだのが17年3着⑮ブラックムーンで、その他の4頭は1～4枠。4番人気以内の1着はなく、2着が1回、3着が5回。1～2着は5番人気以下同士で決まることが多いので、馬連は3回が万馬券、3連複は4回が万馬券と夏のハンデ重賞らしく波乱の決着になりやすい。

　ハンデ54キロ以下の馬券絡みは15年の2着①アルマディヴァン（52キロ）のみ。55キロ［1・0・1・11］、56キロ［0・3・2・19］、57キロ［3・1・2・6］、57.5キロ以上［1・0・0・7］。軽ハンデ馬に出番が回る機会は少なく、むしろ斤量を背負っている馬の方が結果を出すことが多い。

枠順と位置取りで勝ち馬を見抜く！

2015年 7月26日(日) 3回中京8日 天候:晴 馬場状態:良

【11R】第63回トヨタ賞中京記念
3歳以上・オープン・G3(ハンデ) (国際)(特指) 芝1600m 16頭立

着	馬名	性齢	上3F	人
1	⑥ スマートオリオン	牡5	35.1	6
2	① アルマディヴァン	牝5	34.5	13
3	⑩ ダローネガ	牡5	34.6	3
4	③ エールブリーズ	牡5	35.3	15
5	⑤ カオスモス	牡5	34.1	8
6	⑮ アルバタックス	牡5	34.1	7
7	② カレンブラックヒル	牡6	35.3	1
8	⑪ レッドアリオン	牡5	34.7	2
9	⑭ ナリタスーパーワン	牡6	34.2	16
10	⑦ ゴールドベル	牡6	34.3	10
11	⑯ オツウ	牝5	35.3	12
12	② トーセンレーヴ	牡7	35.7	5
13	⑨ ネオウィズダム	牡5	35.9	11
14	⑧ ミッキードリーム	牡5	35.6	14
15	④ オリービン	牡6	35.9	4
16	⑬ メイケイペガスター	牡7	36.5	9

内から1番人気③が先頭に立ち⑥が続いたが、3角手前で⑬がハナを奪いに動き、さらに3角で⑫と、1600m戦では珍しく道中で3回も先頭が入れ替わる。2番人気⑪は後方待機で4角でも13番手。直線は荒れた内を嫌い、全体的に馬群は外へ。3番手追走の⑥が残り200m付近で先頭に立つと、内から追い込んだ①、外から伸びた⑩を抑えて押し切る。

馬連①―⑥ ¥17070 (70)　3連複①―⑥―⑩ ¥38850 (156/560)
3連単⑥―①―⑩ ¥256590 (1060/3360)

2016年 7月24日(日) 3回中京8日 天候:曇 馬場状態:良

【11R】第64回トヨタ賞中京記念
3歳以上・オープン・G3(ハンデ) (国際)(特指) 芝1600m 16頭立

着	馬名	性齢	上3F	人
1	⑦ ガリバルディ	牡5	33.6	7
2	⑦ ピークトラム	牡7	34.4	6
3	⑫ ケントオー	牡6	33.6	4
4	⑭ ダンスアミーガ	牝4	34.0	16
5	⑪ ダノンリバティ	牡5	33.9	5
6	③ タガノエトワール	牡6	34.3	10
7	⑨ カレンケカリーナ	牝6	34.5	14
8	⑩ アルマディヴァン	牝6	34.6	11
9	③ スマートオリオン	牡6	35.0	9
10	⑧ ダッシングブレイズ	牡4	34.6	1
11	② ワキノブレイブ	牡5	35.0	15
12	⑥ トウショウドラフタ	牡4	34.6	2
13	① カオスモス	牡6	35.5	13
14	⑯ ダローネガ	牡7	34.6	12
15	⑤ タガノエスプレッソ	牡5	35.3	3
16	④ マイネルアウラート	牡6	35.7	8

内から①が逃げて③・⑦が続く。1番人気⑧、2番人気⑥は後方。各馬は馬場の荒れた内をあけて大回りで直線へ。横並びになった馬群は横一戦になり、⑦が外から先頭に立つが、4角13番手通過の⑬が上がり最速をマークして差し切り。2着には⑦が踏ん張るし、3着には4角最後方から、9番手から⑭、13番手から⑪が5着。外枠の追込みが上位に殺到。

馬連⑦―⑦ ¥5110 (22)　3連複⑦―⑫―⑬ ¥14750 (46/560)
3連単⑬―⑦―⑫ ¥87790 (294/3360)

2017年 7月23日(日) 3回中京8日 天候:曇 馬場状態:良

【11R】第65回トヨタ賞中京記念
3歳以上・オープン・G3(ハンデ) (国際)(特指) 芝1600m 16頭立

着	馬名	性齢	上3F	人
1	③ ウインガニオン	牡5	34.8	5
2	⑥ グランシルク	牡5	34.4	2
3	⑮ ブラックムーン	牡5	33.9	1
4	⑧ アスカビレン	牝5	34.9	4
5	⑦ ダノンリバティ	牡6	34.5	3
6	⑬ ムーンクレスト	牡5	35.1	16
7	⑨ スーサンジョイ	牡5	35.4	14
8	① レッドレイヴン	牡8	35.1	15
9	⑯ サンライズメジャー	牡8	34.7	11
10	⑦ ワンアンドオンリー	牡6	34.3	7
11	⑤ トウショウピスト	牡5	36.0	13
12	⑭ グァンチャーレ	牡5	35.2	8
13	② ケントオー	牡5	35.1	10
14	⑩ ピンポン	牡7	34.7	9
15	⑤ ピークトラム	牡8	35.7	9
16	⑪ マイネルアウラート	牡5	35.9	6

押して⑫が先頭、2番手⑬はラチ沿いを進む。2番人気⑥は8番手付近、1番人気⑮は最後方待機。発表は「良」ながら乾いている過程の特殊な馬場。4角で先頭に並んだ③が直線入り口から後続を突き放す一方で、直線で外に出した馬たちの方が全く伸びず。集団の中から⑥が追い上げるが2着まで。3着は最後方から1頭だけラチ沿いを追い込んだ⑮。

馬連③―⑥ ¥2640 (8)　3連複③―⑥―⑮ ¥3590 (3/560)
3連単③―⑥―⑮ ¥22780 (23/3360)

065

17 アイビスSD

新潟芝・直線1000m

| 枠順 重要度 ◎ | 位置取り 重要度 ◎ | 上がり 重要度 ✕ |

外枠に注目することは勿論、騎乗騎手にも注目を

　新潟芝1000mは言わずと知れた一直線コース。スタート直後からは高低差1mほどの上り坂になっており、200mを過ぎた先には緩やかな下り坂。その後も緩やかなアップダウンを経て残り400mを切ったあたりからゴールまでが平坦になっている。

　ラチ沿いの方が馬にとって走りやすいため、外ラチに近い外枠が有利なコース。過去5年では、8枠が勝率11.1%・複勝率28.8%なのに対して、1枠は勝率2.6%・複勝率8.2%と圧倒的な差がある。なお、複勝率は内枠に寄るにつれて徐々に低くなっており、ちょうど真ん中あたりの5枠が15.6%・4枠が13.8%。開催前半の初日～2日目は内枠の不利もいくらか軽減されるものの、15頭立て以上では1・2枠の合算で勝率2.2%・複勝率11.1%。やはり内枠には厳しい。

　このアイビスSDは過去5年で1～4枠が2勝・2着1回・3着0回。14年1着の②セイコーライコウ、16年1着④ベルカントは、ともに1番人気。また、この2年は13頭立てと比較的頭数が少なかったことで、内枠不利が軽減された。15年2着は④フォーエバーマーク（3番人気・単勝オッズ8.6倍）。18頭立ての2枠4番という不利な枠だったが、圧倒的なスピードで先頭に立って粘り込んでいる。

　3頭しか馬券に絡んでいない1～4枠に対して、5～8枠は3勝・2着4回・3着5回で、11頭が二桁馬番。4番人気以下で馬券に絡んだ6頭は全て5枠から外だった。

　過去5年では1番人気が［4・1・0・0］。コース創設から間もない頃は国内唯一の直線コースで謎が多かったこともあり大波乱決着も珍しくなかったが、近年はコース適性の高い馬が集まるうえに特徴的な傾向も明らかなので荒れにくい重賞へと姿を変えている。

　特徴的なコースであるがゆえに騎手の得手不得手も出やすく、M.デムーロ騎手はアイビスSDで2戦2勝。これを含め同コースの全成績が［5・1・1・2］。勝率55.6%・複勝率77.8%という驚異的な数字を残している。コース巧者として知られる西田雄一郎騎手は過去5年で［6・6・4・85］、勝率5.9%は案外に思えるかもしれないが、騎乗馬の平均人気は8.1番人気・平均単勝オッズが44.3倍。1番人気にはたった4回しか騎乗していない（M.デムーロ騎手は平均1.3番人気・平均単勝オッズ3.3倍）。西田騎手のように浸透していない中で成績が良いのは石橋脩騎手で、過去5年では［6・5・2・21］、勝率17.6%・複勝率38.2%。

2015年8月2日(日)　2回新潟2日　天候：晴　馬場状態：良

【11R】第15回アイビスサマーダッシュ
3歳以上・オープン・G3(別定)　(国際)(特指)　芝・直線1000m　14頭立

揃ったスタートから1番人気⑬が外ラチ沿いへ、⑧・⑩・⑪・⑤が先行。2番人気⑭は中団やや後方から。残り300m付近から先行各馬が脱落する中、外ラチ沿いをひた走る⑬だけが脚色変わらず独走。2着争いは先にスパートした⑨が、内へ切れ込みながら追い込む⑫・外ラチ沿いから迫る⑭を凌ぐ。⑬以外の先行馬は軒並み脱落、4着までが8・6・7枠。

着	馬名	性齢	上3F	人
1	⑧⑬ベルカント	牝4	31.9	1
2	⑥⑨シンボリディスコ	牡5	32.1	9
3	⑦⑫アースソニック	牡6	31.8	4
4	⑧⑭セイコーライコウ	牡6	31.8	2
5	③⑤リトルゲルダ	牝6	32.3	5
6	④③サフィロス	牡5	32.0	7
7	⑤⑧ヘニーハウンド	牡3	32.8	6
8	⑦⑪レーシングランド	牡3	32.7	3
9	③④フレイムヘイロー	セ7	32.8	8
10	①①アンゲネーム	セ7	31.8	13
11	②②オースミージー	牝7	32.3	14
12	④⑤サカジロロイヤル	牡4	33.4	11
13	②②マコトナワラタナ	牝6	32.7	10
14	⑥⑩エーシントップ	牡5	34.1	12

馬連⑨-⑬ ¥4710 (20)　3連複⑨-⑫-⑬ ¥9520 (27/364)
3連単⑬-⑨-⑫ ¥47230 (136/2184)

2016年7月31日(日)　2回新潟2日　天候：晴　馬場状態：良

【11R】第16回アイビスサマーダッシュ
3歳以上・オープン・G3(別定)　(国際)(特指)　芝・直線1000m　13頭立

好発から2番人気⑬が一目散に先頭へ。これを内から1番人気④が外ラチ沿いに切れ込みながら2番手でマークする。2頭のマッチレースが2ハロン目から長く続くような状態になり、残り2ハロン過ぎからスパートすると馬場中央へヨレながらも2頭が併走しての叩き合い。僅かに④が先着する。3着争いは同コースで3勝の実績馬⑥。上位人気での決着。

着	馬名	性齢	上3F	人
1	④④ベルカント	牝5	31.7	1
2	④④ネロ	牡5	31.9	2
3	⑤⑤プリンセスムーン	牝6	31.8	8
4	⑦⑪アットウィル	牡5	31.8	4
5	③③ローズミラクル	牝4	32.0	6
6	⑥⑥アースソニック	牡7	31.9	5
7	⑦⑩ブライトチェリー	牝5	31.5	9
8	⑥⑧フレイムヘイロー	セ8	32.0	10
9	④⑤マイネルエテルネル	牡4	32.3	7
10	①①ヤマニンプチガトー	牝7	32.1	11
11	②②ヤサカオディール	牝7	32.4	13
12	⑦⑫ファンデルワールス	セ7	32.9	12
13	⑧⑬サトノデプロマット	牡6	32.1	3

馬連④-⑬ ¥360 (1)　3連複④-⑥-⑬ ¥480 (1/286)
3連単④-⑬-⑥ ¥1800 (1/1716)

2017年7月30日(日)　2回新潟2日　天候：晴　馬場状態：良

【11R】第17回アイビスサマーダッシュ
3歳以上・オープン・G3(別定)　(国際)(特指)　芝・直線1000m　16頭立

押して⑯が外ラチ沿いの先頭へ。好ダッシュの1番人気⑩が2番手、2頭の直後に差がなく⑭、前年2着馬⑨は手綱を動かすが追い付けず。残り400mあたりで⑯が苦しくなり、⑩が抜け出し。⑭も迫れないでいると、そこに迫ってきたのが後方を進んでいた⑮。先行馬の間隙に進路を見出すと、一杯になった⑩をゴール前で捕らえる。4着までが二桁馬番。

着	馬名	性齢	上3F	人
1	⑧⑮ラインミーティア	牡7	31.6	8
2	⑤⑩フィドゥーシア	牝5	32.4	1
3	⑦⑭レジーナフォルテ	牡5	32.5	4
4	⑧⑯アクティブミノル	牡5	32.7	7
5	③⑤アースエンジェル	牝5	32.1	14
6	②④ラインスピリット	牡6	31.9	6
7	①②ブライトチェリー	牝7	31.8	16
8	②③ブレイズエターナル	牡7	32.1	7
9	①①ナリタスターワン	牡5	32.3	12
10	⑤⑨ネロ	牡6	32.9	3
11	⑥⑫レッドラウダ	牡4	33.2	5
12	⑦⑬キープレイヤー	牝6	32.5	15
13	④⑧ダンシングワンダー	牝5	33.6	11
14	⑥⑪レヴァンテライオン	牡4	33.6	9
15	④⑦シンボリディスコ	牡7	33.9	10
16	③⑥イオラニ	セ6	34.1	13

馬連⑩-⑮ ¥4300 (14)　3連複⑩-⑭-⑮ ¥7210 (21/560)
3連単⑮-⑩-⑭ ¥67380 (211/3360)

18 エルムS

枠順 重要度	位置取り 重要度	上がり 重要度
△	◎	○

4コーナーを4番手以内で回れる馬を狙え

　札幌ダ1700mは正面の直線からスタートし、1コーナーまでは約240m。全周にわたり高低差が0.9mしかないほぼ平坦のコースで、コーナー半径が大きく最後の直線が264mと短いのが特徴。当然、後方一気で届くことはなく、先行力のある馬か、早めに仕掛けて長く良い脚を使える馬でないと好走できない。

　札幌で行われた過去5回のエルムSでは、「4角先頭馬」が1勝・3着1回。これを含め、1～3着馬15頭のうち14頭までが4角4番手以内。直線の短いコースらしく先行力が武器となる。同時に「上がり最速馬」が2勝、上がり2位が2勝・2着2回。たとえ後方の位置取りでも3コーナー前後から押し上げて、4コーナーでは4番手以内まで浮上するのが連対の最低条件。3連単最高配当は600倍台と、大波乱は起こりにくいレースだが穴は常に逃げ馬。15年3着エーシンモアオバー、17年3着ドリームキラリのように、逃げる機会が多いタイプは近走成績が悪くても注意すべき。

　枠順別の成績にも特徴がある。札幌ダ1700mコース自体には内外に大きな成績差は見られない。ただし、札幌で行われた過去5回のエルムS1着馬はすべて馬番1～5番から出ており、1～6番が5勝・2着3回・3着1回なのに対して、7～12番は2着2回・3着4回。外枠は良い位置を確保しにくく、2着に好走した2頭はいずれもダート重賞で逃げ切り勝ちの実績があった馬だった。コース形態的に外枠が不利というわけではないが、近年のエルムSではやけに偏りが見られるので内枠の逃げ・先行馬を重視するのが得策か。

　なお、札幌ダ1700mは17年からフルゲートの頭数が1頭増えて、13頭→14頭となっている。その初年度の8枠14番の成績は［1・5・1・23］。勝率3.3%・連対率20.0%・複勝率23.3%と一見振るわないようにも見える。ただし、1番人気は［1・2・0・0］、1～3番人気の合算成績が［1・4・0・1］。人気馬は好走できているので、大幅に割り引く必要はなさそうだ。

2015年 8月16日(日)　1回札幌6日　天候：曇　馬場状態：稍重

【11R】第20回エルムS
3歳以上・オープン・G3(別定)　(国際)(指定)　ダート1700m　13頭立

着	馬名	性齢	上3F	人
1	④④ ジェベルムーサ	牡5	37.1	2
2	④⑤ グレープブランデー	牡7	37.0	5
3	⑥⑧ エーシンモアオバー	牡9	37.4	7
4	⑥⑫ クリノスターオー	牡5	37.3	1
5	⑦⑬ ソロル	牡5	37.3	3
6	⑦⑪ マルカフリート	牡4	36.8	11
7	②② ヒラボクプリンス	牡5	37.3	6
8	⑥⑨ マイネルバイカ	牡4	37.0	10
9	⑦⑩ ゴールスキー	牡7	37.3	8
10	⑤⑥ ウルトラカイザー	牡4	38.0	12
11	⑤⑦ アウヤンテプイ	牡5	37.3	13
12	③③ カチューシャ	牝6	38.9	4
13	①① フレイムコード	牝6	40.1	9

気合いを付けて⑧がハナへ、2番手に⑤・⑦・⑫が並び1角へ。④は後方から三頭目を追走。向正面の半ばから④が動いて一気に3角で2番手へ。1番人気⑫もこれに抵抗しようと仕掛けるが、マクられてしまい劣勢に。④は一気に4角で先頭に立つと、そのまま押し切って1着。3番手内で息を潜めていた⑤が直線半ばで浮上し、逃げた⑧が3着に粘る。

馬連 ④−⑫ ¥1460 (7)　3連複 ④−⑤−⑧ ¥16050 (44/286)
3連単 ④−⑤−⑧ ¥63770 (177/1716)

2016年 8月14日(日)　1回札幌6日　天候：晴　馬場状態：良

【11R】第21回エルムS
3歳以上・オープン・G3(別定)　(国際)(指定)　ダート1700m　12頭立

着	馬名	性齢	上3F	人
1	④④ リッカルド	セ5	35.9	7
2	⑧⑫ クリノスターオー	牡6	36.2	4
3	⑧⑪ モンドクラッセ	牡5	36.6	1
4	④⑤ ロワジャルダン	牡5	36.8	3
5	②② ヒラボクプリンス	牡6	37.1	8
6	⑦⑨ ブライトライン	牡7	37.1	6
7	③③ ジェベルムーサ	牡6	37.0	2
8	⑤⑥ サイモントルナーレ	牡10	37.0	12
9	①① ナムラビクター	牡7	37.0	11
10	⑥⑧ マルカフリート	牡5	37.0	10
11	⑥⑧ ナリタスーパーワン	牡7	37.4	9
12	⑦⑩ ショウナンアポロン	牡6	39.3	5

好発を決めた⑪・⑫が並んで1角へ、②・⑤・⑩がこれに続く。前年覇者の2番人気③は中団7番手を追走、3角過ぎから進出。先に動いた④が4角で先頭に並びかけると、勢いそのままに4番人気⑫・1番人気⑪を交わして先頭。脚色の鈍った⑪を⑫が捕らえて2着。4角3番手以内の3頭による決着は前年と同じ。3番人気⑤は仕掛け遅れての4着。

馬連 ④−⑫ ¥9660 (23)　3連複 ④−⑪−⑫ ¥5760 (18/220)
3連単 ④−⑫−⑪ ¥68270 (201/1320)

2017年 8月13日(日)　1回札幌6日　天候：曇　馬場状態：重

【11R】第22回エルムS
3歳以上・オープン・G3(別定)　(国際)(指定)　ダート1700m　14頭立

着	馬名	性齢	上3F	人
1	②② ロンドンタウン	牡4	35.6	4
2	③④ テイエムジンソク	牡5	36.0	1
3	③③ ドリームキラリ	牡5	36.0	8
4	①① コスモカナディアン	牡5	35.9	6
5	⑧⑭ ショウナンアポロン	牡7	35.1	13
6	④⑥ リッカルド	セ6	36.2	10
7	⑦⑨ ピオネロ	牡6	36.2	2
8	④⑤ オヤコダカ	牡5	36.7	7
9	⑤⑧ ラインハート	牝6	36.5	12
10	⑥⑩ モンドクラッセ	牡6	37.5	3
11	⑧⑬ メイショウスミトモ	牡5	36.5	5
12	⑤⑦ クリノスターオー	牡7	37.5	6
13	⑦⑫ リーゼントロック	牡5	37.3	11
14	⑤⑦ タマモホルン	牡5	40.2	14

前日までの雨は止んだものの重馬場。③が押してハナに立ち1角までに単騎先頭。断然1番人気④が2番手、⑦・⑩・⑪が続く。道中で押し上げたい⑭もペースが速くてポジションを上げられないまま4コーナーへ。③が懸命に逃げ切りを図るものの④・②が接近。3頭の追い比べを最後は外に持ち出した②が制して1着。15・16年と同様に4角3番手以内で決着。

馬連 ②−④ ¥850 (4)　3連複 ②−③−④ ¥7760 (28/364)
3連単 ②−④−③ ¥63650 (179/2184)

PART 2

19 キーンランドC

札幌芝1200m

枠順 重要度	◎	位置取り 重要度	△	上がり 重要度	○

セオリー無視の差し・追込み馬が穴で面白い

　札幌芝1200mは向正面の2コーナー出口左手にあるポケットからのスタート。全周にわたりほぼ平坦で、大きな3~4コーナーを経て約266mの短い直線に向かう。函館芝1200mに比べて差しが届きやすいのが特徴で、このキーンランドCにも差し有利の傾向が見られる。

　札幌で行われた過去5回のうち、「上がり最速馬」が2勝・2着1回。上がり2~3位が1勝・2着1回・3着1回。これに対して「4角先頭馬」は1勝・2着1回・3着1回。4角3番手以内は7頭が馬券絡み。この点だけを見ると逃げ&先行馬の馬券絡みが多いようにも感じられるが、4角3番手以内での馬券絡みは全て1~5番人気馬によるもの。対照的に4角6番手以下からの差し・追込みで6番人気以下が3頭も連対している。逃げ&先行馬は強い馬しか残れない（=展開が味方しにくい）、その一方で差し&追込み馬は人気薄が好走している（=展開が向きやすい）。直線の短いコースでのスプリント戦だが、後方からの差し・追込みが届きやすい。

　14年は4角6番手のローブティサージュ・9番手のレッドオーヴァルによる差し&追込みのワン・ツー。16年は3角最後方からマクって浮上し、4角7番手だったウキヨノカゼ・4角11番手のトーホウアマポーラ・ほぼ同位置にいたティーハーフの3頭による、差し&追込みのワン・ツー・スリー決着だった。

　枠順別成績にも傾向が見られる。同じく札幌で行われた過去5回で馬券に絡んだ15頭のうち1~4枠は4頭だけ。対して5~8枠が11頭。それも、7枠が1勝・2着1回・3着3回で計5頭、8枠が1勝・2着2回で計3頭も好走。馬番13~16番が1頭ずつ連対している。一方、1枠の馬券絡みは一度もなく、2枠が1勝（3番人気・4角2番手）、3枠が2着1回（1番人気・4角1番手）。つまり、内枠は人気の逃げ&先行馬なら克服するケースもあるが、差し&追込み馬にはやりにくい可能性が高い。そして、人気薄の好走は外枠の差し&追込みに複数件見られる。このあたりは、展開のみならず開催後半で芝が荒れていることが大きく関係していると考えられる。

2015年8月30日(日)　2回札幌4日　天候:晴　馬場状態:良

【11R】第10回キーンランドカップ
3歳以上・オープン・G3(別定)　(国際)(指定)　芝1200m　16頭立

着	馬名	性齢	上3F	人
1	7 13 ウキヨノカゼ	牝5	33.5	8
2	8 16 トーホウアマポーラ	牝6	33.8	9
3	5 10 ティーハーフ	牡5	34.1	1
4	6 12 オメガヴェンデッタ	セ4	34.6	4
5	3 5 レッドオーヴァル	牝5	34.5	2
6	2 4 スギノエンデバー	牡7	34.0	6
7	6 11 ロープティサージュ	牝5	34.4	5
8	1 2 サクラアドニス	牡7	34.5	11
9	5 9 エポワス	セ7	34.9	3
10	8 15 レーニングランド	牡3	34.8	10
11	4 8 ネオウィズダム	牡5	35.1	12
12	4 7 マジンプロスパー	牡8	35.2	7
13	3 6 サトノタイガー	牡7	34.5	15
14	2 3 クールホタルビ	牝5	35.7	16
15	7 14 ベイシャオブロー	牡5	35.5	13
16	1 1 タガノアザガル	牡5	36.3	14

序盤から5頭の先行争いの中、③・①が互いに引かないまま。1番人気⑩・2番人気⑤は中団やや後方の10番手付近を追走。前は①・③・⑦が雁行状態のまま3-4コーナーへ。そこに後方から差し・追い込み勢が大挙。3角最後方から一気にマクリ浮上の⑬が直線入り口で先頭に立つと、外から⑯・⑩が追込み2・3着。上がり1位・2位のワン・ツー。

馬連 13-16 ¥30690 (56)　3連複 10-13-16 ¥33630 (91/560)
3連単 13-16-10 ¥370520 (762/3360)

2016年8月28日(日)　2回札幌4日　天候:晴　馬場状態:良

【11R】第11回キーンランドカップ
3歳以上・オープン・G3(別定)　(国際)(指定)　芝1200m　14頭立

着	馬名	性齢	上3F	人
1	8 14 ブランボヌール	牝3	34.0	2
2	3 4 シュウジ	牡3	34.5	1
3	7 12 レッツゴードンキ	牝4	33.9	3
4	4 5 ソルヴェイグ	牝3	34.3	4
5	6 8 ナックビーナス	牝3	34.5	9
6	3 3 エポワス	セ8	34.1	6
7	2 2 ホッコーサラスター	牝5	33.6	8
8	6 9 サトノルパン	牡5	33.8	5
9	7 11 オデュッセウス	牡7	34.4	13
10	5 6 アクティブミノル	牡4	35.1	10
11	1 2 ファントムロード	セ8	34.9	14
12	5 7 オメガヴェンデッタ	セ5	34.5	7
13	1 1 セカンドテーブル	牡6	34.7	11
14	4 5 サドンストーム	牡7	35.6	12

1番人気の④がダッシュを決めて先頭へ。⑩・⑬が続いて、2番人気⑭は5番手の外。3番人気⑫は中団よりやや後方、8番手付近の外。直線でも脚色衰えない④が2-3番手を振り切って逃げ切りを図るが、軽量も味方に外から伸びた⑭が迫りゴール前で捕らえた。さらに大外から⑫が3着に浮上。4番人気の⑤が4着で、上位人気馬が上位を独占。

馬連 4-14 ¥920 (2)　3連複 4-12-14 ¥2190 (3/364)
3連単 14-4-12 ¥10550 (9/2184)

2017年8月27日(日)　2回札幌4日　天候:晴　馬場状態:良

【11R】第12回キーンランドカップ
3歳以上・オープン・G3(別定)　(国際)(指定)　芝1200m　13頭立

着	馬名	性齢	上3F	人
1	6 8 エポワス	セ9	34.4	12
2	7 11 ソルヴェイグ	牝4	35.5	2
3	6 9 ナックビーナス	牝4	35.6	5
4	5 7 フミノムーン	牡5	34.9	11
5	8 12 ライトフェアリー	牝5	35.6	13
6	6 9 モンドキャンノ	牡4	35.2	1
7	8 13 メイソンジュニア	牡3	35.7	4
8	3 3 ネロ	牡6	35.8	10
9	2 2 イッテツ	牡5	35.9	6
10	4 5 ノボバカラ	牡5	35.6	9
11	1 1 ブランボヌール	牝4	36.1	8
12	4 4 ヒルノデイバロー	牡6	36.0	8
13	7 10 シュウジ	牡4	38.9	3

⑥が逃げて2番人気⑪が2番手。差がなく⑩が続き序盤から速い流れ。1番人気⑨は中団7番手付近を追走。馬場悪化を気にしてか、全体的に内を避ける馬が多く、内外離れて直線へ。ラチ沿いに粘る⑥を⑪がなかなか交わせないでいるところに3角まで最後方付近にいた⑧が一頭だけ別格の伸び脚で突き抜けて1着。2着⑪・3着⑥は2番手&逃げ。

馬連 8-11 ¥4570 (17)　3連複 6-8-11 ¥15390 (57/286)
3連単 8-11-6 ¥114130 (497/1716)

071

20 札幌2歳S

枠順 重要度	位置取り 重要度	上がり 重要度
◎	△	○

外枠の差し馬が人気如何に関係なく大暴れ

　札幌芝1800mは正面スタンド前、ホームストレッチの半ばからスタート。1コーナーまでの距離は180mと短いためペースが落ち着きやすく、全周にわたりほぼ平坦。最後の直線も短いので、原則的には逃げ・先行馬が有利な傾向にある。ただし、この札幌2歳Sは開催最終週に行われるため、逃げ&先行や内を通る馬のアドバンテージは大きくない。札幌で行われた過去5回では7枠が2勝・2着2回、8枠が2着2回・3着2回と多数好走しているのを含め、二桁馬番の9頭が馬券に絡んでいる。内枠が全くダメということではないが、7~8枠から馬券に絡んだ8頭のうち4頭は7番人気以下の人気薄。5回連続で1頭以上は複勝圏に入っていることは強調しておきたい。

　逃げた馬の馬券絡みは16年1着トラストのみ。連対馬10頭のうち、9頭が4角5番手以内で立ち回っているが、直線の短い札幌ゆえに早めに仕掛けているケースも多々あり、1コーナーも5番手以内で通過していたのは5頭。中団~後方から4角5番手以内にポジションを上げる差し馬の好走が目立つ。「上がり最速馬」は2勝・2着1回・3着1回と4頭が馬券絡み。これを含め3着以内の15頭中10頭までが上がり3位以内をマークしている。直線の短い札幌で、コース成績全体を見れば逃げ・先行有利の1800mだが、この札幌2歳Sは差し馬の台頭が目立つレースと考えていい。さらに付け加えれば、外枠の差し馬が好走しやすい条件が揃っている。

　また、札幌で行われた過去5回のうち、1着馬3頭・2着馬2頭はノーザンファームの生産馬だった。さらに社台コーポレーション白老ファームの生産馬が1勝・2着1回。大手生産者の影響力が強いレースであることも特徴のひとつだ。

　1番人気は［1・2・0・2］、2~4番人気が［2・1・0・12］。これに対して5番人気以下も2勝・2着2回・3着4回と、計8頭が馬券絡み。キャリアの浅い2歳戦で、人気はそこまでアテにならない。

2015年9月5日(土)　2回札幌5日　天候：晴　馬場状態：稍重

【11R】第50回札幌2歳S
2歳・オープン・G3(馬齢)　(国際)(特指)　芝1800m　14頭立

着	馬名	性齢	上3F	人
1	7 11 アドマイヤエイカン	牡2	35.9	2
2	6 10 プロフェット	牡2	36.2	1
3	3 3 クロコスミア	牝2	36.2	8
4	4 5 ラヴアンドポップ	牝2	36.0	5
5	3 3 アラバスター	牝2	36.3	3
6	8 13 スパーキングジョイ	牝2	36.4	7
7	8 14 リッジマン	牡2	37.6	10
8	4 6 アラモアナヒネ	牝2	37.9	11
9	7 12 ペイシャフェリシタ	牝2	38.3	12
10	2 2 ディーズプラネット	牝2	38.0	9
11	5 8 アフターダーク	牝2	38.2	4
12	1 1 リアルキング	牡2	38.2	6
13	5 7 ペイシャオウマーシ	牝2	39.4	14
14	6 9 ネコダンサー	牡2	39.9	13

1角には⑥・⑨・⑫が並んで進入。2角で⑨が単騎先頭に立つ。1番人気⑩は中団7番手付近、2番人気⑪はその2馬身後方の10番手付近を追走。人気の2頭は3角から徐々にポジションを上げて、4角では外を回りながら4番手まで浮上。直線は2頭のマッチレースがゴールまで続き、⑪がハナ差先着。3着は3角9番手の④、4着は同12番手の⑤が浮上。

馬連⑩-⑪¥880 (3)　複④-⑩-⑪¥5810 (17/364)
3連単⑪-⑩-④¥26990 (73/2184)

2016年9月3日(土)　2回札幌5日　天候：晴　馬場状態：良

【11R】第51回札幌2歳S
2歳・オープン・G3(馬齢)　(国際)(特指)　芝1800m　13頭立

着	馬名	性齢	上3F	人
1	4 5 トラスト	牡2	36.0	2
2	8 13 ブラックオニキス	牝2	35.9	10
3	8 12 アドマイヤウイナー	牡2	35.7	7
4	7 11 エトルディーニュ	牡2	36.1	4
5	5 6 フラワープレミア	牝2	36.0	11
6	2 2 ジャコマル	牡2	36.6	12
7	3 3 インヴィクタ	牡2	35.4	3
8	6 8 タガノアシュラ	牡2	35.8	5
9	7 9 アンノートル	牡2	36.4	8
10	7 10 ディープウォーリア	牡2	35.9	9
11	4 4 トリオンフ	牡2	36.2	6
12	6 7 コリエドール	牝2	36.9	4
13	1 1 コパノカーニバル	牡2	36.9	13

⑤が押してハナに立ち、②が2番手、⑪・⑦が3～4番手。1番人気⑧は掛かるのを抑えながら後方10番手付近を追走。1000m通過61秒6のペースで、3角過ぎから中団～後方の各馬も手を動かすものの前との差が詰まらず。⑤が最後まで2馬身半のリードを保ったまま逃げ切り。2着は5番手から上がり4位をマークの⑬、3着に上がり2位の⑫が浮上。

馬連⑤-⑬¥18120 (35)　3連複⑤-⑫-⑬¥89480 (136/286)
3連単⑤-⑬-⑫¥501710 (720/1716)

2017年9月2日(土)　2回札幌5日　天候：曇　馬場状態：良

【11R】第52回札幌2歳S
2歳・オープン・G3(馬齢)　(国際)(特指)　芝1800m　14頭立

着	馬名	性齢	上3F	人
1	7 11 ロックディスタウン	牝2	36.1	1
2	8 14 ファストアプローチ	牡2	36.4	4
3	7 12 ダブルシャープ	牡2	35.3	7
4	1 1 シスターフラッグ	牝2	36.3	5
5	5 7 コスモインザハート	牡2	36.5	8
6	6 10 クリノクーニング	牡2	36.0	2
7	3 3 ミスマンマミーア	牝2	36.0	6
8	5 8 ロードトロジャー	牡2	36.1	10
9	8 13 マツカゼ	牡2	37.2	5
10	3 4 カレンシリエージョ	牝2	36.9	3
11	6 9 ディバインブリーズ	牡2	37.0	13
12	2 2 ヴィオトポス	牡2	37.4	11
13	4 5 ロジャージーニアス	牡2	38.5	9
14	7 7 サージュミノル	牡2	39.4	14

押して⑫が先手を主張、⑬が続き⑤・⑭が3番手。1番人気⑪は中団馬群の外6番手付近を追走。2番人気⑩は後方から。1000m通過62秒4のペースで、3角過ぎから中団～後方グループも追い上げ。4コーナーでは⑭が外に出し、中団から追る⑪・後方からマクリ浮上の⑦を迎えて直線勝負。叩き合いを制して⑪がクビ差先着。2着に⑭、⑦が流れ込む。

馬連⑪-⑭¥1760 (5)　3連複⑦-⑪-⑭¥9330 (29/364)
3連単⑪-⑭-⑦¥33770 (87/2184)

073

21 セントウルS

阪神芝・内1200m

| 枠順 重要度 | × | 位置取り 重要度 | ◎ | 上がり 重要度 | × |

本番ではちょっと足りなそうな逃げ馬が活躍

　セントウルSが行われるのは4回阪神の開幕週（Aコース）。6月末の宝塚記念が行われる頃に荒れた芝も、夏の養生期間で見事に回復。また、この開催は年間で唯一の野芝100%で行われるので、馬場が軽く速いタイムが出やすい。

　このセントウルSはスプリンターズSの主要ステップであると同時に、サマースプリントシリーズの最終戦でもある。大舞台を前に足慣らしに挑む馬もいれば、シリーズ優勝を賭けて目一杯の競馬で挑む馬もいるので、「年間で最も速い馬が集うレース」という見方もできる。過去5年の勝ち時計は全て1分7秒台と速いタイムで決着している。

　阪神芝1200mはスタート地点から3コーナー入り口までの距離が約240mと短いため、先行争いはそこまで激しくならないことが多い。このセントウルSは絶好の馬場状態に加えてメンバーも揃うので、簡単には逃げ&先行馬が止まらない。過去5年の「4角先頭馬」は3勝、3着以内馬15頭のうち11頭は4角5番手以内で立ち回っている。中団~後方から差し脚を伸ばして好走した馬は、道中でラチ沿いか内から2頭目まで潜り込み、直線だけ外に出したケースが多い。前の馬がなかなか止まらないので、差し馬が馬券圏内に届くには、ラチ沿いで脚を溜めた上に直線でも進路に恵まれたケースか、同じく内寄りを追走して脚を溜めたうえで直線だけ上手く外に出せたケース。不器用に外を回る競馬での好走は実績上位馬でも容易ではない。

　枠順別成績では、馬番1~8番が4勝・2着1回に対して、9番から外は1勝・2着4回。15~16頭立ての大外馬番が連対した例もあり、単純に外枠という理由だけで軽視するのは危険だが、二桁馬番での連対は1~2番人気馬のみ。人気薄の好走は内枠から出やすく、15年1着は3枠6番アクティブミノル（10番人気・単勝オッズ48.0倍）、17年2着は4枠6番ラインミーティア（6番人気・単勝オッズ19.3倍）らが好走している。

　なお、過去10年の連対馬10頭のうち、次走でスプリンターズSに出走したのは9頭いて、［1・1・0・7］。人気になる割に結果が出ていない。

2015年 9月13日(日) 4回阪神2日 天候：晴 馬場状態：良
【11R】第29回セントウルS
3歳以上・オープン・G2(別定) (国際)(指定) 芝・内1200m 16頭立

着	枠	馬番	馬名	性齢	上3F	人
1	3	6	アクティブミノル	牡3	33.8	10
2	8	10	ウリウリ	牝5	32.8	1
3	4	8	バーバラ	牝6	33.6	5
4	6	12	ストレイトガール	牝6	33.2	3
5	8	15	マヤノリュウジン	牡6	33.2	9
6	2	3	メイショウツガル	牡7	33.6	16
7	7	13	ミッキーラブソング	牡6	33.1	7
8	4	7	ハクサンムーン	牡6	34.3	2
9	1	2	リトルゲルダ	牝6	34.0	4
10	8	16	メイショウイザヨイ	牝4	33.2	15
11	3	5	ホウライアキコ	牝4	33.4	11
12	7	14	ブランダムール	牝6	33.7	14
13	5	9	マイネルエテルネル	牡7	33.2	6
14	5	11	ルチャドルアスール	セ6	34.6	9
15	2	4	サカジロロイヤル	牡7	34.3	13
16	1	1	マテンロウハピネス	牡3	33.7	8

好発決めた⑥を相手に⑦はさほど競らずに先行争いは早々に決着。⑩・⑮が並んで3番手。3番人気⑫は中団8番手、1番人気⑯は出遅れ最後方から内へ潜り込む。前半3ハロンは34秒0と落ち着いた流れ。楽な流れと軽い斤量で⑥の脚色は直線でも衰えず逃げ込み。好位内から2番手に浮上の⑧を後方から伸びた⑯が捕らえて2着に浮上。⑫は届かず4着。

馬連 6-16 ¥11010 (30)　3連複 6-8-16 ¥40700 (102/560)
3連単 6-16-8 ¥405590 (781/3360)

2016年 9月11日(日) 4回阪神2日 天候：晴 馬場状態：良
【11R】第30回セントウルS
3歳以上・オープン・G2(別定) (国際)(指定) 芝・内1200m 13頭立

着	枠	馬番	馬名	性齢	上3F	人
1	1	1	ビッグアーサー	牡5	34.5	1
2	7	11	ネロ	牡7	33.8	2
3	7	10	ラヴァーズポイント	牝6	34.1	3
4	4	4	アースソニック	牡8	33.8	11
5	8	13	スノードラゴン	牡8	34.5	6
6	4	5	レッドアリオン	牡6	33.6	7
7	3	3	ダンスディレクター	牡5	33.4	3
8	2	2	エイシンブルズアイ	牡5	33.5	5
9	5	7	ウリウリ	牝6	33.3	4
10	6	8	アットウィル	牡6	34.3	9
11	5	6	ティーハーフ	牡6	33.3	10
12	8	12	マイネルエテルネル	牡8	34.3	12
13	6	9	メイショウライナー	牡5	34.3	13

他馬は逃げず①が掛かり気味にハナへ。2番手が外から⑬、3番手に⑪。⑩は控えて5番手。前半3ハロン33秒1とまず まず速い流れになったものの、春のスプリント王の脚は最後まで衰えず楽々逃げ切り態勢。2番手争いは⑬が苦しくなるところに3番手から接近の⑪、さらに5番手追走の⑩が脚を伸ばして浮上。少頭数で外枠の馬も内に入りやすかった。

馬連 1-10 ¥490 (1)　3連複 1-10-11 ¥5050 (16/286)
3連単 1-10-11 ¥15990 (48/1716)

2017年 9月10日(日) 4回阪神2日 天候：晴 馬場状態：良
【11R】第31回産経賞セントウルS
3歳以上・オープン・G2(別定) (国際)(指定) 芝・内1200m 14頭立

着	枠	馬番	馬名	性齢	上3F	人
1	5	7	ファインニードル	牡4	33.4	1
2	4	6	ラインミーティア	牡7	33.0	6
3	3	4	ダンスディレクター	牡6	32.4	2
4	2	2	メラグラーナ	牝5	32.4	3
5	1	1	アドマイヤゴッド	牡5	33.3	8
6	7	11	アルティマブラッド	牡5	33.3	7
7	6	9	ミッキーラブソング	牡6	33.5	11
8	7	12	スノードラゴン	牡9	33.3	7
9	8	13	フィドゥーシア	牝5	34.4	2
10	7	10	ラヴァーズポイント	牝7	34.5	10
11	8	14	ワキノブレイブ	牡4	33.4	14
12	3	5	ツインクルソード	牡8	32.8	12
13	4	7	ブレイズエターナル	牡7	33.0	9
14	6	8	ワキノヒビキ	牡5	33.0	13

⑦は微妙な発馬も押すとすぐさま加速。外から先手主張の⑭と外の⑫を行かせて直後の3番手内に収まる。先行争いは起こらず前半3ハロン33秒8はやや緩い流れ。逃げ馬の直後でしっかり脚を溜められた⑦が仕掛けると楽に抜け出し。道中は中団ラチ沿いを進んだ⑥が⑦の進路をなぞるように浮上。3着⑬は直線こそ大外を伸びたが、道中は後方の内。

馬連 6-7 ¥3090 (11)　3連複 6-7-13 ¥7570 (24/364)
3連単 7-6-13 ¥36810 (111/2184)

075

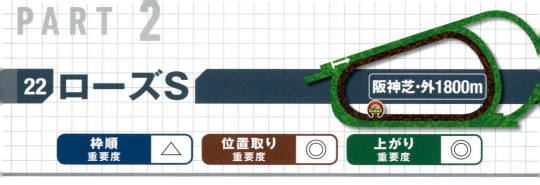

実力馬活躍の舞台だけに素直に末脚上位の馬を狙え

　阪神芝1800mは2コーナー出口付近のポケットからスタート。向正面の直線が600m以上もあるので、逃げ・先行馬は折り合いがカギになる。外回りの3コーナーを下りながら大きく回った先に長い直線が待ち構えるため、差し&追込みが届きやすい。道中のペースが緩んでも速い上がりをマークできれば間に合う。このローズSは特にその傾向が強く、過去5年では「上がり最速馬」が2勝・2着3回とパーフェクト連対。1～3着馬15頭のうち11頭までが上がり3位以内をマークしている。その一方で、「4角先頭馬」は2着2回・3着1回と3頭が馬券圏内に粘っている。急坂のある長い直線を逃げ切るのは至難の業だが、14年リラヴァティが6番人気3着、16年クロコスミアが11番人気2着、17年カワキタエンカが6番人気2着。人気薄でも侮れない。4角2～5番手の好位勢による馬券絡みは2頭のみ。このうち1頭は14年1着のヌーヴォレコルト。同馬は4番手から上がり2位をマークするGⅠ馬らしい横綱相撲の競馬であった。

　実力が反映されやすい舞台なので枠順ごとの偏りは大きくないが、1～3番人気馬は、馬番1～9番で［3・1・1・4］、比較的、人気どおりの力を発揮しやすい。これに対して、二桁馬番だと［0・0・1・5］。凡走率が高くなっている。これとは対照的に6番人気以下で勝った2頭は馬番14番と15番。外枠の追込み馬による腹を括った大外一気が波乱を起こしている。

　右頁に記したように16年・17年はともに、人気薄の逃げ馬が好位を追走した馬たちを振り切ったところを、外から伸びて来た追込み馬が差し切っている。15年も逃げ馬が捕まって4着になっているが、ほぼ同じレース展開になったと言える。また、14年も4番手から上がり2位をマークしたヌーヴォレコルトが差し切り、上がり最速をマークした差し馬のタガノエトワールが2着。逃げたリラヴァティが3着に粘っている。この年は内を通る馬しか伸びなかった点こそ異なるものの、実はほぼ毎年、同じようなレースが続いている。上位の上がりをマークできそうな差し馬を中心に、逃げる馬を押さえるのがローズSにおいて有効な馬券戦略といえる。

枠順と位置取りで勝ち馬を見抜く！

2015年 9月20日(日) 4回阪神4日 天候：晴 馬場状態：良

【11R】第33回関西テレビ放送賞ローズS
3歳・オープン・G2(馬齢)(牝)(国際)(指定) 芝・外1800m 17頭立

着	枠	馬番	馬名	性齢	上3F	人
1	8	15	タッチングスピーチ	牝3	33.9	7
2	4	7	ミッキークイーン	牝3	33.8	1
3	7	13	トーセンビクトリー	牝3	34.6	2
4	5	10	レッツゴードンキ	牝3	35.4	3
5	8	16	クイーンズリング	牝3	35.4	5
6	2	3	アンドリエッテ	牝3	35.1	4
7	6	12	ディープジュエリー	牝3	35.3	6
8	5	9	サンクボヌール	牝3	35.5	9
9	1	1	レッドカーラ	牝3	35.5	15
10	1	2	テルメディカラカラ	牝3	35.9	13
11	4	8	ベルフィカ	牝3	35.5	14
12	6	11	レーヌドブリエ	牝3	35.4	12
13	7	14	ティーエスクライ	牝3	36.9	17
14	2	4	シングウィズジョイ	牝3	37.6	8
15	3	6	ライトファンタジア	牝3	37.4	10
16	3	5	プレミオチーラー	牝3	38.0	11
17	8	17	メジャーガラメキ	牝3	39.1	16

④・⑩が先頭を譲り合い、3ハロン目あたりから桜花賞馬⑩の単騎逃げ。2番人気⑬は後方10番手付近、1番人気⑧は最後方待機。1000m通過は58秒4とやや速い流れになり、好位勢は直線半ばで失速。後方待機の⑬・⑮が外から伸びて来た中で、上がり2位をマークした⑮が1着、上がり最速の⑧が2着、3位の⑬が3着。4着には逃げ粘った⑩。

馬連⑧-⑮/¥1760 (6) 3連複⑧-⑬-⑮/¥3670 (10/680)
3連単⑮-⑧-⑬/¥25340 (68/4080)

2016年 9月18日(日) 4回阪神4日 天候：曇 馬場状態：重

【11R】第34回関西テレビ放送賞ローズS
3歳・オープン・G2(馬齢)(牝)(国際)(指定) 芝・外1800m 15頭立

着	枠	馬番	馬名	性齢	上3F	人
1	4	7	シンハライト	牝3	33.7	1
2	1	1	クロコスミア	牝3	34.6	11
3	2	3	カイザーバル	牝3	34.4	6
4	7	12	デンコウアンジュ	牝3	34.4	8
5	3	4	アットザシーサイド	牝3	35.4	3
6	5	9	フロムマイハート	牝3	35.1	10
7	7	13	アドマイヤリード	牝3	34.7	5
8	3	5	レッドアヴァンセ	牝3	35.1	4
9	6	11	フォールインラブ	牝3	35.1	2
10	8	15	クリノサンスーシ	牝3	34.9	15
11	4	6	ジュエラー	牝3	35.8	7
12	5	8	バレエダンサー	牝3	36.3	14
13	6	10	クィーンズベスト	牝3	35.3	12
14	8	14	ラベンダーヴァレイ	牝3	35.8	9
15	2	2	ヘイハチハピネス	牝3	37.4	13

揃ったスタートから①が単騎逃げ、④が2番手。2番人気⑥は5番手内、断然人気⑦は中団より後方の10番手付近。先団は3~4コーナーを引っ張り通しで逃げ込みを図る中、後方から一頭だけ伸びた⑦がダントツ上がり最速の33秒7で差し切り。好位4番手内から迫った④が3着。

馬連①-⑦/¥7430 (7) 3連複①-③-⑦/¥24210 (54/455)
3連単⑦-①-③/¥105940 (227/2730)

2017年 9月17日(日) 4回阪神4日 天候：曇 馬場状態：良

【11R】第35回関西テレビ放送賞ローズS
3歳・オープン・G2(馬齢)(牝)(国際)(指定) 芝・外1800m 18頭立

着	枠	馬番	馬名	性齢	上3F	人
1	7	14	ラビットラン	牝3	33.5	8
2	8	16	カワキタエンカ	牝3	35.1	7
3	3	6	リスグラシュー	牝3	33.7	3
4	3	5	ミリッサ	牝3	33.8	5
5	6	11	メイショウオワラ	牝3	34.2	12
6	8	17	ファンディーナ	牝3	34.9	1
7	1	2	モズカッチャン	牝3	34.6	2
8	6	12	ブライトムーン	牝3	33.6	7
9	5	10	レーヌミノル	牝3	34.9	4
10	2	4	ミスパンテール	牝3	34.4	13
11	2	3	サノアリシア	牝3	34.6	14
12	1	1	クイーンマンボ	牝3	34.6	7
13	4	7	メイズオブオナー	牝3	34.0	11
14	4	8	カラクレナイ	牝3	35.3	9
15	5	9	アロンザモナ	牝3	35.2	18
16	4	8	ブラックスピーチ	牝3	35.8	10
17	7	13	ハローユニコーン	牝3	35.7	14
18	8	18	ヤマカツグレース	牝3	37.8	16

外枠各馬が好発を決めた中から⑯が単騎逃げ。2番人気②は5番手付近の内、1番人気⑰は掛かるのを抑えながら7~8番手の外を追走。前半1000m通過は58秒6と速い流れ。⑯が直線に向いてもしぶとく粘る一方、好位追走の人気馬は脚色イマイチ。そんな中、4角13番手から⑭が大外を伸びて差し切り。2着には⑯が粘ったが、3着にも追込みの⑥。

馬連⑭-⑯/¥21390 (54) 3連複⑥-⑭-⑯/¥33260 (104/816)
3連単⑭-⑯-⑥/¥331090 (852/4896)

23 オールカマー

内枠有利も、ただの逃げ一辺倒では厳しい

　中山芝2200mは、2000mよりも待避所に近い地点からスタートし、外回りコースを経て直線に戻ってくる。「おにぎり型」と形容されるコースを丸一周してくるような形態で、1コーナーまでの距離が十分にあるので先行争いはそこまで激しくならない。中山で施行された過去5回では1〜4枠が2勝・2着5回に対して、5〜8枠が3勝。馬番14番から外は馬券絡みがなく、外を回らされやすい多頭数時の外枠は不利な傾向がある。一方で馬番1〜4番は1勝・2着4回。イメージどおり内枠の方が立ち回りやすい。

　3着以内馬15頭のうち、11頭は4角5番手以内で、4角10番手以下の馬券絡みはない。これと同時に、1コーナー3番手以内の馬券絡みもない。つまり、差しも届いているが3〜4コーナーで5番手以内に押し上げる脚は必要で、コーナーで加速できないタイプには向かない。道中でポジションを上げた馬を含め「4角先頭馬」は2着1回のみ。一方で「上がり最速馬」は3勝。直線の短い中山とはいえ、中距離以上の外回りコースなので単純な先行力だけでは押し切れず、好位〜中団から速い上がりを使えるタイプが台頭する。17年は人気薄の逃げ馬が序盤はスローに持ち込み、後半1000mからスパートして後続を引き離す巧みな逃げを見せたが、3〜5番手を追走して上がり33秒台をマークした3頭が差し切り。同じ中山芝2200m・別定GIIのAJCCとは異なり、人気薄の逃げ馬による前残りは難しい。

　オールカマーが行われる4回中山は、4月の開催から中4ヶ月半。その間には芝の張り替えが行われて、この開催は中山開催の中で唯一、野芝100%の状態で使用される。絶好の馬場状態で内枠有利の傾向が他の重賞よりも色濃いし、速い時計も出やすいので人気薄が誤魔化すのは難しい条件下にあるレースと言える。全く同じとまではいかないが、前週に同じコースで行われるセントライト記念にも内枠有利の傾向が見られ、人気薄の好走は内枠から出やすい。ただし、道中の流れがオールカマーよりも落ち着きやすいセントライト記念の方が、前残りが発生する。

078

2015年 9月27日(日)　4回中山7日　天候：晴　馬場状態：良

【11R】第61回産経賞オールカマー
3歳以上・オープン・G2(別定)　(国際)(指定)　芝 2200m　15頭立

着	枠	馬番	馬名	性齢	上3F	人
1	2	3	ショウナンパンドラ	牝4	34.1	3
2	3	4	ヌーヴォレコルト	牝4	34.5	1
3	5	9	ミトラ	セ7	34.9	7
4	4	6	ロゴタイプ	牡5	35.0	2
5	8	14	マリアライト	牝4	34.8	4
6	7	13	メイショウナルト	セ7	35.5	14
7	6	10	メイショウカドマツ	牡5	35.7	10
8	2	2	オーシャンブルー	牡7	35.0	13
9	7	12	マイネルフロスト	牡4	35.0	9
10	6	11	サトノノブレス	牡5	35.6	8
11	3	5	マイネルミラノ	牡5	36.4	5
12	6	11	タマモベストプレイ	牡5	35.8	11
13	8	15	メイショウカンパク	牡8	34.5	15
14	4	7	レッドレヴァン	牡5	35.1	6
15	1	1	セキショウ	牝5	35.2	12

⑤が押して先手を奪い⑩・⑥が2～3番手を形成。道中は起伏のない流れで後半3ハロンの上がり勝負。道中は5～6番手の内を進んだ1番人気の④は直線でも逃げ馬を内から交わして、ラチ沿いギリギリの所から先頭に立つが、中団内で脚を溜めた③が上がり最速の末脚を発揮して差し切り。2着④と同位置を進んだ⑨がジリジリ伸びて3着争いを制する。

馬連 3－4 ¥1010 (2)　3連複 3－4－9 ¥5030 (10/455)
3連単 3－4－9 ¥24060 (51/2730)

2016年 9月25日(日)　4回中山6日　天候：曇　馬場状態：良

【11R】第62回産経賞オールカマー
3歳以上・オープン・G2(別定)　(国際)(指定)　芝 2200m　12頭立

着	枠	馬番	馬名	性齢	上3F	人
1	5	6	ゴールドアクター	牡5	34.4	1
2	1	1	サトノノブレス	牡6	34.6	2
3	6	7	ツクバアズマオー	牡6	35.2	5
4	2	2	クリールカイザー	牡7	35.2	4
5	6	7	マリアライト	牝5	34.5	2
6	3	3	ショウナンバッハ	牡5	34.3	8
7	4	4	ワンアンドオンリー	牡5	34.4	3
8	7	9	アクションスター	牡5	34.6	11
9	8	10	カレンミロティック	セ8	35.8	7
10	7	10	サムソンズプライド	牡5	35.6	9
11	4	4	マイネルメダリスト	牡5	36.1	12
12	6	8	エーシンマックス	牡5	37.8	10

先手を奪った②に外から⑧が主張。1角で⑧が先頭に立つと2番手以下を大きく引き離して逃げる。後続はこれを追いかけず平均～やや スローの流れ。3角手前から徐々に⑧のリードがなくなり、4角で②が先頭。ここに上位人気の⑥・①・⑤が迫って直線の追い比べ。懸命に抵抗する①を、実績で勝る⑥がクビ差抑える。序盤から外を回った⑦は届かず。

馬連 1－6 ¥840 (2)　3連複 1－5－6 ¥2710 (7/220)
3連単 6－1－5 ¥8070 (21/1320)

2017年 9月24日(日)　4回中山7日　天候：曇　馬場状態：良

【11R】第63回産経賞オールカマー
3歳以上・オープン・G2(別定)　(国際)(指定)　芝 2200m　17頭立

着	枠	馬番	馬名	性齢	上3F	人
1	3	6	ルージュバック	牝5	33.9	5
2	4	8	ステファノス	牡5	33.9	1
3	5	9	タンタアレグリア	牡5	33.6	3
4	5	10	マイネルミラノ	牡7	35.0	10
5	2	3	ショウナンバッハ	牡5	33.5	13
6	4	7	ディサイファ	牡8	34.6	14
7	1	2	アルバート	牡5	33.7	4
8	6	11	デニムアンドルビー	牝7	33.5	8
9	7	14	モンドインテロ	牡5	33.5	2
10	2	4	ブラックバゴ	牡5	33.4	7
11	7	13	バリカラテガミ	牡4	34.7	15
12	8	16	ツクバアズマオー	牡7	34.2	9
13	8	15	カフジプリンス	牡4	34.8	6
14	6	12	マイネルサージュ	牡5	34.8	12
15	3	5	グランアルマダ	牡6	34.6	11
16	8	17	トロークマクト	牡7	36.3	17
17	7	13	マイネルディーン	牡7	36.6	16

2年前の逃げ馬⑩がゴール板の手前で先頭へ、⑦が2番手で早めにペースダウン。例年どおり縦長の隊列で道中の動きもないまま、3角付近から徐々にペースアップ。⑩は5馬身のリードを保って直線へ。これを道中5～4番手を追走の1番人気⑧、4番手内を進んだ⑥が追撃。ラチ沿いを追った⑥が豪快に差し切り1着。2～3着も4角5番手以内の⑧・⑨。

馬連 6－8 ¥1700 (5)　3連複 6－8－9 ¥3340 (6/680)
3連単 6－8－9 ¥20150 (45/4080)

079

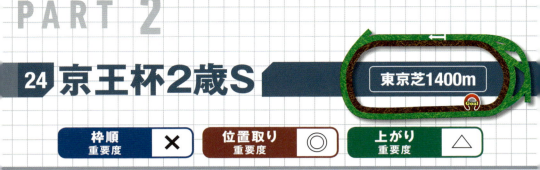

24 京王杯2歳S

東京芝1400m

枠順 重要度	位置取り 重要度	上がり 重要度
×	◎	△

強烈な決め手よりも、武器になる先行力が必要

　東京芝1400mは向正面の直線半ばあたりからのスタート。直後から3コーナー手前にかけて高低差1.5mの上り坂があり、越えた先の3~4コーナーが下り坂。最後は高低差2mの上り坂を含む長い直線が待ち構えている。タフなコース形態に加えて、経験の浅い2歳馬によるレースなので各騎手は折り合いを重視するので道中のペースは全く上がらない。過去5年の前後半の平均は36秒1-34秒0、2秒1もの後傾ラップになっており、13年から15年までの3年間、勝ち馬は4角2番手以内から出ている。13年は4角2番手の⑬カラダレジェンド（5番人気・単勝オッズ15.7倍）、14年は逃げた③セカンドテーブル（11番人気・単勝オッズ34.4倍）、15年は4角2番手の⑱ボールライトニング（2番人気・単勝オッズ5.7倍）が勝っている。これらを含めて過去5回の1~3着馬15頭のうち、4角4番手以内が6連対、3着馬も含め11頭までが馬券絡みしている。
　「上がり最速馬」は、唯一、4角8番手以降から連対した16年モンドキャンノ（1着）を含め2勝・2着1回。スローの上がり勝負になるが、4角10番手以降では、上がり33秒台をマークしても届いていない。実際に上位人気で凡走するのは道中で後方に構え、末脚が不発に終わる馬が多い。13年1番人気のモーリスは上がり33秒1をマークして強烈なインパクトを残したが、届かず6着に終わっている。強烈な決め手よりも、武器になる先行力に注目したい。
　枠順別成績では、1~4枠が2勝・2着1回・3着2回に対して、5~8枠が3勝・2着4回・3着3回。計10頭が馬券絡み。中でも6~8枠が6連対、8枠が⑬・⑱・⑬で、3勝を挙げている。例外なく流れが遅くなるので外枠が不利にならない。
なお、直近の3回では15年3着シャドウアプローチ、16年1着モンドキャンノ、17年1着タワーオブロンドンの3頭が、いずれも次走の朝日杯FSで2~3着に好走している。朝日杯FSが阪神での施行に変わってから、前走が東京芝で好走していた馬の活躍が目立っており、この京王杯2歳Sの好走馬にも引き続き注目すべきか。

2015年11月7日(土) 5回東京1日 天候:曇 馬場状態:良

【11R】第51回京王杯2歳S
2歳・オープン・G2(馬齢) (国際)(指定) 芝1400m 18頭立

着		馬名	性齢	上3F	人
1	8 18	ボールライトニング	牡2	33.4	2
2	7 14	アドマイヤモラール	牡2	33.5	6
3	2 4	シャドウアプローチ	牡2	33.4	1
4	4 8	レッドラウダ	牡2	33.7	7
5	7 13	トウショウドラフタ	牡2	33.3	5
6	2 3	オデュッセウス	牡2	33.1	13
7	7 14	トップライセンス	牝2	33.4	14
8	5 10	サイモンゼーレ	牡2	34.1	12
9	6 11	フジマサアクトレス	牝2	33.9	10
10	3 6	ヒルダ	牝2	33.6	11
11	1 2	ボードレス	牡2	33.6	8
12	6 12	モーゼス	牡2	33.4	4
13	4 7	キングライオン	牡2	34.2	9
14	1 1	レッドカーペット	牡2	34.1	3
15	5 9	フリームーヴメント	牡2	34.0	15
16	7 15	マザックヤース	牡2	34.3	18
17	3 5	コマノドリーム	牡2	34.2	17
18	8 17	アンナトルテ	牝2	35.6	16

⑧がハナに立ち、差がなく⑯・④・⑱が続く。⑬・⑭も5番手付近の外を追走。前半3ハロン36秒5と緩い流れになり、馬群は大きなひとかたまりで直線へ。序盤がゆっくり流れて直線では決め手比べ。逃げた⑧が粘るのを3番手から⑱が捕らえて1着。4~5番手から迫った④・⑮が2着争い。遅い流れになり先行力と33秒台の速い上がりが求められた。

馬連⑮-⑱ ¥4520 (15) 3連複④-⑮-⑱ ¥6690 (9/816)
3連単⑱-⑭-④ ¥39680 (61/4896)

2016年11月5日(土) 5回東京1日 天候:晴 馬場状態:良

【11R】第52回京王杯2歳S
2歳・オープン・G2(馬齢) (国際)(指定) 芝1400m 13頭立

着		馬名	性齢	上3F	人
1	8 13	モンドキャンノ	牡2	33.7	3
2	6 8	レーヌミノル	牝2	34.2	1
3	6 9	ディバインコード	牡2	34.6	4
4	7 11	コウソクストレート	牡2	34.0	2
5	1 1	タイセイブレーク	牡2	34.2	9
6	3 3	ジョーストリクトリ	牡2	34.6	8
7	7 12	タイムトリップ	牡2	34.9	7
8	5 6	ダイチターミナル	牡2	34.6	11
9	4 5	マテラスカイ	牡2	34.3	12
10	2 2	ダノンハイパワー	牡2	34.3	10
11	8 12	レヴァンテライオン	牡2	34.8	5
12	7 10	スズカゼ	牝2	34.3	13
13	4 4	ドウディ	牡2	35.0	6

⑦が先頭、1番人気⑧は抑えて2番手、3番人気⑬は中団やや後ろの外8番手付近を追走、2番人気①は出遅れて後方。前半3ハロンは35秒7の遅い流れ。直線、坂上で8番が先頭に立つが、外から上がり最速33秒7をマークする末脚で迫った⑬がゴール前で差し切り。3着には4角2番手外から流れ込んだ⑨が、1~2着に大きく離されながらも踏ん張る。

馬連⑧-⑬ ¥930 (2) 3連複⑧-⑨-⑬ ¥2270 (5/286)
3連単⑬-⑧-⑨ ¥16080 (40/1716)

2017年11月4日(土) 5回東京1日 天候:曇 馬場状態:良

【11R】第53回京王杯2歳S
2歳・オープン・G2(馬齢) (国際)(指定) 芝1400m 11頭立

着		馬名	性齢	上3F	人
1	1 1	タワーオブロンドン	牡2	33.2	1
2	6 6	カシアス	牡2	33.8	5
3	7 8	アサクサゲンキ	牡2	34.1	4
4	8 10	ピースユニヴァース	牡2	33.3	7
5	4 4	ニシノウララ	牝2	34.1	8
6	2 2	トーセンアンバー	牡2	33.7	6
7	7 9	エントシャデン	牡2	33.8	3
8	5 5	タイセイプライド	牡2	34.7	2
9	3 3	マイティーワークス	牡2	33.9	9
10	6 7	モリノラスボス	牡2	35.1	10
11	8 11	トキノメガミ	牝2	36.3	11

押し出されるように2番人気⑤がハナへ。④・⑧・⑥が2~4番手あたりを形成し、1番人気①は5~6番手の内を追走。前半3ハロン36秒0と遅い流れで直線へ。2番手から⑧が直線半ばで先頭に立ち、その内を通って⑥、外から①が接近。仕掛けられた①はあっという間に抜け出して2馬身差をつけて1着。2着には⑥が浮上し、3着には⑧が粘る。

馬連①-⑥ ¥1040 (4) 3連複①-⑥-⑧ ¥1940 (6/165)
3連単①-⑥-⑧ ¥6170 (16/990)

PART 2

25 京都大賞典

京都芝・外2400m

枠順 重要度	位置取り 重要度	上がり 重要度

多少外を回しても差し届く、差し馬信頼の重賞

　京都芝2400mは4コーナー奥にあるポケットからのスタート。1コーナーまでの距離が約600mもあり、序盤は折り合いが重視されるので先行争いは激しくなりにくい。よって、同じ外回りの2200mよりは若干逃げ・先行馬が残りやすくなるものの、長い直線で速い上がりをマークできる差し＆追込み馬が届きやすい。京都大賞典は過去5年で「上がり最速馬」が2勝・2着1回。これを含め1～3着馬15頭のうち上がり3位以内が4勝・2着3回・3着2回と、9頭が馬券絡み。中団より後方からでも上位の上がりをマークできれば差し届く。対照的に「4角先頭馬」は1頭も連対できず。4角2～3番手は7頭が馬券に絡んでいるが、目標にされる逃げ馬には苦しい展開となりやすい。

　過去5年14頭立て以上は17年のみ。頭数が揃わず10頭立て前後になりやすい中で、馬番1～4番が4勝・2着1回・3着2回。約半数が白帽・黒帽・赤帽による上位好走になっており、最も大きい馬番での1着は7番、2着は10番。夏期4ヶ月間でしっかり養生された芝は絶好の馬場状態で整っているので、距離損を最小限に抑えられる内枠のアドバンテージが非常に大きい。

　17年は④スマートレイアーが4コーナー14番手から上がり最速をマークしての勝利。同馬は終始内を追走し、直線でもラチ沿いから追い込んで見事に突き抜けた。2着⑧トーセンバジルも1コーナーまでにラチ沿いに潜り込み、逃げ馬を交わして粘り込みを図る競馬だった。対照的だったのは1番人気を背負った③シュヴァルグラン。スタート直後から態勢が悪くなり、後方から3～4コーナーは終始外を回す展開。地力で0.1秒差の3着に迫るのが精一杯だった。

　3連単361万馬券の特大波乱になった13年は道中の動きが激しい展開。1着②ヒットザターゲット（11番人気・単勝オッズ166.2倍）は序盤からラチ沿いにへばりつく追走で4コーナーを回り、直線だけ外に出して差し切り。2着①アンコイルド（7番人気・単勝オッズ50.1倍）もその直後を追走して、直線だけ馬場中央の空いたスペースに突っ込んでいた。対照的に単勝1.2倍の断然人気を背負った⑫ゴールドシップは、序盤から馬群の外を回って早めに前を追いかけるレース内容。速い上がりに対応できず5着に敗れている。内枠・道中で内を通る馬のアドバンテージが大きいので、速い上がりに対応できるタイプなら人気薄でも無視は禁物。

2015年10月12日(祝) 4回京都3日 天候:晴 馬場状態:良

【11R】第50回京都大賞典
3歳以上・オープン・G2(別定) (国際)(指定) 芝・外 2400m 10頭立

着	馬名	性齢	上3F	人
1	①①ラブリーデイ	牡5	32.3	1
2	⑤⑤サウンズオブアース	牡4	32.8	2
3	⑦⑦カレンミロティック	セ7	33.2	5
4	⑦⑧ラキシス	牝5	32.5	3
5	⑥⑥フーラブライド	牝5	33.1	7
6	②②ワンアンドオンリー	牡4	32.9	4
7	④④ニューダイナスティ	牡6	33.7	8
8	⑤⑤レコンダイト	牡6	33.3	6
9	③③メイショウカンパク	牡8	34.6	9
10	⑧⑩フォントルロイ	牡6	33.3	10

押して④が先頭に立ち、⑦・⑥が続く。2番人気⑩は4番手、1番人気①は5番手内、3番人気⑧は抑えながら7番手内を追走。4角から徐々にペースアップし、直線で上位人気馬が接近。2番手から先頭に代わる⑦に外から並びかける⑩を、間を割った①が一気に捕らえて一瞬で置き去りに。2着に⑩、3着に⑦が流れ込み。⑧は窮屈な進路で届かず4着。

馬連 ①-⑤ ¥680 (2)　3連複 ①-⑤-⑦ ¥1510 (4/120)
3連単 ①-⑤-⑦ ¥6540 (14/720)

2016年10月10日(祝) 4回京都3日 天候:晴 馬場状態:良

【11R】第51回京都大賞典
3歳以上・オープン・G2(別定) (国際)(指定) 芝・外 2400m 10頭立

着	馬名	性齢	上3F	人
1	①①キタサンブラック	牡4	33.6	1
2	③③アドマイヤデウス	牡6	33.4	6
3	⑧⑩ラブリーデイ	牡6	33.5	2
4	⑦⑧サウンズオブアース	牡5	33.1	3
5	⑥⑧ヒットザターゲット	牡7	33.5	7
6	⑦⑦アクションスター	牡7	33.0	10
7	④④ラストインパクト	牡6	34.1	5
8	⑥⑥ヤマカツライデン	牡4	34.5	4
9	②②ファタモルガーナ	セ7	33.9	9
10	⑤⑤タマモベストプレイ	牡5	34.6	8

⑥がハナに立ち1番人気①は2番手、直後のラチ沿いに③、並んで2番人気⑩が続き、3番人気⑧は後方の8番手。1000m通過は62秒で、中盤は動きもなく4角から徐々にペースアップして上がりの競馬。4角で先頭に並んだ①が残り300m付近で先頭に立つと、直後の⑩が追うものの差は詰まらず。2頭の間を割って内から③が2着に浮上。⑧は届かず4着。

馬連 ①-③ ¥1420 (6)　3連複 ①-③-⑩ ¥1520 (7/120)
3連単 ①-③-⑩ ¥7400 (24/720)

2017年10月9日(祝) 4回京都3日 天候:晴 馬場状態:良

【11R】第52回京都大賞典
3歳以上・オープン・G2(別定) (国際)(指定) 芝・外 2400m 15頭立

着	馬名	性齢	上3F	人
1	③④スマートレイアー	牝7	33.4	4
2	⑤⑧トーセンバジル	牡5	34.2	6
3	③③シュヴァルグラン	牡5	34.0	1
4	③⑤ミッキーロケット	牡4	34.0	3
5	⑤⑭レコンダイト	牡7	33.9	14
6	⑥⑩ラストインパクト	牡7	34.3	10
7	④⑥ヒットザターゲット	牡9	34.2	11
8	⑦⑫カレンミロティック	セ9	34.5	9
9	⑧⑭マキシマムドパリ	牝5	35.1	7
10	④⑦フェイムゲーム	セ7	34.6	5
11	①①プロレタリアト	牝6	35.0	13
12	⑧⑮アクションスター	牡7	34.4	15
13	②②サウンズオブアース	牡6	35.4	2
14	⑥①バロンドゥフォール	セ7	35.2	12
15	⑦⑬ハッピーモーメント	牡7	35.9	8

2ハロン目で⑩がハナに立ち、⑮が外から2番手へ。逃げ馬の直後3番手内に⑧・⑫・⑬が並んで1角へ。2番人気②は6番手付近、1番人気③は後方から2頭目。1000m通過59秒9と速めの流れで推移して直線へ。2番手内から④が直線半ばで先頭に立つが、ラチ沿いを追い込んだ④が上がり最速をマークして差し切り。外から追い込んだ③は3着まで。

馬連 ④-⑧ ¥4300 (15)　3連複 ③-④-⑧ ¥2950 (9/455)
3連単 ④-⑧-③ ¥31790 (98/2730)

PART 2

26 府中牝馬S

東京芝1800m

枠順 重要度	△	位置取り 重要度	△	上がり 重要度	△

多頭数になれば大波乱もある熱き牝馬の戦い

府中牝馬Sが行われるのは4回東京4日目。近年は3日間開催を終えた翌週の土曜に行われており、前週に6月以来の開催が始まったばかりで芝は絶好の状態をキープしている。

過去5年の前後半3ハロンの平均は36秒2-33秒9、5年すべてが後傾ラップ。前の週に同じ舞台で行われる毎日王冠と同様に、道中は緩いペースで流れて上がり32~33秒台の瞬発力勝負になりやすい。牝馬限定戦で有力馬の多くは次走にエリザベス女王杯（芝2200m）を控えていることもあってか、毎日王冠以上に遅いペースになりやすいのが特徴。

過去5年の1~3着馬15頭のうち、4頭が上がり32秒台、13頭までが上がり33秒台をマークしている。4角9番手以下からも6頭が馬券圏内まで届いている。4角5番手以内は3勝・2着2回・3着3回。先行力は武器となるが速い上がりへの対応力が必須で、「4角先頭馬」の馬券絡みは18年1着クロコスミアのみ。右頁に記したように、かなり展開が味方したことも関係しているが、同馬は次走のエリザベス女王杯でも2着に好走したように生涯最高の充実期でもあった。

枠順傾向も毎日王冠と似ている部分があり、1~4枠が1勝・2着4回・3着1回に対して、5~8枠が4勝・2着1回・3着4回。7枠・8枠が2勝ずつを挙げており、二桁馬番が4勝。速い上がりに対応できる外枠の馬が好走しやすい状況が整っており、人気薄の激走例も見られる。11番人気（単勝オッズ32.0倍）の⑮ノボリディアーナが勝った13年は17頭立て。12年以前は毎年のように16頭以上の多頭数が揃うレースだったのが、直近5年では13頭立てが3回、14頭立てが1回とあまり頭数が揃っていない。その分で比較的平穏な決着が続いているものの、多頭数が揃えば荒れるのが府中牝馬S。16頭立て以上になった際には注意したい。

1番人気は2着3回・3着1回で4着以下が1回。2番人気は2着1回・3着2回・4着以下が2回。単勝オッズ5倍以下の馬はすべて2~3着止まり。ＧＩを見据えた実績馬が3~5番人気の伏兵に逆転されるケースが多い。

2015年10月17日(土)　4回東京4日　天候：曇　馬場状態：稍重

【11R】第63回府中牝馬S
3歳以上・オープン・G2(別定)　(牝)(国際)(指定)　芝 1800m　17頭立

着	馬名	性齢	上3F	人
1	⑧⑮ノボリディアーナ	牝5	33.9	11
2	②④スマートレイアー	牝5	34.1	1
3	⑧⑯カフェブリリアント	牝5	33.7	5
4	③⑥フレイムコード	牝6	35.0	17
5	⑤⑨リメインサイレント	牝5	34.5	15
6	⑦⑭トーセンソレイユ	牝5	34.2	14
7	⑥⑫スイートサルサ	牝5	34.2	4
8	④⑧カレンケカリーナ	牝5	34.5	7
9	①①ケイアイエレガント	牝5	35.5	3
10	⑤⑩ゴールデンナンバー	牝6	34.0	12
11	③⑤ケイティバローズ	牝5	34.7	16
12	①②シャトーブランシュ	牝5	34.4	6
13	⑥⑪パワースポット	牝7	34.2	9
14	⑦⑬メイショウマンボ	牝5	34.7	8
15	②③レッドリヴェール	牝4	35.2	2
16	⑦⑬イリュミナンス	牝5	34.4	10
17	⑤⑦ミナレット	牝5	37.1	13

最内から押して①が先手を主張、⑥・⑦・⑩が続く。1番人気④は2番人気③を見ながら、直後7番手付近の内を追走。直線は坂上まで逃げた①・2番手⑥が粘る中、外から一気に差し脚を伸ばしたのが上がり2位をマークした⑮、上がり最速をマークした⑰の2頭。馬群を捌くのに手間取った④が猛追するものの、脚を余し気味で2着に浮上するのが精一杯。

馬連 ④-⑮ ¥6590 (23)　3連複 ④-⑮-⑰ ¥20460 (68/680)
3連単 ⑮-④-⑰ ¥163830 (542/4080)

2016年10月15日(土)　4回東京4日　天候：晴　馬場状態：良

【11R】第64回府中牝馬S
3歳以上・オープン・G2(別定)　(牝)(国際)(指定)　芝 1800m　13頭立

着	馬名	性齢	上3F	人
1	⑧⑬クイーンズリング	牝4	33.5	3
2	①①マジックタイム	牝5	33.8	4
3	⑤⑥スマートレイアー	牝6	33.6	1
4	⑧⑫アスカビレン	牝5	33.5	7
5	⑦⑩シュンドルボン	牝5	33.3	5
6	④⑤カフェブリリアント	牝6	33.6	6
7	②②シングウィズジョイ	牝4	34.7	8
8	③③リーサルウェポン	牝5	33.8	12
9	⑦⑪メイショウザンナ	牝7	33.8	11
10	⑥⑨シャルール	牝4	35.1	4
11	⑥⑧カレンケカリーナ	牝6	34.1	13
12	⑤⑦ハピネスダンサー	牝5	34.6	9
13	④④メイショウマンボ	牝6	34.8	10

先頭に立った②を交わして⑫が逃げ、3番手に3番人気⑬、2番人気①が続く、1番人気⑥は5番手外を追走。1000m通過60秒5の遅い流れのまま直線へ。馬場中央に出した⑬が一気に抜け出すと、最内を突いて追った①を振り切って完勝。3着には外から⑥が浮上して上位人気3頭での決着。⑩は上がり最速をマークするも4角後方2番手ではさすがに届かず。

馬連 ①-⑬ ¥1260 (4)　3連複 ①-⑥-⑬ ¥1410 (1/286)
3連単 ⑬-①-⑥ ¥8730 (13/1716)

2017年10月14日(土)　4回東京4日　天候：曇　馬場状態：稍重

【11R】第65回アイルランドT府中牝馬S
3歳以上・オープン・G2(別定)　(牝)(国際)(指定)　芝 1800m　14頭立

着	馬名	性齢	上3F	人
1	⑤⑦クロコスミア	牝4	33.7	5
2	①①ヴィブロス	牝4	33.7	1
3	⑤⑥アドマイヤリード	牝4	32.9	2
4	③③クイーンズリング	牝5	33.3	3
5	④⑤トーセンビクトリー	牝5	33.7	7
6	⑦⑪キンショーユキヒメ	牝4	33.5	9
7	②②ハッピーユニバンス	牝5	33.7	13
8	③③デンコウアンジュ	牝4	33.5	8
9	④⑥ゲッカコウ	牝4	33.9	12
10	⑦⑫ワンブレスアウェイ	牝4	33.8	4
11	⑧⑬アスカビレン	牝6	34.1	10
12	⑥⑩クインズミラーグロ	牝5	33.9	6
13	⑤⑧ロックフラベイビー	牝6	34.5	14
14	⑧⑭バンゴール	牝5	34.8	11

好発①が単騎先頭を確保するとすぐにペースダウン。⑤・⑬が続き、1番人気①は中団内、2番人気⑦は後方から2頭目の13番手、その他、前年覇者の④。1000m通過61秒9は前年同様の超スローペース。直線では上位人気馬が進路を確保するのに手間取ったこともあり、楽逃げの⑪が後続を振り切って逃げ切り。2着に①、⑦は上がり最速マークも3着。

馬連 ①-⑪ ¥2190 (8)　3連複 ①-⑦-⑪ ¥2440 (4/364)
3連単 ⑪-①-⑦ ¥19390 (38/2184)

PART 2

27 福島記念

一桁馬番が枠の優位性を生かして成績面で圧倒

　福島芝2000mは4コーナー奥にあるポケットからのスタート。スタンド前から1コーナーまでは約500mあるので、やや内枠有利ではあるものの極端に外枠が不利を被るコースではない。ただし、この福島記念は内枠有利が顕著で、過去5年では1～4枠が4勝・2着2回・3着4回であるのに対して、5～8枠が1勝・2着3回・3着1回。1枠・2枠が2勝ずつを挙げており、二桁馬番の1着はなし。8枠は馬券に絡んでいない。

　また、過去5年の前後半3ハロンの平均は35秒1-35秒8。前傾ラップになっているにも関わらず、勝ち馬はすべて4角2番手以内で立ち回っている。これを含めて1～3着馬15頭のうち10頭までが4角5番手以内だった。直線の短い福島なので後方一気で届かないのは想像通りだとしても、3角も5番手以内だった馬が馬券圏内の半数以上にあたる8頭を占めている。その一方で、「上がり最速馬」は1勝、2着1回、3着2回。上位の上がりで馬券圏内までは差し届くこともあるが、開催後半で馬場も荒れる割には、前残りと内枠有利が目立っている。この傾向は10年前まで遡っても大きく逸れていない。

　13年は3～4コーナーを2番手で立ち回った⑨ダイワファルコン（3番人気・単勝オッズ8.0倍）が、4コーナーで先頭に立った②マイネルラクリマ（2番人気・単勝オッズ3.6倍）を捕らえて1着。3着は中団の内ラチ沿いを追走していた④ラブイズブーシェ（7番人気・単勝オッズ18.7倍）が直線でも内から迫った。

　14年はラチ沿いの2～3番手を進んだ①ミトラ（6番人気・単勝オッズ9.8倍）が直線で逃げた④メイショウナルト（1番人気・単勝オッズ5.2倍）を捕らえて完勝。2着には、3～4角で内からポジションを上げた⑨フラアンジェリコが追い込んで、3着に④メイショウナルト。なお、4着⑤フィロパトール、5着⑧ナカヤマナイトまで、掲示板は3～4コーナーで内ラチ沿いを進んだ馬が独占した。右頁に記した15～17年も含め、道中で内を通らなかった馬が勝ったのは、重馬場になった15年のみ。その15年も①ヤマカツエースが勝っている。

2015年11月15日(日) 3回福島6日 天候：晴 馬場状態：重
【11R】第51回福島記念
3歳以上・オープン・G3(ハンデ) (国際)(特指) 芝2000m 16頭立

着	馬名	性齢	上3F	人
1	1①ヤマカツエース	牡3	37.4	2
2	4⑧ミトラ	セ7	37.7	4
3	7⑬ファントムライト	牡6	37.4	4
4	4⑦ステラウインド	牡6	37.6	5
5	1②マイネルミラノ	牡5	38.0	3
6	8⑯メイショウカンパク	牡5	37.5	16
7	7⑭バロンドゥフォール	牡5	37.5	6
8	3⑥フレイムコード	牡4	38.6	8
9	6⑫フラアンジェリコ	牡7	38.0	11
10	2③シャイニープリンス	牡5	38.4	7
11	3⑤セキショウ	牡6	39.0	14
12	2④アンコイルド	牡5	39.4	13
13	5⑩メイショウスザンナ	牝6	39.7	10
14	8⑮フィロパトール	牡5	40.3	15
15	5⑩メイショウナルト	セ7	39.9	9
16	5⑨ノットフォーマル	牝3	39.9	12

外から⑮が先頭に立とうとするのを1角で内から④が交わしての逃げ。内から②・⑥が続く。荒れた上に雨の影響も受けた重馬場にしては速いペースになり、3角から先行馬が次々と脱落。4角先頭の2番人気⑧に外から1番人気⑧が並びかけて直線は2頭の叩き合いになり、①が競り勝つ。3着には後方待機の⑬が浮上、同じく後方から⑦が4着、②が5着。

馬連 1－8 ¥1440 (1)　3連複 1－8－13 ¥2790 (1/560)
3連単 1－8－13 ¥10870 (1/3360)

2016年11月13日(日) 3回福島4日 天候：晴 馬場状態：良
【11R】第52回福島記念
3歳以上・オープン・G3(ハンデ) (国際)(特指) 芝2000m 16頭立

着	馬名	性齢	上3F	人
1	2③マルターズアポジー	牡4	35.9	7
2	7⑬ゼーヴィント	牡4	35.6	1
3	1①ダイワドレッサー	牝5	35.7	6
4	1②マイネルハニー	牡7	36.4	2
5	4⑦ケイティーブライド	牝5	35.9	8
6	4⑧シャイニープリンス	牡6	34.9	6
7	5⑨マーティンボロ	牡7	35.9	9
8	6⑪プロフェット	牡5	35.5	5
9	8⑮マイネグレヴィル	牝5	36.3	16
10	5⑩ウインインスパイア	牡5	36.2	12
11	2④ダービーフィズ	牡7	36.1	14
12	6⑫ダイワリベラル	牡7	36.1	4
13	7⑭アドマイヤフライト	牡7	36.2	15
14	8⑯クランモンタナ	牡7	36.4	11
15	3⑤ファントムライト	牡7	36.2	10
16	3⑤マイネルラクリマ	牡8	37.0	13

現役屈指の快速馬③がハナを切り、2番人気⑩が続く。1000m通過61秒0は重馬場だった前年より遅い流れ。1番人気⑬は9番手付近を追走し、3角から進出して4角まで浮上。しかし、楽なペースで逃げた③は直線でも余裕の手応えで逃げ切り勝ち。2着に馬場中央から⑬が浮上し、3着は中団待機の3番人気①が浮上。2番手追走の⑩は4着。

馬連 3－13 ¥1750 (4)　3連複 1－3－13 ¥4660 (8/560)
3連単 3－13－1 ¥31740 (78/3360)

2017年11月12日(日) 3回福島4日 天候：曇 馬場状態：良
【11R】第53回福島記念
3歳以上・オープン・G3(ハンデ) (国際)(特指) 芝2000m 16頭立

着	馬名	性齢	上3F	人
1	2③ウインブライト	牡3	35.2	2
2	7⑬スズカデヴィアス	牡6	35.1	3
3	3⑥ヒストリカル	牡8	35.0	10
4	6⑫マイネルディーン	牡6	34.5	15
5	2④ショウナンバッハ	牡6	34.9	6
6	7⑭フェルメッツァ	牡4	35.5	8
7	3⑤ケイティーブライド	牝7	35.5	14
8	1①プリメラアスール	牝5	35.8	4
9	1②ペルーフ	牡5	35.4	11
10	5⑩マイネルミラノ	牡7	36.2	7
11	7⑭マサハヤドリーム	牡7	35.6	5
12	8⑮ブルーキー	牡7	35.9	8
13	4⑧マイネルスフェーン	牡5	35.9	13
14	8⑯サンマルティン	セ5	36.2	1
15	6⑪ツクバアズマオー	牡6	35.5	12
返	5⑨ジョルジュサンク	牡4		

内から①が先頭に立ち、⑦が2番手。2番人気③は3番手内、1番人気⑯は6番手付近の外を追走し、その直後に3番人気⑬。3角手前から⑩に先頭が交代して一気にペースアップ。3番手内から直線で早め先頭に立った③が⑬・⑥の追撃を凌いで1着。4・5着には4角12番手から⑫・④が追込み浮上。終始外を通った⑯は4角で失速し、14着に大敗。

馬連 3－13 ¥2380 (6)　3連複 3－6－13 ¥17960 (60/455)
3連単 3－13－6 ¥75420 (236/2730)

28 東京スポーツ杯2歳S

東京芝1800m

枠順 重要度	位置取り 重要度	上がり 重要度
△	◎	○

将来を占う出世レースはやはり末脚の力が大事

　東スポ杯が行われるのは5回東京開催の3週目。連続開催の後半にあたるが、Cコース使用の初日で内〜外ともフラットな馬場状態であることが多い。2歳戦なので、元々多頭数が揃うことは少ない。さらに、2014年に2歳戦の改編が行われた際に、京都のデイリー杯2歳Sが1週前に、京都2歳Sが1週後に組まれるようになったため、2014年からは13頭・11頭・10頭と徐々に出走頭数が減少。そして2017年はついに7頭立てで行われた。今後も頭数が揃わない可能性が高い。ただし、東京コースを経験したい関西の素質馬の東上、クラシックを目指す本格派の関東馬がありメンバーは濃い。過去5年のうち、13年1着イスラボニータ、14年1着サトノクラウン、16年2着スワーヴリチャード、17年1着ワグネリアンと、4頭の連対馬が後にクラシックで3着以内に好走し、GⅠ馬になっている。当然、大手生産者が意識的に強い馬をスタンバイするレースであり、ノーザンファームの生産馬が2勝・2着3回・3着1回。社台コーポレーション白老ファームが1勝・3着1回。

　過去5年の前後半の平均は35秒8-34秒8、大逃げ馬のいた17年以外はすべて後傾ラップとなっている。「上がり最速馬」は3勝・2着1回・3着1回と馬券絡み。3着以内に好走した15頭のうち、9頭までが上がり3位以内をマークしている。対照的に「4角先頭馬」の馬券絡みは一度もない。ペースにかかわらず速い上がりをマークできた素質馬が順当に結果を残している。前述した後のGⅠ馬たちも軒並み速い上がりをマークしており、ここで上がり最速をマークできれば3歳のクラシック戦線でも期待できる。素質最優先のレースなので枠順ごとの偏りや、通った進路の偏りも見られないが、前に壁を作りやすい1枠1番の好成績は際立っている。

　同じ東京芝1800mで行われる重賞には、共同通信杯・エプソムC・毎日王冠・府中牝馬Sなどがあるが、「府中千八展開要らず」という古い格言に最も近いのが、東スポ杯2歳Sと言えるかもしれない。

2015年11月23日(祝) 5回東京7日 天候:曇 馬場状態:良

【11R】第20回東京スポーツ杯2歳S
2歳・オープン・G3(馬齢) (国際)(指定) 芝1800m 11頭立

着	馬名	性齢	上3F	人
1	⑧⑩スマートオーディン	牡2	32.9	4
2	⑦⑦プロディガルサン	牡2	33.4	2
3	①①マイネルラフレシア	牡2	33.8	6
4	⑥⑥キラージョー	牡2	34.0	5
5	③③ハレルヤボーイ	牡2	33.4	9
6	⑧⑧タイセイサミット	牡2	33.5	7
7	②②アグレアーブル	牝2	34.0	3
8	④④ロスカボス	牡2	34.1	1
9	⑦⑦レインボーライン	牡2	33.7	8
10	⑤⑤ダイワリアクション	牡2	35.1	10
11	⑥⑦カミノライデン	牡2	34.8	11

①がハナに立つものの抑えきれない⑥と3角手前で先頭交代。1番人気の④は3番手付近で、⑨が6番手。道中はペースが上がらず前半1000m通過は62秒4のスローペースから直線の上がり勝負。横一戦の末脚比べから上がり最速32秒9をマークした①が後方3番手から一気の差し切り。2着に上がり2位をマークした⑨、3着は4角2番手の①、⑥が4着。

馬連:⑨-⑩ ¥1370 (5) 3連複:①-⑨-⑩ ¥3590 (14/165)
3連単:⑩-⑨-① ¥20880 (73/990)

2016年11月19日(土) 5回東京5日 天候:小雨 馬場状態:稍重

【11R】第21回東京スポーツ杯2歳S
2歳・オープン・G3(馬齢) (国際)(指定) 芝1800m 10頭立

着	馬名	性齢	上3F	人
1	⑥⑥ブレスジャーニー	牡2	33.7	2
2	⑧⑧スワーヴリチャード	牡2	33.6	4
3	①①ムーヴザワールド	牡2	33.8	1
4	③③キングズラッシュ	牡2	33.8	5
5	⑤⑤トラスト	牡2	35.3	3
6	⑦⑦ジュンヴァリアス	牡2	34.8	8
7	②②ショウドゥロワ	牡2	35.6	9
8	⑦⑦エルデュクラージュ	牡2	35.6	6
9	④④マイネルエパティカ	牡2	37.4	10
10	⑧⑩オーバースペック	牡2	37.3	7

好発を決めた⑤を交わして④がハナへ。離れた3番手に②・⑩が続く。2番人気の⑥が7番手、これを見ながら1番人気の①が中団より後方を追走、⑨・①が最後方。直線に向いて坂を上りながら⑤が抜け出すが、一気に後方待機の人気馬が外から大挙。①・⑨・⑥の追い比べは、上がり2位をマークの⑥が先着、上がり最速⑨が2着。①は競り負けて3着に。

馬連:⑥-⑨ ¥1470 (6) 3連複:①-⑥-⑨ ¥1100 (2/120)
3連単:⑥-⑨-① ¥8270 (22/720)

2017年11月18日(土) 5回東京5日 天候:曇 馬場状態:良

【11R】第22回東京スポーツ杯2歳S
2歳・オープン・G3(馬齢) (国際)(指定) 芝1800m 7頭立

着	馬名	性齢	上3F	人
1	③③ワグネリアン	牡2	34.6	1
2	⑦⑦ルーカス	牡2	34.9	2
3	⑤⑤シャルルマーニュ	牡2	35.6	3
4	④④カフジバンガード	牡2	35.3	6
5	②②ゴールドギア	牡2	35.3	4
6	①①コスモイグナーツ	牡2	37.2	5
7	⑥⑥ケワロス	牝2	37.0	7

好発①が先頭に立ち、徐々にリードを拡げる。離れた2番手に⑥、3番手に⑤で、人気を分け合う③・⑦は後方待機。①が軽快に逃げて1000m通過は58秒5とこのレースにしては速い流れ。4角から後方待機勢も徐々に差を詰め、大外から③が坂で先頭に並びかけると一気に差し切り一瞬で3馬身抜け出す。2着には上がり2位をマークの⑦が何とか浮上。

馬連:③-⑦ ¥170 (1) 3連複:③-⑤-⑦ ¥380 (1/35)
3連単:③-⑦-⑤ ¥820 (1/210)

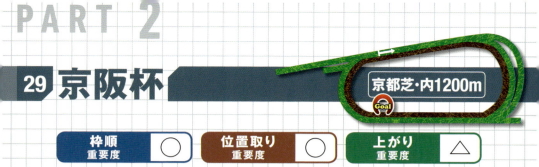

29 京阪杯

京都芝・内1200m

| 枠順 重要度 | ○ | 位置取り 重要度 | ○ | 上がり 重要度 | △ |

何十年も揺るがない伝統、とにかく内枠の逃げ馬

　京阪杯が行われるのは5回京都8日目。連続開催最終日で、14年からは最終レースに組まれている。Cコース使用になって2週目ではあるものの、連続開催で芝の傷みはピークに達していることが多い。他の芝コースでも馬場中央から外を通る差し・追込み馬の台頭が目立つが、京阪杯は「いかに芝が荒れても1200mだけは別モノである」と思わせるだけの傾向が出ている。

　まず、過去5年の前後半の平均は34秒2-34秒2。「4角先頭馬」は実に3勝・2着1回。勝ち馬はすべて4角4番手以内で立ち回っており、1〜3着馬15頭のうち、10頭が4角5番手以内。後方から馬券絡みするには、上がり32秒台後半〜33秒台前半が必要となり、1着まで突き抜けることは容易ではない。

　同コースは内ラチ沿いをロスなく立ち回れるアドバンテージが大きく、内枠の逃げ&先行馬が圧倒的に有利な舞台。過去5年では馬番1〜9番が5勝・2着3回・3着4回（同着含む）。対照的に二桁馬番は2着2回・3着2回のみ。良馬場での施行時に二桁馬番で連対するのは至難の業で、1着馬のうち実に4頭が馬番1〜4番から出ている。17年は開催前半から週末が何度も雨に見舞われたことで、レース史上屈指の荒れ馬場で迎えたが、④ネロ（9番人気・単勝オッズ36.9倍）が1着、⑥ビップライブリー（6番人気・単勝オッズ11.6倍）が2着に好走している。どれだけ芝が荒れても覆らない強固な傾向であることが証明された。

　右頁に記した15〜17年以前よりも強烈な内有利&前残りだったのが13年。逃げた①アイラブリリ（8番人気・単勝オッズ22.6倍）を、2番手追走の③アースソニック（7番人気・単勝オッズ15.8倍）が捕らえて1着。3着も2頭の直後を追走した⑤スギノエンデバー（10番人気・単勝オッズ27.7倍）が入り、1番人気⑮ブレイズエターナルの追込みは4着まで。3連複90,000円、3連単467,650円の大波乱となった。この年は勝ち時計が1分7秒5で、レースの上がり3ハロンは33秒4の高速決着。一方、前述の17年は良馬場でも1分8秒8、レースの上がり3ハロンは34秒5も掛かったが、逃げ馬の連対・内枠の先行馬の好走というレースの鉄則は変わらない。

2015年11月29日(日) 5回京都9日 天候:曇 馬場状態:良
【12R】第60回京阪杯
3歳以上・オープン・G3(別定) (国際)(特指) 芝・内 1200m 15頭立

着	馬名	性齢	上3F	人
1	②サトノルパン	牡4	33.1	4
2	④ビッグアーサー	牡4	32.8	1
3	⑨アースソニック	牡5	33.2	5
4	①ベルカント	牝4	34.1	2
5	⑥エイシンブルズアイ	牡4	33.6	3
6	③ワキノブレイブ	牡5	34.2	12
7	⑦アミカブルナンバー	牡5	33.5	13
8	⑩ウイングザムーン	牝4	33.8	8
9	⑬ベルムエール	牝4	33.2	7
10	⑭サドンストーム	牡4	33.3	9
11	⑧フミノムーン	牡3	34.4	6
12	⑪メイショウツガル	牡4	33.6	14
13	⑤レンニングランド	牡4	34.3	11
14	⑫コパノリチャード	牡5	35.2	10
15	⑮スマートギア	牡10	34.6	15

内から好発を決めた2番人気①が先頭、③・⑫が続いて、3番人気⑥が4番手外、その内に②、1番人気④が7番手付近を追走。前半3ハロン34秒0はスプリント重賞としては遅い流れ。道中で大きな動きはないまま直線へ。①が逃げ込みを図る中、逃げ馬の直後から②が抜け出して1着、2着は進路確保に手間取りながら④、3着は外から⑩が差し届く。

馬連②-④ ¥990 (3) 3連複②-④-⑨ ¥3710 (13/455)
3連単②-④-⑨ ¥33650 (97/2730)

2016年11月27日(日) 5回京都8日 天候:雨 馬場状態:重
【12R】第61回京阪杯
3歳以上・オープン・G3(別定) (国際)(特指) 芝・内 1200m 18頭立

着	馬名	性齢	上3F	人
1	②ネロ	牡5	36.2	2
2	⑱エイシンスパルタン	牡5	35.9	3
3	①フミノムーン	牡4	35.8	1
4	④アースソニック	牡7	35.8	10
5	④ラインハート	牝5	35.9	17
6	③セカンドテーブル	牡4	37.3	8
7	⑭プラヴィシモ	牝4	35.6	9
8	⑪ラインスピリット	牡5	36.5	5
9	⑨オウノミチ	牡4	37.3	11
10	⑤クリスマス	牝4	36.0	4
11	⑤アンナミルト	牝4	37.0	16
12	⑦ティーハーフ	牡6	36.1	5
13	⑰ベイシャフェリス	牡6	36.8	14
14	⑧メラグラーナ	牝4	37.2	6
15	⑬ヤマニンプチガトー	牡5	35.7	18
16	⑮レッドアリオン	牡5	37.3	12
17	④ホッコーサラスター	牡4	36.2	13
18	⑯ジャストドゥイング	牡4	36.4	15

雨で重馬場の中、好発から③が先頭に立ちかけるが、2番人気②は内から先頭を奪還。3番人気⑱は前の3頭から離れた4番集団の外、1番人気①が7番手付近の外を追走。前半3ハロン34秒0は重馬場にしては速い流れだが、②は直線でも後続を突き放して4馬身のリードを保ったままゴール。2着は馬場中央から⑱、3着は大外追込みの①・⑦が同着。

馬連②-⑱ ¥1110 (3) 3連複①-②-⑱ ¥2780 (9/816) ②-⑦-⑱ ¥3880 (19/816) 3連単②-⑱-① ¥11540 (34/4896) / ②-⑱-⑦ ¥15050 (49/4896)

2017年11月26日(日) 5回京都8日 天候:曇 馬場状態:良
【12R】第62回京阪杯
3歳以上・オープン・G3(別定) (国際)(特指) 芝・内 1200m 16頭立

着	馬名	性齢	上3F	人
1	②ネロ	牡6	34.5	9
2	⑥ビップライブリー	牝4	34.1	6
3	⑭イッテツ	牡4	33.8	14
4	⑪フィドゥシア	牝5	34.2	8
5	⑫ダイシンサンダー	牡6	33.9	10
6	①ラインスピリット	牡6	34.3	12
7	⑤セイウンコウセイ	牡4	34.4	5
8	⑧タマモブリリアン	牡4	34.2	16
9	④ソルヴェイグ	牝4	34.8	3
10	③ヒルノディバロー	牡6	34.4	4
11	⑬アットザザーサイド	牡4	34.0	7
12	④ナリタスターワン	牡4	34.6	11
13	①ティーハーフ	牡7	33.7	15
14	⑨ジューヌエコール	牝3	34.2	1
15	②アルマワイオリ	牡4	35.5	13
止	⑤メラグラーナ	牝5		2

前年と同様に④は発馬劣勢でも強引にハナに立ち、1番人気⑦・⑩・⑥・⑪が続く。4コーナーで⑪が外から並びかけるが、④が懸命に抵抗。粘りに粘って連覇を達成する。ゴール前で2着争いには各馬が殺到して様相が一変。5番手付近から差し脚を伸ばした⑥が2着に浮上し、3着は大外一気の⑭が浮上。3~6着までタイム差なしの大接戦。

馬連④-⑥ ¥23390 (64) 3連複④-⑥-⑭ ¥295980 (430/560)
3連単④-⑥-⑭ ¥1674510 (2262/3360)

091

PART 2

30 チャンピオンズC

枠順 重要度	位置取り 重要度	上がり 重要度
◎	△	△

見出し人がいなければ競馬で勝つことはできない

　中京ダ1800mコースは正面の直線、上り坂の途中がスタート地点。向正面の緩やかな上りを経て、3～4コーナーは下り坂。そして最後の直線410mには高低差1.9mの急坂が待ち構える。JRAの有するダートコースの中でも起伏に富んでいてタフネスが求められるコースのひとつ。

　旧ジャパンCダートがチャンピオンズCに改称して、中京を舞台に行われるようになったのは14年から。その14年は⑧ホッコータルマエが4角2番手から勝利。上位は4角4番手以内の3頭で決着している。その一方、15年は前半1000mが60秒2のハイペースとなり、先行馬が総崩れに。中団のラチ沿いを立ち回った④サンビスタが差し切って1着、2着には上がり2位をマークした①ノンコノユメ、3着に上がり最速をマークした②サウンドトゥルーが追込み、4着も上がり3位をマークの⑯ロワジャルダンが浮上している。16年も1000m通過が60秒6と比較的速い流れ。⑧サウンドトゥルーが4角13番手から、上がり最速をマークして差し切り勝ちを決めている。

　1000m通過が60秒台なら差し＆追込み馬が届きやすく、61秒以上を要すれば逃げ＆先行馬が有利。1000m通過61秒6のスローになった17年も、1着こそ上がり2位となる35秒2をマークした⑨ゴールドドリームだったが、2～4着は前残りであった。今後も展開、ペースに大きく左右されるはず。

　展開面は逃げ馬や先行争いによってまちまちだが、枠順傾向は内枠有利が目立つ。過去4回の1～3着馬12頭のうち、1～4枠が2勝・2着3回・3着3回。これに対して5～8枠は2勝・2着1回・3着1回。1着馬はすべて1～9番であり、二桁馬番での連対は17年1番人気の⑬テイエムジンソクのみ。スタート直後の坂で行き脚がつかないまま1角に入ると、外を回らされて位置取りも悪くなりやすいので外枠不利の傾向が強い。前崩れの展開になった年でも、差し＆追込み馬の好走は道中で内を通った馬が中心。ダート最強を決める一戦には、砂を被る・揉まれることを苦にする馬も少ないので、ハイペースが想定される年には、速い上がりをマークできる内枠の差し＆追込み馬に注目すべき。

枠順と位置取りで勝ち馬を見抜く！

2015年12月6日(日) 4回中京2日 天候：曇 馬場状態：良

【11R】第16回チャンピオンズカップ
3歳以上・オープン・G1(定量) (国際)(指定) ダート1800m 16頭立

着	馬名	性齢	上3F	人
1	④サンビスタ	牝6	37.4	12
2	④ノンコノユメ	牡3	36.7	3
3	①②サウンドトゥルー	セ5	36.6	5
4	⑧⑯ロワジャルダン	牡4	37.1	6
5	⑦⑬ホッコータルマエ	牡7	38.1	2
6	②③ワンダーアキュート	牡9	37.6	14
7	④⑦コパノリッキー	牡5	38.7	1
8	⑤⑩グレープブランデー	牡7	38.3	10
9	③⑥ナムラビクター	牡6	38.2	7
10	⑥⑪グランドシチー	牡7	37.9	16
11	③⑤ニホンピロアワーズ	牡8	38.9	15
12	④⑧ダノンリバティ	牡3	38.5	9
13	⑥⑪コーリンベリー	牝4	37.0	13
14	⑤⑨ローマレジェンド	牡7	39.8	4
15	⑥⑫クリノスターオー	牡5	40.6	11
16	⑦⑭ガンビット	セ5	42.7	6

1番人気⑦が先頭に立ったところに、1角手前で外から⑫・⑭が競りかけてペースアップ。前半1000m60秒2はハイペース。2番人気⑥は6番手付近、3番人気⑬は後方2番手を追走。直線半ばで⑦が一杯になり、接近した⑬の伸び脚も一息。中団のラチ沿いから直線で外に出した④がまとめて差し切り。最内から①が、大外から②が追込み2・3着に浮上。

馬連①－④ ¥11040 (31) 3連複①－②－④ ¥27320 (74/560)
3連単④－①－② ¥318430 (677/3360)

2016年12月4日(日) 4回中京2日 天候：曇 馬場状態：良

【11R】第17回チャンピオンズカップ
3歳以上・オープン・G1(定量) (国際)(指定) ダート1800m 15頭立

着	馬名	性齢	上3F	人
1	⑤⑧サウンドトゥルー	セ6	35.8	6
2	②②アウォーディー	牡7	37.0	1
3	④⑦アスカノロマン	牡5	37.4	10
4	①①カフジテイク	牡5	36.0	11
5	⑧⑭アポロケンタッキー	牡4	36.9	7
6	④⑥ノンコノユメ	セ4	36.6	4
7	⑧⑮モーニン	牡4	37.3	5
8	③⑤ロワジャルダン	牡5	36.8	9
9	④⑦ラニ	牡3	37.0	8
10	④⑥モンドクラッセ	牡5	38.3	12
11	⑥⑩メイショウスミトモ	牡5	37.9	14
12	⑦⑫ゴールドリーム	牡3	38.5	2
13	⑥⑪コパノリッキー	牡7	38.8	3
14	⑦⑬ブライトアイディア	牡6	38.3	15
15	②③ブライトライン	牡7	40.6	13

⑥が先頭、④が2番手に控え、外から⑪が接近しつつ1角へ。1番人気②は6番手、外から2番人気⑫が併走。1000m60秒6の淀みない流れで進み、上位人気⑬が5～6番手にて併走状態で直線へ。逃げ粘る⑥を追う④を外から②が捕らえて勝ったかというところに、道中は後方から2番手を追走した⑧が馬群を捌きながら追込み。ゴール寸前で差し切る。

馬連②－⑧ ¥1390 (5) 3連複②－④－⑧ ¥11180 (39/455)
3連単⑧－②－④ ¥85980 (256/2730)

2017年12月3日(日) 4回中京2日 天候：晴 馬場状態：良

【11R】第18回チャンピオンズカップ
3歳以上・オープン・G1(定量) (国際)(指定) ダート1800m 16頭立

着	馬名	性齢	上3F	人
1	⑤⑨ゴールドドリーム	牡4	35.2	8
2	⑦⑭テイエムジンソク	牡6	36.3	1
3	①①コパノリッキー	牡7	36.3	9
4	①②ケイティブレイブ	牡4	36.2	3
5	⑥⑪アウォーディー	牡7	36.1	4
6	②③ミツバ	牡6	35.6	12
7	⑥⑫カフジテイク	牡6	35.9	5
8	⑧⑮キングズガード	牡6	35.1	11
9	②④ノンコノユメ	セ5	35.5	6
10	④⑧グレンツェント	牡4	36.2	10
11	⑦⑭サウンドトゥルー	セ7	35.7	2
12	⑧⑯ローズプリンスダム	牡3	36.2	14
13	③⑥モルトベーネ	牡5	36.7	13
14	⑤⑩メイショウスミトモ	牡6	36.4	15
15	④⑦ロンドタウン	牡4	37.9	7
返	⑧⑯アポロケンタッキー	牡5		

最内①が先頭、外から1番人気⑬が2番手で1角へ。3番人気②が3番手、2番人気⑭は定位置の後方待機。1000m通過は61秒6のスローペース。直線でも先行3頭の脚色が鈍らないまま前残りの決着になりかけたが、ただ一頭⑨だけが後方から脚を伸ばし、上がり2位の35秒2をマークして差し切り勝ち。2着に2番手追走の⑬、3着には逃げた①が残る。

馬連⑨－⑭ ¥4140 (18) 3連複①－⑨－⑭ ¥27350 (111/455)
3連単⑨－⑬－① ¥158490 (616/2730)

093

PART 2

31 有馬記念

中山芝2500m

枠順 重要度
位置取り 重要度
上がり 重要度

絶対的に内枠有利で、早めに好位に取りつきたい

　有馬記念が行われるのは5回中山の最終週。Aコース使用も4週目にはなるものの、極端に馬場が悪化することもない。芝2500mは外回りの3コーナー手前からスタートし、コーナーを6回通る長距離戦。スタート直後から緩やかなカーブを走ることもあり、外枠だと内に入れられないうちにレースが進み、距離損を積み重ねていくことになる。GI馬が集まってタイトな位置取り争いをするので圧倒的に内枠が有利。過去5年、馬番12番から外の連対はなく、1~7番が4勝・2着4回。フルゲート時の7~8枠は苦戦を強いられる。最も外の馬番での馬券絡みは15番。なんと89年1着イナリワンまで遡る。数々の名勝負が繰り広げられてきた有馬記念だが、枠順の観点では年間でもっともフェアではないコースでのGIとも言える。ただし、14頭立て以下になると7~8枠の馬券絡みも見られるので、フルゲートとそれ以下を分けて考えたい。それでも内枠有利には変わりない。とにかく最初の4コーナーまでに良い位置を取ることが極めて重要であり、出遅れの多い馬も有利に運べない。過去5年の「4角先頭馬」は17年キタサンブラックの1勝のみ。ただし、馬券圏内に好走した15頭全てが4角7番手以内で立ち回っており、差し・追い込み馬も4コーナーまでには好位に押し上げていないと厳しい。「上がり最速馬」の馬券絡みは13年1着オルフェーヴルのみだが、15~17年はキタサンブラックがレースを支配していたことの影響も大きい。過去10年で見れば「上がり最速馬」が5連対。枠順・位置取りも重要だが、近代競馬らしく速い上がりも要求される。

　右頁の過去3年は、いずれもキタサンブラックが1~2番手で展開を牽引したレース。ほぼ同じ位置から1~2着馬が出ており、中団以下を追走して外から2着争いに加わったのは18年シュヴァルグランのみである。逃げ・先行馬にバテる馬が少なければ、概ねこのあたりから上位馬が出ると考えていい。逃げ馬不在で超スローペースになった14年も近い結果になっており、内の好位を立ち回った④ジェンティルドンナと⑥トゥザワールドによる1・2着。3着にはこのレースを得意としたゴールドシップが外から浮上して届いている。

　13年は引退レースのオルフェーヴルによる圧勝劇。この年は先団を固めた人気薄の各馬がオルフェーヴルのマクリに抵抗できず失速。追込み馬が台頭している。

2015年12月27日(日)　5回中山8日　天候：曇　馬場状態：良

【10R】第60回有馬記念
3歳以上・オープン・G1(定量)　(国際)(指定)　芝2500m　16頭立

着	馬名	性齢	上3F	人
1	4⑦ゴールドアクター	牡4	35.8	8
2	1②サウンズオブアース	牡5	34.7	5
3	6⑪キタサンブラック	牡3	35.1	4
4	8⑯マリアライト	牝4	35.0	12
5	2④ラブリーデイ	牡5	34.7	2
6	5⑩トーセンレーヴ	牡7	34.4	14
7	3⑤アドマイヤデウス	牡4	34.9	11
8	8⑮ゴールドシップ	牡6	35.2	1
9	4⑧ワンアンドオンリー	牡4	34.8	10
10	7⑬ルージュバック	牝3	35.0	6
11	3⑥アルバート	牡4	34.9	7
12	2③ラストインパクト	牡5	35.0	9
13	1②ヒットザターゲット	牡7	35.1	13
14	7⑭ダービーフィズ	牡5	35.2	16
15	1①オーシャンブルー	牡7	36.4	15
16	6⑫リアファル	牡3	37.1	3

揃ったスタートから⑦が先頭に立つが、これを外から⑪・⑫が交わして先頭&2番手へ。⑦は2列目最内に収まり、⑨・⑯が好位を固めて、前半1000m62秒4のスローペース。最後方待機の1番人気⑮は残り1000m地点あたりからスパート。レース全体も一気に動くが、序盤で楽をした好位勢が簡単に止まらない。最後の追い比べで⑦が抜け出し、2着に⑨。

馬連 ⑦-⑨ ¥6840 (27)　3連複 ⑦-⑨-⑪ ¥20360 (70/560)
3連単 ⑦-⑨-⑪ ¥125870 (450/3360)

2016年12月25日(日)　5回中山9日　天候：晴　馬場状態：良

【10R】第61回有馬記念
3歳以上・オープン・G1(定量)　(国際)(指定)　芝2500m　16頭立

着	馬名	性齢	上3F	人
1	6⑪サトノダイヤモンド	牡3	35.5	1
2	1①キタサンブラック	牡4	35.8	2
3	1②ゴールドアクター	牡5	35.7	3
4	2④ヤマカツエース	牡4	35.1	8
5	4⑧ミッキークイーン	牝4	35.8	6
6	7⑭シュヴァルグラン	牡4	35.7	5
7	8⑮アルバート	牡5	35.3	10
8	3⑥サウンズオブアース	牡6	35.8	4
9	5⑨デニムアンドルビー	牝6	35.7	11
10	8⑯マリアライト	牝5	36.2	6
11	5⑩アドマイヤデウス	牡5	36.3	9
12	6⑫ヒットザターゲット	牡8	36.1	15
13	6⑫サトノノブレス	牡6	37.8	13
14	2③ムスカテール	牡6	37.1	16
15	4⑦マルターズアポジー	牡4	38.3	12
16	3⑤サムソンズプライド	牡6	38.0	14

ダッシュの違いで⑦が先頭に立ち、離れた2番手に①・②が続く。1番人気⑪も1コーナーまでに徐々にポジションを上げて4番手まで浮上。向正面で馬群は一気に凝縮し、上位人気3頭が1馬身圏内で直線へ。迫る②を寄せ付けない①が勝ったかというところ、2頭に食いつく⑪が坂上で猛追しゴール寸前で差し切る。先行した1・2・3番人気決着。

馬連 ①-⑪ ¥440 (1)　3連複 ①-②-⑪ ¥1050 (2/560)
3連単 ⑪-①-② ¥3940 (3/3360)

2017年12月24日(日)　5回中山8日　天候：晴　馬場状態：良

【11R】第62回有馬記念
3歳以上・オープン・G1(定量)　(国際)(指定)　芝2500m　16頭立

着	馬名	性齢	上3F	人
1	1②キタサンブラック	牡5	35.2	1
2	2③クイーンズリング	牝5	35.1	8
3	5⑨シュヴァルグラン	牡5	34.8	3
4	7⑭スワーヴリチャード	牡3	34.5	2
5	6⑪ルージュバック	牝5	34.3	10
6	4⑦シャケトラ	牡4	35.6	6
7	8⑮サウンズオブアース	牡7	34.7	14
8	4⑧レインボーライン	牡4	34.9	4
9	3⑥サトノクロニクル	牡3	35.5	11
10	7⑬ヤマカツエース	牡5	35.8	5
11	7⑬ミッキークイーン	牝5	35.1	5
12	2④ブレスジャーニー	牡3	35.4	12
13	6⑫サトノクラウン	牡5	35.4	7
14	3⑤トーセンビクトリー	牝5	36.0	15
15	8⑯カレンミロティック	セ9	35.6	16
16	5⑨サクラアンプルール	牡5	36.6	13

好発から②が先頭、⑦・①・⑮・③が好位を形成。前半1000mは61秒6のマイペースで馬群は密集。中盤は緩みながらも早めのペースアップで後続は動くのが難しい流れ。1周目3~4コーナーと似た好位馬群のまま直線へ。②の逃げ脚は衰えず後続を突き放し、⑩&⑭による2着争い。ここに好位内で潜んでいた③が加わって僅かに先着。⑩は直線で不利。

馬連 ②-③ ¥3170 (9)　3連複 ②-③-⑨ ¥5420 (16/560)
3連単 ②-③-⑩ ¥25040 (68/3360)

JRA重賞129レースの傾向と対策

PART 3

中山金杯（中山芝2000m）

枠順 ◎　位置取り △　上がり △

		馬名	性齢	斤量	騎手	タイム	着差	通過順位	上3F	人	体重
2016	1	④⑤ヤマカツエース	牡4	56	池添謙一	2.01.2		05-05-04-02	33.0	3	492
	2	⑤⑦マイネルフロスト	牡5	57	松岡正海	2.01.3	3/4	01-01-01-01	34.4	5	488
	3	⑥⑩フルーキー	牡6	57.5	M.デム	2.01.4	3/4	08-09-08-08	32.7	1	490

馬連 05-07 ¥1670 (6)　3連複 05-07-10 ¥1850 (2/286)　3連単 05-07-10 ¥11190 (23/1716)

		馬名	性齢	斤量	騎手	タイム	着差	通過順位	上3F	人	体重
2017	1	③③ツクバアズマオー	牡6	56.5	吉田豊	2.00.6		11-11-08-07	35.6	1	480
	2	②②クラリティスカイ	牡5	57.5	田辺裕信	2.00.7	3/4	03-02-03-03	36.6	6	502
	3	①①シャイニープリンス	牡7	56.5	江田照男	2.01.1	2 1/2	07-07-08-08	36.1	4	496

馬連 02-03 ¥1760 (7)　3連複 01-02-03 ¥2360 (5/286)　3連単 03-02-01 ¥10430 (24/1716)

		馬名	性齢	斤量	騎手	タイム	着差	通過順位	上3F	人	体重
2018	1	③⑥セダブリランテス	牡4	55	戸崎圭太	1.59.8		02-02-03-03	35.0	1	522
	2	①①ウインブライト	牡4	56	松岡正海	1.59.8	クビ	03-03-04-03	34.8	2	480
	3	⑥⑪ストレンジクォーク	牡6	54	柴山雄一	1.59.9	クビ	11-11-11-10	34.5	10	504

馬連 01-06 ¥680 (1)　3連複 01-06-11 ¥5270 (13/680)　3連単 06-01-11 ¥18170 (38/4080)

14年こそ前半3ハロンの方が1秒5も速い前傾ラップとなったが、その他の4年は後半の方が速い後傾ラップ。連対馬は4角3~8番手以内で立ち回っており4角9番手以降からの連対はなし。12月からの連続開催5週目だが、A→Cコースへの仮柵移動1週目。過去5年の連対馬10頭中9頭・1着馬5頭全てが1~4枠で、6~8枠は連対なし。流れが緩むので外を回す差し・追込みは苦戦。内枠かつ好位~中団から抜け出しが好走パターン。

京都金杯（京都芝1600m）

枠順 ◎　位置取り ×　上がり △

		馬名	性齢	斤量	騎手	タイム	着差	通過順位	上3F	人	体重
2016	1	④⑦ウインプリメーラ	牝6	53	川田将雅	1.33.0		03-03	33.9	3	452
	2	⑦⑭テイエムタイホー	牡7	57	浜中俊	1.33.1	1/2	05-05	33.8	13	498
	3	③⑥ミッキーラブソング	牡5	54	小牧太	1.33.3	1 1/2	02-02	34.4	7	468

馬連 07-14 ¥15400 (46)　3連複 06-07-14 ¥63710 (179/680)　3連単 07-14-06 ¥347310 (930/4080)

		馬名	性齢	斤量	騎手	タイム	着差	通過順位	上3F	人	体重
2017	1	③⑥エアスピネル	牡4	56.5	武豊	1.32.8		06-04	34.9	1	480
	2	①①ブラックスピネル	牡4	55	福永祐一	1.32.8	ハナ	06-08	34.7	6	512
	3	③⑤フィエロ	牡8	57.5	フォーリ	1.32.9	1/2	12-11	34.6	5	502

馬連 01-06 ¥1120 (3)　3連複 01-05-06 ¥3260 (9/816)　3連単 06-01-05 ¥11040 (23/4896)

		馬名	性齢	斤量	騎手	タイム	着差	通過順位	上3F	人	体重
2018	1	⑥⑨ブラックムーン	牡6	57	武豊	1.34.3		12-09	33.9	4	500
	2	⑧⑬クルーガー	牡6	57.5	浜中俊	1.34.4	3/4	07-07	34.5	3	538
	3	⑤⑦レッドアンシェル	牡4	56	幸英明	1.34.4	クビ	05-04	34.8	1	458

馬連 09-13 ¥2000 (5)　3連複 07-09-13 ¥1720 (3/286)　3連単 09-13-07 ¥11480 (20/1716)

18年は前年秋の馬場悪化に加えて、やや速いペースで流れたため外を通った外枠の追込み馬が上がり最速をマークして勝利。勝ち時計も1分34秒3と遅く、全てが例外尽くし。その前の5年は前後半の平均が34秒8-34秒5、勝ち時計が1分32~33秒と速い。「4角先頭馬」の馬券絡みは15年ウインフルブルーム（1着）のみ。18年こそ6枠→8枠の決着になったものの、それ以前の5年は馬番8番より外枠が1連対のみ。内枠の好位差しが理想。

フェアリーS（中山芝1600m）

枠順 ○　位置取り ◎　上がり △

2016

	馬名	性齢	斤量	騎手	タイム	着差	通過順位	上3F	人	体重
1	3⑥ビービーバーレル	牝3	54	石橋脩	1.34.3		01-01-01	34.7	3	480
2	2④ダイワドレッサー	牝3	54	三浦皇成	1.34.6	1 3/4	06-06-03	34.6	10	450
3	3⑤ダイワダッチェス	牝3	54	柴田善臣	1.34.7	3/4	02-04-03	34.8	7	464

馬連 04-06 ¥5600 (24)　3連複 04-05-06 ¥15380 (50/560)　3連単 06-04-05 ¥79270 (253/3360)

2017

	馬名	性齢	斤量	騎手	タイム	着差	通過順位	上3F	人	体重
1	8⑮ライジングリーズン	牝3	54	丸田恭介	1.34.7		06-10-07	35.4	10	484
2	2③アエロリット	牝3	54	横山典弘	1.34.8	3/4	02-02-02	36.4	1	492
3	4⑧モリトシラユリ	牝3	54	吉田豊	1.34.9	クビ	11-12-11	35.4	7	478

馬連 03-15 ¥5990 (21)　3連複 03-08-15 ¥34060 (110/560)　3連単 15-03-08 ¥275620 (762/3360)

2018

	馬名	性齢	斤量	騎手	タイム	着差	通過順位	上3F	人	体重
1	7⑭プリモシーン	牝3	54	戸崎圭太	1.34.6		09-08-05	34.5	2	482
2	5⑩スカーレットカラー	牝3	54	太宰啓介	1.34.8	1 1/4	12-08-05	34.6	6	436
3	7⑬レッドベルローズ	牝3	54	蛯名正義	1.34.8	クビ	15-11-10	34.5	7	450

馬連 10-14 ¥3230 (14)　3連複 10-13-14 ¥10370 (34/560)　3連単 14-10-13 ¥46640 (157/3360)

過去5年の前後半の平均は35秒6-35秒5のイーブンペース。1400m以下の短距離戦からの参戦馬が多い割に、折り合いを重視するので先行争いは激しくならない。「4角先頭馬」が2勝、4角5番手以内が3勝・2着4回。先行馬が有利で、差し馬も4コーナーまでには5～7番手あたりまで押し上げられないと厳しい。コース形状から外枠が不利になるが、馬場改修を境にそれ以前より軽減されつつあり、流れ次第で外からの差しも届く。

シンザン記念（京都芝1600m）

枠順 △　位置取り △　上がり ○

2016

	馬名	性齢	斤量	騎手	タイム	着差	通過順位	上3F	人	体重
1	3⑥ロジクライ	牡3	56	浜中俊	1.34.1		04-04	35.2	8	506
2	4⑦ジュエラー	牝3	54	M.デム	1.34.1	クビ	13-16	34.5	2	504
3	7⑭シゲルノコギリザメ	牡3	56	太宰啓介	1.34.2	クビ	01-01	36.1	11	478

馬連 06-07 ¥5360 (22)　3連複 06-07-14 ¥95730 (185/816)　3連単 06-07-14 ¥671850 (1098/4896)

2017

	馬名	性齢	斤量	騎手	タイム	着差	通過順位	上3F	人	体重
1	5⑨キョウヘイ	牡3	56	高倉稜	1.37.6		15-12	36.7	8	428
2	8⑭タイセイスターリー	牡3	56	武豊	1.37.8	1	10-08	37.3	4	524
3	3⑤ペルシアンナイト	牡3	56	M.デム	1.37.8	ハナ	07-07	37.5	1	478

馬連 09-14 ¥18950 (35)　3連複 05-09-14 ¥9940 (33/455)　3連単 09-14-05 ¥151880 (367/2730)

2018

	馬名	性齢	斤量	騎手	タイム	着差	通過順位	上3F	人	体重
1	3③アーモンドアイ	牝3	54	戸崎圭太	1.37.1		09-09	34.4	1	464
2	6⑦ツヅミモン	牝3	54	秋山真一	1.37.4	1 3/4	02-02	35.5	7	540
3	8⑪カシアス	牡3	57	浜中俊	1.37.4	クビ	01-01	35.6	4	482

馬連 03-07 ¥2620 (12)　3連複 03-07-11 ¥6980 (26/165)　3連単 03-07-11 ¥26730 (97/990)

1秒0以上の前傾ラップが2回、1秒0以上の後傾ラップが2回と展開は両極端。大局で見れば多頭数時にペースアップしやすく、少頭数時はスローの上がり勝負になりやすい。「上がり最速馬」は[2・1・2・0]、4角先頭馬は[1・0・2・2]。逃げ切りは14年ミッキーアイルのみで、末脚の確かな素質馬が手堅く複勝圏に食い込む。京都金杯よりマイルドながら良馬場かつ15頭立て以上では内枠有利・進路も内有利。ただし、基本は素質重視。

PART 3

愛知杯 (中京芝2000m)

| 枠順 | × | 位置取り | △ | 上がり | △ |

2016

	馬 名	性齢	斤量	騎手	タイム	着差	通過順位	上3F	人	体重
1	2④ バウンスシャッセ	牝5	55.5	田辺裕信	1.58.8		15-16-15-15	35.0	8	540
2	7⑮ リーサルウェポン	牝5	50	川島信二	1.59.0	1 1/4	11-08-11-11	35.4	5	436
3	4⑦ アースライズ	牝4	53	川須栄彦	1.59.0	頭	09-11-09-07	35.5	4	448

馬連 04-15 ¥15570 (55)　3連複 04-07-15 ¥48950 (156/816)　3連単 04-15-07 ¥345200 (1097/4896)

2017

	馬 名	性齢	斤量	騎手	タイム	着差	通過順位	上3F	人	体重
1	6⑪ マキシマムドパリ	牝5	53	岩田康誠	2.01.4		10-10-11-11	35.0	1	458
2	3④ サンソヴール	牝6	52	津村明秀	2.01.6	1 1/2	02-02-02-02	36.2	10	456
3	1① クインズミラーグロ	牝5	53	藤岡康太	2.01.8	1	03-04-03-03	36.2	6	460

馬連 04-11 ¥7450 (27)　3連複 01-04-11 ¥20920 (71/455)　3連単 11-04-01 ¥120440 (416/2730)

2018

	馬 名	性齢	斤量	騎手	タイム	着差	通過順位	上3F	人	体重
1	5⑩ エテルナミノル	牝5	54	四位洋文	2.00.1		05-05-05-03	34.7	6	458
2	4⑧ レイホーロマンス	牝5	51	岩崎翼	2.00.2	1/2	13-14-13-12	34.0	11	420
3	4⑦ マキシマムドパリ	牝6	56	藤岡佑介	2.00.4	1 1/4	11-11-10-11	34.4	1	458

馬連 08-10 ¥13120 (53)　3連複 07-08-10 ¥16650 (49/816)　3連単 10-08-07 ¥121160 (393/4896)

向こう正面に上り坂があり、長い直線と急坂が待ち構えるので道中でペースアップしにくい。ただし、「4角先頭馬」は［0・0・0・5］、2~5番手は3連対に留まっており前有利とは言えない。勝ち馬の直線進路はいずれも中~外。直線で馬群が大きく広がるので枠順の有利不利もほぼフラット。「上がり最速馬」が3勝で、1着は実績上位の差し・追込み馬が多い。2~3着には先行して内を通った軽ハンデ馬の前残りもあるので警戒。

京成杯 (中山芝2000m)

| 枠順 | △ | 位置取り | ◎ | 上がり | ◎ |

2016

	馬 名	性齢	斤量	騎手	タイム	着差	通過順位	上3F	人	体重
1	3④ プロフェット	牡3	56	フォーリ	2.01.4		04-04-05-03	34.6	5	448
2	2③ ケルフロイデ	牡3	56	石橋脩	2.01.6	1 1/4	04-04-03-03	34.9	7	478
3	1① メートルダール	牡3	56	戸崎圭太	2.01.6	クビ	14-13-13-13	33.9	2	470

馬連 03-04 ¥7460 (33)　3連複 01-03-04 ¥11280 (44/455)　3連単 04-03-01 ¥78050 (295/2730)

2017

	馬 名	性齢	斤量	騎手	タイム	着差	通過順位	上3F	人	体重
1	5⑧ コマノインパルス	牡3	56	田辺裕信	2.02.5		12-12-10-07	35.6	1	462
2	6⑪ ガンサリュート	牡3	56	北村友一	2.02.5	クビ	10-10-11-11	35.5	7	506
3	2② マイネルスフェーン	牡3	56	柴田大知	2.02.6	1/2	10-10-11-11	35.6	3	442

馬連 08-11 ¥2580 (8)　3連複 02-08-11 ¥4660 (9/455)　3連単 08-11-02 ¥23040 (42/2730)

2018

	馬 名	性齢	斤量	騎手	タイム	着差	通過順位	上3F	人	体重
1	8⑮ ジェネラーレウーノ	牡3	56	田辺裕信	2.01.2		02-02-02-02	36.3	4	496
2	3⑤ コズミックフォース	牡3	56	戸崎圭太	2.01.3	1/2	10-10-12-11	35.4	2	476
3	1① イェッツト	牡3	56	蛯名正義	2.01.4	1/2	11-10-09-08	35.7	6	468

馬連 05-15 ¥780 (1)　3連複 01-05-15 ¥3130 (6/455)　3連単 15-05-01 ¥12290 (15/2730)

過去5年の前後半の平均は36秒3-36秒3、年明け間もない3歳の中距離戦としてはペースが緩まない。「上がり最速馬」が1勝・2着2回・3着1回、上がり2位が2勝、3位が1勝。18年は後の皐月賞3着馬が2番手から押し切ったが、連対馬10頭中7頭は上がり3位以内。1~2番が［0・0・3・7］である一方、「大外馬番」が［2・1・0・2］。15~17番が3連対。地力・決め手があれば外枠も問題なく、大外一気も届く。

日経新春杯（京都芝2400m）

枠順 ◎ / 位置取り △ / 上がり ◎

2016
		馬名	性齢	斤量	騎手	タイム	着差	通過順位	上3F	人	体重
1	1①	レーヴミストラル	牡4	56	川田将雅	2.25.9		12-12-12-11	33.1	2	492
2	6⑦	シュヴァルグラン	牡4	54	ルメール	2.26.2	2	08-07-06-06	34.0	1	480
3	7⑩	サトノノブレス	牡6	58	武豊	2.26.2	ハナ	02-02-03-03	34.3	4	516

馬連 01-07 ¥510 (1) 3連複 01-07-10 ¥1400 (2/220) 3連単 01-07-10 ¥6550 (15/1320)

2017
		馬名	性齢	斤量	騎手	タイム	着差	通過順位	上3F	人	体重
1	4⑤	ミッキーロケット	牡4	55	和田竜二	2.25.7		04-04-03-02	36.0	1	478
2	3③	シャケトラ	牡4	53	浜中俊	2.25.7	ハナ	06-06-05-05	35.7	2	516
3	5⑧	モンドインテロ	牡5	56.5	シュミノ	2.26.0	2	06-06-07-06	35.8	4	480

馬連 03-05 ¥620 (1) 3連複 03-05-08 ¥1330 (2/364) 3連単 05-03-08 ¥5040 (3/2184)

2018
		馬名	性齢	斤量	騎手	タイム	着差	通過順位	上3F	人	体重
1	6⑦	パフォーマプロミス	牡6	54	M.デム	2.26.3		03-03-04-03	34.4	1	452
2	2②	ロードヴァンドール	牡5	56	横山典弘	2.26.3	クビ	01-01-01-01	34.6	4	502
3	7⑨	ガンコ	牡5	52	酒井学	2.26.5	1 1/4	02-02-02-02	34.8	7	496

馬連 02-07 ¥1680 (9) 3連複 02-07-09 ¥9240 (35/220) 3連単 07-02-09 ¥37240 (137/1320)

全場・全コースの中でも屈指の上がり順位が結果に直結しやすい舞台のひとつ。「上がり最速馬」は過去5年で3勝・2着1回、連対馬9頭は上がり5位以内。道中の流れが緩みやすく、レースラップのラスト3ハロンは11秒台の年がほとんどなので、上がり33～34秒台の末脚が要求される。外枠不利の傾向が顕著で9番から外は連対なし。道中で外を回るリスクが大きく、直線で外を通って好走した例も内枠。理想は好位の内で立ち回れる馬。

アメリカジョッキーCC（中山芝2200m）

枠順 △ / 位置取り ◎ / 上がり △

2016
		馬名	性齢	斤量	騎手	タイム	着差	通過順位	上3F	人	体重
1	2③	ディサイファ	牡7	57	武豊	2.12.0		06-07-06-04	34.9	2	510
2	6⑪	スーパームーン	牡7	56	ルメール	2.12.2	1 1/4	08-07-08-08	35.0	3	520
3	4⑦	ショウナンバッハ	牡5	56	戸崎圭太	2.12.2	クビ	11-11-12-09	34.5	7	448

馬連 03-11 ¥1800 (4) 3連複 03-07-11 ¥6350 (24/560) 3連単 03-11-07 ¥30540 (105/3360)

2017
		馬名	性齢	斤量	騎手	タイム	着差	通過順位	上3F	人	体重
1	4⑧	タンタアレグリア	牡5	56	蛯名正義	2.11.9		08-09-06-03	35.7	7	488
2	5⑩	ゼーヴィント	牡4	55	戸崎圭太	2.12.0	1/2	10-10-10-03	35.7	1	492
3	1①	ミライヘノツバサ	牡4	55	内田博幸	2.12.2	1 1/4	02-03-02-02	36.3	9	498

馬連 08-10 ¥1930 (6) 3連複 01-08-10 ¥3970 (9/680) 3連単 08-10-01 ¥28980 (81/4080)

2018
		馬名	性齢	斤量	騎手	タイム	着差	通過順位	上3F	人	体重
1	6⑦	ダンビュライト	牡4	55	M.デム	2.13.3		02-02-02-02	35.4	2	474
2	3③	ミッキースワロー	牡4	56	横山典弘	2.13.6	2	09-09-03-03	34.8	1	484
3	7⑨	マイネルミラノ	牡8	56	柴田大知	2.13.7	1/2	01-01-01-01	36.4	8	498

馬連 03-07 ¥460 (1) 3連複 03-07-09 ¥6440 (17/165) 3連単 07-03-09 ¥24620 (78/990)

「上がり最速馬」は17年タンタアレグリアの1勝のみ。17年ゼーヴィント・18年ミッキースワローは1番人気かつ上がり最速（タイ）ながら2着止まりだった。スローペースで流れるケースが多く、4角3番手以内が3勝・2着4回。4角9番手以下の連対はない。連続開催の最終週だが、歴戦の古馬は流れさえ緩めず荒れ馬場にもへこたれず、内を通っての好走も多々。8枠の連対がないのは極端に人気薄が集中したため。枠順の差は僅か。

PART 3

東海S（中京ダ1800m）

枠順 × 位置取り × 上がり ○

		馬 名	性齢	斤量	騎手	タイム	着差	通過順位	上3F	人	体重
2016	1	5 ⑥ アスカノロマン	牡5	56	太宰啓介	1.51.9		02-02-02-02	36.7	4	526
	2	7 ⑩ モンドクラッセ	牡5	56	田辺裕信	1.52.2	2	01-01-01-01	37.1	2	528
	3	5 ⑤ ロワジャルダン	牡5	56	横山和生	1.52.8	3 1/2	04-04-05-05	37.2	1	504
	馬連 06-10 ¥1290 (6)		3連複 05-06-10 ¥1120 (2/220)			3連単 06-10-05 ¥8200 (25/1320)						
2017	1	4 ⑧ グレンツェント	牡4	55	横山典弘	1.53.2		07-08-06-06	36.7	1	470
	2	2 ④ モルトベーネ	牡5	56	秋山真一	1.53.3	1/2	03-03-03-04	36.9	12	468
	3	7 ⑭ メイショウウタゲ	牡6	56	幸英明	1.53.4	1/2	14-14-09-09	36.7	10	520
	馬連 04-08 ¥12560 (29)		3連複 04-08-14 ¥88830 (140/560)			3連単 08-04-14 ¥465440 (671/3360)						
2018	1	4 ⑧ テイエムジンソク	牡6	56	古川吉洋	1.51.8		01-01-01-01	38.1	1	498
	2	3 ⑥ コスモカナディアン	牡5	56	丹内祐次	1.51.9	3/4	08-08-04-04	37.9	13	484
	3	2 ③ モルトベーネ	牡6	56	秋山真一	1.52.9	6	03-02-04-05	38.9	6	476
	馬連 06-08 ¥4260 (11)		3連複 03-06-08 ¥14690 (47/560)			3連単 08-06-03 ¥49170 (141/3360)						

18年はテイエムジンソクが逃げ切って勝利。15年コパノリッキーは4角先頭から、16年アスカノロマンは4角2番手から押し切って1着。過去5年の前後半の平均は37秒1-37秒5、前傾の流れになりやすいが4角7番手以下は2着1回のみ。差し・追込みは届きにくい。上位人気が逃げ・先行馬だと1着は紛れにくく、穴馬は好位内を通る先行馬に多い。枠順の差は僅かだが、1枠は人気を下回る着順が多くやや不利とも考えられる。

根岸S（東京ダ1400m）

枠順 △ 位置取り △ 上がり ○

		馬 名	性齢	斤量	騎手	タイム	着差	通過順位	上3F	人	体重
2016	1	8 ⑮ モーニン	牡4	55	戸崎圭太	1.22.0		03-03	35.4	1	526
	2	4 ⑧ タールタン	牡8	56	ルメール	1.22.1	1/2	06-06	35.1	6	502
	3	1 ② グレープブランデー	牡8	58	ヴェロン	1.22.4	1 3/4	04-03	35.7	10	534
	馬連 08-15 ¥1330 (5)		3連複 02-08-15 ¥11480 (38/560)			3連単 15-08-02 ¥34400 (121/3360)						
2017	1	2 ③ カフジテイク	牡5	56	福永祐一	1.23.0		14-15	34.5	1	484
	2	3 ⑤ ベストウォーリア	牡7	58	戸崎圭太	1.23.2	1	06-06	35.6	3	520
	3	7 ⑬ エイシンバッケン	牡5	56	岩田康誠	1.23.6	2 1/2	15-16	34.9	4	526
	馬連 03-05 ¥860 (1)		3連複 03-05-13 ¥2390 (3/560)			3連単 03-05-13 ¥9330 (6/3360)						
2018	1	8 ⑭ ノンコノユメ	セ6	58	内田博幸	1.21.5		11-11	34.2	6	456
	2	5 ⑧ サンライズノヴァ	牡4	56	戸崎圭太	1.21.5	ハナ	10-10	34.6	1	532
	3	4 ⑥ カフジテイク	牡6	57	福永祐一	1.21.9	2 1/2	13-13	34.4	2	498
	馬連 08-14 ¥2010 (9)		3連複 06-08-14 ¥2540 (6/286)			3連単 14-08-06 ¥20200 (61/1716)						

前半34〜35秒台の速い流れになりやすく18年は33秒9の超ハイペース。「上がり最速馬」は［2・1・1・1］、連対馬10頭中8頭は上がり3位以内。一方で、4角5番手以内は［1・0・1・25］。全重賞の中でも屈指の差し・追込みに流れが向きやすいレース。枠順の重要度は低いが、内枠の差し馬は後退する先行馬を捌くリスクが生じる。流れに乗って差し脚を伸ばすことが重要なので、直線で中〜外に出せる差し・追込み馬に注目。

102

シルクロードS（京都芝1200m）

枠順 ○ 位置取り ○ 上がり △

	馬名	性齢	斤量	騎手	タイム	着差	通過順位	上3F	人	体重
2016										
1	1① ダンスディレクター	牡6	57	浜中俊	1.07.9		05-03	33.3	2	444
2	4⑧ ローレルベローチェ	牡5	56	中井裕二	1.08.1	1 1/2	01-01	34.4	5	508
3	4⑦ ワキノブレイブ	牡6	55	小牧太	1.08.4	1 1/2	05-06	33.7	11	492
	馬連 01-08 ¥2440 (9) **3連複** 01-07-08 ¥46300 (104/560) **3連単** 01-08-07 ¥161190 (393/3360)									
2017										
1	5⑦ ダンスディレクター	牡7	57.5	武豊	1.07.8		10-09	33.1	3	442
2	7⑪ セイウンコウセイ	牡4	55	松田大作	1.07.9	クビ	03-03	33.6	4	500
3	6⑨ セカンドテーブル	牡5	56	水口優也	1.08.0	1 1/2	03-03	33.9	7	486
	馬連 07-11 ¥2270 (10) **3連複** 07-09-11 ¥7860 (30/286) **3連単** 07-11-09 ¥40820 (148/1716)									
2018										
1	1① ファインニードル	牡5	57	川田将雅	1.08.3		03-02	33.9	4	488
2	4⑦ セイウンコウセイ	牡5	58	松田大作	1.08.6	2	01-01	34.6	5	504
3	2④ フミノムーン	牡6	55	国分優作	1.08.7	クビ	15-13	33.4	15	458
	馬連 01-07 ¥3200 (8) **3連複** 01-04-07 ¥54280 (183/816) **3連単** 01-07-04 ¥237290 (818/4896)									

先行争いが激しくなるケースもあるが、コーナーが近いので概ね前半34秒前後の流れになる。オープン馬の逃げ＆先行馬には楽なペースなので前残りが多く、過去5年で「4角先頭馬」は1勝・2着3回。連対馬10頭中8頭は4角3番手以内で、ダッシュ力のある馬が有利。内枠有利も顕著で、1着馬は馬番1～7番で、1～3番が4勝。12番から外の連対はない。4角7番手以下の差し馬も内枠に寄せて考えていい。「内」と「先行力」が重要。

東京新聞杯（東京芝1600m）

枠順 △ 位置取り × 上がり △

	馬名	性齢	斤量	騎手	タイム	着差	通過順位	上3F	人	体重
2016										
1	4⑥ スマートレイアー	牝6	55	吉田隼人	1.34.1		01-01	33.5	5	470
2	3③ エキストラエンド	牡7	57	岩田康誠	1.34.4	2	03-03	33.5	6	472
3	6⑩ マイネルアウラート	牡5	56	柴田大知	1.34.6	1 1/4	02-02	33.8	11	456
	馬連 03-06 ¥4690 (20) **3連複** 03-06-10 ¥76830 (168/364) **3連単** 06-03-10 ¥353160 (762/2184)									
2017										
1	2② ブラックスピネル	牡4	56	M.デム	1.34.9		01-01	32.7	3	506
2	5⑤ プロディガルサン	牡4	56	田辺裕信	1.34.9	クビ	06-06	32.0	5	512
3	7⑦ エアスピネル	牡4	57	武豊	1.35.0	1/2	05-05	32.3	1	484
	馬連 02-05 ¥3150 (13) **3連複** 02-05-07 ¥1610 (7/120) **3連単** 02-05-07 ¥15460 (59/720)									
2018										
1	4⑧ リスグラシュー	牝4	55	武豊	1.34.1		07-07	33.6	3	448
2	2③ サトノアレス	牡4	57	柴山雄一	1.34.3	1	13-14	33.3	5	510
3	8⑮ ダイワキャグニー	牡4	56	横山典弘	1.34.3	クビ	06-06	33.9	2	494
	馬連 03-08 ¥2450 (9) **3連複** 03-08-15 ¥4630 (10/560) **3連単** 08-03-15 ¥27390 (69/3360)									

過去5年で後傾1秒1以上のスローペースが4回。16年スマートレイアー・17年ブラックスピネルが逃げ切り勝ちを収めている。一方、4角7番手以下から上がり5位以内をマークした差し馬が3勝・2着3回。直線の長い東京らしく上がり32～33秒の決着への対応力が問われる。過去5年の1着は1～8番のみ、二桁馬番は2着2回、3着4回。コーナー半径の大きいDコースの開催前半なので道悪にならなければ内枠有利、進路も内有利。

PART 3

きさらぎ賞 (京都芝1800m)

枠順 ○ 位置取り △ 上がり ◎

2016

	馬 名	性齢	斤量	騎手	タイム	着差	通過順位	上3F	人	体重
1	8 9 サトノダイヤモンド	牡3	56	ルメール	1.46.9		05-04	34.2	1	498
2	2 2 レプランシュ	牡3	56	内田博幸	1.47.5	3 1/2	07-08	34.3	4	466
3	3 3 ロイカバード	牡3	56	武豊	1.47.5	頭	07-06	34.5	2	450

馬連 02-09 ¥700 (3)　3連複 02-03-09 ¥430 (2/84)　3連単 09-02-03 ¥1570 (5/504)

2017

	馬 名	性齢	斤量	騎手	タイム	着差	通過順位	上3F	人	体重
1	7 7 アメリカズカップ	牡3	56	松若風馬	1.50.1		03-03	35.9	6	450
2	1 1 サトノアーサー	牡3	56	川田将雅	1.50.4	1 3/4	05-06	36.0	1	474
3	4 4 ダンビュライト	牡3	56	ルメール	1.50.4	頭	05-04	36.1	2	472

馬連 01-07 ¥960 (5)　3連複 01-04-07 ¥1210 (6/56)　3連単 07-01-04 ¥14180 (44/336)

2018

	馬 名	性齢	斤量	騎手	タイム	着差	通過順位	上3F	人	体重
1	3 3 サトノフェイバー	牡3	56	古川吉洋	1.48.8		01-01	35.4	4	524
2	7 8 グローリーヴェイズ	牡3	56	M.デム	1.48.8	ハナ	02-02	35.3	2	444
3	4 4 ラセット	牡3	56	藤岡佑介	1.49.2	2 1/2	07-07	35.2	5	468

馬連 03-08 ¥1440 (6)　3連複 03-04-08 ¥3750 (12/120)　3連単 03-08-04 ¥23040 (75/720)

過去5年全てが10頭立て以下。連続開催の後半で馬場悪化は進んでいるものの、頭数が揃わないので進路選択の自由度は高い。また、有力馬が力を発揮しやすいコースなので基本的には紛れが発生しにくい。上がり最速馬は［4・0・1・0］で、連対馬10頭中9頭が上がり3位以内。3年連続で上がり1～3位が上位を独占している。稀に発生する波乱は、過度のスローペースによる逃げ馬の残り目。原則的には素質を重視すべきレース。

共同通信杯 (東京芝1800m)

枠順 △ 位置取り ○ 上がり ○

2016

	馬 名	性齢	斤量	騎手	タイム	着差	通過順位	上3F	人	体重
1	4 4 ディーマジェスティ	牡3	56	蛯名正義	1.47.4		07-08-07	34.9	6	476
2	8 9 イモータル	牡3	56	戸崎圭太	1.47.6	1 1/4	03-03-03	35.5	5	520
3	6 6 メートルダール	牡3	56	ルメール	1.47.7	1/2	10-08-08	35.0	3	470

馬連 04-09 ¥9650 (19)　3連複 04-06-09 ¥10020 (28/120)　3連単 04-09-06 ¥98880 (188/720)

2017

	馬 名	性齢	斤量	騎手	タイム	着差	通過順位	上3F	人	体重
1	1 1 スワーヴリチャード	牡3	56	四位洋文	1.47.5		04-06-06	34.2	2	500
2	7 8 エトルディーニュ	牡3	56	柴山雄一	1.47.9	2 1/2	03-02-02	35.1	6	484
3	4 4 ムーヴザワールド	牡3	56	戸崎圭太	1.47.9	頭	04-05-04	34.7	1	508

馬連 01-08 ¥3410 (9)　3連複 01-04-08 ¥2260 (5/165)　3連単 01-08-04 ¥16620 (47/990)

2018

	馬 名	性齢	斤量	騎手	タイム	着差	通過順位	上3F	人	体重
1	5 6 オウケンムーン	牡3	56	北村宏司	1.47.4		03-05-05	33.5	6	458
2	1 1 サトノソルタス	牡3	56	ムーア	1.47.5	3/4	06-07-07	33.3	3	488
3	4 4 エイムアンドエンド	牡3	56	ミナリク	1.47.7	1 1/4	02-02-02	34.7	10	484

馬連 01-06 ¥5080 (17)　3連複 01-04-06 ¥77670 (102/220)　3連単 06-01-04 ¥566290 (537/1320)

過去5年の前後半3ハロンの平均は35秒9-34秒6。すべて後傾ラップとはいえ、「上がり最速馬」が4連対。このうち3頭は後にGI馬となっている。速い上がりへの対応力が求められる一方で、「4角先頭馬」の馬券絡みはなく、4角3番手以内が2着が2回のみ。1着は馬番1～7番で、二桁馬番の連対はなし。速い上がりを求められるので道中での距離損が影響。多頭数時の外枠は不利となりやすく、良馬場なら内を通る馬が有利。

京都記念（京都芝2200m）

枠順 × 位置取り × 上がり ○

2016

	馬名	性齢	斤量	騎手	タイム	着差	通過順位	上3F	人	体重
1	4⑦サトノクラウン	牡4	56	M.デム	2.17.7		02-02-03-01	36.6	6	474
2	4⑥タッチングスピーチ	牝4	53	福永祐一	2.18.2	3	08-09-10-09	36.6	3	466
3	2②アドマイヤデウス	牡5	57	岩田康誠	2.18.2	クビ	06-06-05-04	36.9	4	488

馬連 06-07 ¥2880 (12)　3連複 02-06-07 ¥8020 (33/455)　3連単 07-06-02 ¥45480 (182/2730)

2017

	馬名	性齢	斤量	騎手	タイム	着差	通過順位	上3F	人	体重
1	6⑥サトノクラウン	牡5	58	M.デム	2.14.1		03-03-03-03	34.9	2	490
2	4④スマートレイアー	牝7	54	岩田康誠	2.14.3	1 1/4	04-04-04-04	34.8	5	476
3	3③マカヒキ	牡4	57	ムーア	2.14.3	クビ	05-05-05-04	34.9	1	502

馬連 04-06 ¥3620 (11)　3連複 03-04-06 ¥1880 (7/120)　3連単 06-04-03 ¥16070 (48/720)

2018

	馬名	性齢	斤量	騎手	タイム	着差	通過順位	上3F	人	体重
1	4④クリンチャー	牡4	55	藤岡佑介	2.16.3		04-03-02-04	36.1	4	486
2	8⑩アルアイン	牡4	57	川田将雅	2.16.5	1	05-05-06-04	36.2	3	522
3	6⑥レイデオロ	牡4	57	バルジュ	2.16.5	クビ	06-06-02-03	36.4	1	488

馬連 04-10 ¥2830 (11)　3連複 04-06-10 ¥1260 (4/120)　3連単 04-10-06 ¥16450 (59/720)

過去5年の前半半の3ハロン平均は37秒4-35秒4。1秒0以上の後傾ラップが4回もあって4角5番手以内が9連対を占める。「上がり最速馬」は1勝・2着2回。連対した「4角先頭馬」2頭を含め、3着以内は全て上がり5位以内。雨・雪の影響を受けやすい週で、過去5回中4回が「稍重」・「重」。連続開催の後半でもあり馬場悪化はピーク。馬番1～3番の連対はないが、4～7番が6連対。内枠不利というより個々の馬場適性が重要か。

クイーンカップ（東京芝1600m）

枠順 ○ 位置取り △ 上がり ○

2016

	馬名	性齢	斤量	騎手	タイム	着差	通過順位	上3F	人	体重
1	3⑥メジャーエンブレム	牝3	55	ルメール	1.32.5		01-01	34.7	1	498
2	1②フロンテアクイーン	牝3	54	蛯名正義	1.33.3	5	09-09	34.7	7	444
3	2③ロッテンマイヤー	牝3	54	フォーリ	1.33.4	1/2	08-06	35.0	6	462

馬連 02-06 ¥1350 (6)　3連複 02-03-06 ¥6160 (25/560)　3連単 06-02-03 ¥16740 (55/3360)

2017

	馬名	性齢	斤量	騎手	タイム	着差	通過順位	上3F	人	体重
1	8⑮アドマイヤミヤビ	牝3	54	ルメール	1.33.2		08-06	33.6	1	480
2	6⑪アエロリット	牝3	54	横山典弘	1.33.3	1/2	06-03	33.9	5	486
3	3⑥フローレスマジック	牝3	54	戸崎圭太	1.33.6	2	08-06	34.1	2	456

馬連 11-15 ¥1330 (5)　3連複 06-11-15 ¥1170 (2/560)　3連単 15-11-06 ¥6820 (13/3360)

2018

	馬名	性齢	斤量	騎手	タイム	着差	通過順位	上3F	人	体重
1	3⑥テトラドラクマ	牝3	54	田辺裕信	1.33.7		02-01	35.9	4	462
2	1②フィニフティ	牝3	54	川田将雅	1.33.8	3/4	09-08	35.0	5	426
3	5⑨アルーシャ	牝3	54	ルメール	1.34.1	1 3/4	01-02	36.2	7	422

馬連 02-06 ¥4010 (14)　3連複 02-06-09 ¥15560 (49/560)　3連単 06-02-09 ¥71150 (206/3360)

14年は1秒3の後傾ラップ、18年は1秒3の前傾ラップ。ペースのバラつきが大きい。逃げ切り勝ちの2頭を含む3頭が4角2番手以内から1着。一方、「上がり最速馬」も1勝・2着1回・3着1回で、上がり3位以内が7連対。先行力は武器になるが、東京らしく速い上がりが要求される。3枠が4勝、1枠が2着3回なのに対して二桁馬番の連対は3頭のみ。その3頭は後にGIでも上位の活躍を見せており、道中で内を通れる馬が有利。

PART 3

ダイヤモンドS（東京芝3400m）

枠順 △　位置取り ○　上がり ◎

2016

	馬名	性齢	斤量	騎手	タイム	着差	通過順位	上3F	人	体重
1	5 ⑩ トゥインクル	牡5	54	勝浦正樹	3.37.8		09-09-03-01	37.1	4	468
2	8 ⑯ フェイムゲーム	牡6	58.5	三浦皇成	3.38.5	4	12-11-13-08	37.0	2	470
3	2 ③ ファタモルガーナ	セ8	56	内田博幸	3.39.3	5	10-09-11-11	37.5	8	486

馬連 10-16 ¥3300 (13)　3連複 03-10-16 ¥11180 (41/560)　3連単 10-16-03 ¥58400 (208/3360)

2017

	馬名	性齢	斤量	騎手	タイム	着差	通過順位	上3F	人	体重
1	7 ⑫ アルバート	牡6	58	ムーア	3.35.2		10-11-11-12	33.4	1	478
2	3 ④ ラブラドライト	セ8	51	酒井学	3.35.4	1 1/4	03-02-02-02	34.5	6	476
3	5 ⑧ カフジプリンス	牡4	54	川田将雅	3.35.6	1 1/4	06-05-05-05	34.3	2	516

馬連 04-12 ¥2040 (7)　3連複 04-08-12 ¥1870 (5/455)　3連単 12-04-08 ¥9850 (31/2730)

2018

	馬名	性齢	斤量	騎手	タイム	着差	通過順位	上3F	人	体重
1	8 ⑭ フェイムゲーム	セ8	58.5	ルメール	3.31.6		10-09-09-08	35.3	1	462
2	1 ① リッジマン	牡5	52	蛯名正義	3.31.9	1 3/4	08-08-07-07	35.7	5	444
3	4 ⑥ ソールインパクト	牡6	54	福永祐一	3.32.1	1 1/4	06-07-07-03	36.0	6	490

馬連 01-14 ¥1030 (4)　3連複 01-06-14 ¥3460 (12/364)　3連単 14-01-06 ¥12630 (37/2184)

前半3ハロン37秒~38秒台と序盤はペースが上がらず、道中は13秒前後で流れながら、2周目の3角前後からペースアップする持続力勝負。「上がり最速馬」は4勝、1着馬は全て1~2位の上がりを記録。長距離向きの上がりのバテない持続力のある末脚が要求される。スタート直後にコーナーがあり、コースレイアウト的に外枠は不利だが、長距離適性の高い人気馬なら問題なし。ただし、人気薄の好走は内枠から。やはり長距離適性が最も重要。

京都牝馬S（京都芝1400m）

枠順 △　位置取り ○　上がり ✕

2016

	馬名	性齢	斤量	騎手	タイム	着差	通過順位	上3F	人	体重
1	7 ⑭ クイーンズリング	牝4	56	M.デム	1.22.9		05-03	35.6	1	450
2	5 ⑩ マジックタイム	牝5	54	柴山雄一	1.22.9	クビ	10-10	35.4	6	476
3	6 ⑪ ウインプリメーラ	牝6	55	川田将雅	1.23.1	1 1/2	08-07	35.7	3	458

馬連 10-14 ¥3500 (14)　3連複 10-11-14 ¥6220 (11/816)　3連単 14-10-11 ¥36210 (71/4896)

2017

	馬名	性齢	斤量	騎手	タイム	着差	通過順位	上3F	人	体重
1	5 ⑩ レッツゴードンキ	牝5	55	岩田康誠	1.22.5		12-07	34.0	1	502
2	7 ⑮ ワンスインナムーン	牝4	54	石橋脩	1.22.8	1 3/4	05-04	34.6	7	438
3	3 ⑥ スナッチマインド	牝6	54	浜中俊	1.22.8	頭	13-10	34.1	5	466

馬連 10-15 ¥3070 (12)　3連複 06-10-15 ¥6510 (16/816)　3連単 10-15-06 ¥33820 (81/4896)

2018

	馬名	性齢	斤量	騎手	タイム	着差	通過順位	上3F	人	体重
1	6 ⑧ ミスパンテール	牝4	55	横山典弘	1.23.0		06-06	34.1	1	506
2	7 ⑩ デアレガーロ	牝4	54	池添謙一	1.23.1	1/2	10-10	34.0	4	476
3	8 ⑫ エスティタート	牝5	53	武豊	1.23.1	クビ	08-09	34.1	5	444

馬連 08-10 ¥860 (1)　3連複 08-10-12 ¥2930 (7/220)　3連単 08-10-12 ¥10260 (17/1320)

1400mに変更して3回、1着馬は上がり2~3位。馬券絡みは全て上がり3ハロン5位以内。一方、4角2番手以内は [0・0・0・6]。連続開催の最終週で内の馬場は悪化しており、17年は1秒1の、18年は1秒4の後傾ラップにもかかわらず内を通る先行馬は粘れない。1~4枠は連対がなく3枠の追い込み馬による3着が1回だけ。1着はすべて8番から外で二桁馬番が5連対。中~外枠で速い上がりに対応できる差し馬が好走しやすい。

106

フェブラリーS（東京ダ1600m）

枠順 △　位置取り △　上がり ○

2016

	馬名	性齢	斤量	騎手	タイム	着差	通過順位	上3F	人	体重
1	7⑭モーニン	牡4	57	M.デム	1.34.0		04-04	35.2	2	522
2	4⑦ノンコノユメ	牡4	57	ルメール	1.34.2	1 1/4	13-12	34.7	1	454
3	2④アスカノロマン	牡5	57	太宰啓介	1.34.2	頭	10-09	34.9	7	524

馬連 07-14 ¥680 (1)　3連複 04-07-14 ¥3820 (10/560)　3連単 14-07-04 ¥16010 (45/3360)

2017

	馬名	性齢	斤量	騎手	タイム	着差	通過順位	上3F	人	体重
1	2③ゴールドドリーム	牡4	57	M.デム	1.35.1		09-08	35.6	2	520
2	5⑨ベストウォーリア	牡7	57	戸崎圭太	1.35.1	クビ	08-06	35.7	5	516
3	5⑩カフジテイク	牡5	57	津村明秀	1.35.2	3/4	14-16	34.9	1	486

馬連 03-09 ¥1470 (4)　3連複 03-09-10 ¥2140 (1/560)　3連単 03-09-10 ¥9240 (2/3360)

2018

	馬名	性齢	斤量	騎手	タイム	着差	通過順位	上3F	人	体重
1	6⑫ノンコノユメ	セ6	57	内田博幸	1.36.0		14-13	36.1	4	450
2	7⑭ゴールドドリーム	牡5	57	ムーア	1.36.0	クビ	10-08	36.4	1	524
3	3⑥インカンテーション	牡8	57	三浦皇成	1.36.1	クビ	07-06	36.7	6	512

馬連 12-14 ¥1140 (3)　3連複 06-12-14 ¥6540 (20/560)　3連単 12-14-06 ¥41560 (125/3360)

過去5年の前後半3ハロンの平均は34秒4-36秒2。1秒5以上の前傾ラップが4回あり、毎年のようにペースが厳しくなる。その結果、馬券絡みは全て上がり5位以内。鋭い末脚を発揮できないと勝ち負けできない。枠順別では2枠から2頭の勝ち馬が出たものの、1～3枠は平均人気に対して平均着順が大きく有利とは言えず。内枠を克服するには先行力や鞍上の腕が問われる。対して外枠は平均人気より平均着順が小さい。やや外枠有利。

小倉大賞典（小倉芝1800m）

枠順 ◎　位置取り ○　上がり ○

2016

	馬名	性齢	斤量	騎手	タイム	着差	通過順位	上3F	人	体重
1	1②アルバートドック	牡4	55	川田将雅	1.46.7		11-11-16-14	34.4	2	482
2	1①ダコール	牡8	58	小牧太	1.46.7	頭	13-15-12-11	34.6	6	480
3	6⑪ネオリアリズム	牡5	55	岩田康誠	1.46.8	1/2	13-13-07-05	35.0	5	516

馬連 01-02 ¥2700 (8)　3連複 01-02-11 ¥8620 (22/560)　3連単 02-01-11 ¥45220 (114/3360)

2017

	馬名	性齢	斤量	騎手	タイム	着差	通過順位	上3F	人	体重
1	4⑦マルターズアポジー	牡5	56	武士沢友	1.45.8		01-01-01-01	36.5	4	530
2	7⑭ヒストリカル	牡8	57	高倉稜	1.46.1	2	13-13-09-06	35.9	8	458
3	6⑪クラリティスカイ	牡5	57.5	田辺裕信	1.46.2	クビ	08-08-05-04	36.3	5	504

馬連 07-14 ¥9790 (44)　3連複 07-11-14 ¥34780 (132/560)　3連単 07-14-11 ¥141970 (557/3360)

2018

	馬名	性齢	斤量	騎手	タイム	着差	通過順位	上3F	人	体重
1	7⑬トリオンフ	セ4	54	川田将雅	1.46.1		06-05-03-02	34.2	1	532
2	8⑯クイーンズミラーグロ	牝6	53	丸田恭介	1.46.5	2 1/2	09-09-10-09	34.1	15	460
3	1①スズカデヴィアス	牡7	56.5	吉田隼人	1.46.7	1 1/4	12-12-10-13	34.3	4	514

馬連 13-16 ¥14620 (39)　3連複 01-13-16 ¥34380 (104/560)　3連単 13-16-01 ¥163430 (486/3360)

「4角先頭馬」が3勝、18年トリオンフも2番手から直線入り口で先頭に立っており、4角2番手以内が計4勝。その一方で、上がり1～2位が2勝・2着4回。ラップ傾向も一貫性がなく、メンバー構成と展開に左右される面が大きい。外枠から人気薄の好走もあり、2～8枠に大差はないが、穴馬の好走例も複数ある1枠［1・3・2・4］だけは別格。4角先頭馬の好成績とも合わせ、ラチ沿いを走ることにアドバンテージがある様子。

PART 3

中山記念 (中山芝1800m)

枠順 △　位置取り ×　上がり △

		馬名	性齢	斤量	騎手	タイム	着差	通過順位	上3F	人	体重
2016	1	7⑨ ドゥラメンテ	牡4	57	M.デム	1.45.9		05-05-05-04	34.1	1	502
	2	8⑩ アンビシャス	牡4	55	ルメール	1.45.9	クビ	10-10-09-09	33.6	4	464
	3	2② リアルスティール	牡4	55	福永祐一	1.46.0	1/2	05-05-06-05	34.1	2	508

馬連 09-10 ¥800 (3)　**3連複** 02-09-10 ¥920 (2/165)　**3連単** 09-10-02 ¥3780 (5/990)

		馬名	性齢	斤量	騎手	タイム	着差	通過順位	上3F	人	体重
2017	1	1① ネオリアリズム	牡6	57	M.デム	1.47.6		03-02-02-03	34.3	3	514
	2	5⑤ サクラアンブルール	牡6	56	横山典弘	1.47.7	3/4	09-08-08-07	33.8	8	484
	3	7⑨ ロゴタイプ	牡7	58	田辺裕信	1.47.8	1/2	01-01-02-02	34.5	7	498

馬連 01-05 ¥14300 (26)　**3連複** 01-05-09 ¥52870 (69/165)　**3連単** 01-05-09 ¥315300 (386/990)

		馬名	性齢	斤量	騎手	タイム	着差	通過順位	上3F	人	体重
2018	1	5⑤ ウインブライト	牡4	56	松岡正海	1.47.6		04-04-04-03	34.9	2	474
	2	8⑩ アエロリット	牝4	55	横山典弘	1.47.6	クビ	02-02-02-02	36.2	5	504
	3	7⑧ マルターズアポジー	牡6	56	柴田善臣	1.47.6	頭	01-01-01-01	36.6	6	528

馬連 05-10 ¥1980 (9)　**3連複** 05-08-10 ¥8640 (32/120)　**3連単** 05-10-08 ¥41500 (143/720)

過去5年すべて前半3ハロン36～37秒台とペースが上がっておらず、「4角先頭馬」は2着1回・3着1回のみ。勝ち馬はすべて4角4番手以内で立ち回っている。その一方、「上がり最速馬」も2勝・2着2回。好位～中団から上位の上がりをマークするのが必勝パターン。頭数が集まりにくいレースで、12頭以下程度の少頭数では枠順による有利不利は生じない。開幕週でもあり道中で外を回るのはロスが大きいので多頭数の外枠は割引。

阪急杯 (阪神芝1400m)

枠順 ○　位置取り ×　上がり △

		馬名	性齢	斤量	騎手	タイム	着差	通過順位	上3F	人	体重
2016	1	7⑬ ミッキーアイル	牡5	57	松山弘平	1.19.9		01-01	34.7	1	488
	2	6⑪ オメガヴェンデッタ	セ5	56	武豊	1.20.0	3/4	06-05	34.3	4	502
	3	2③ ブラヴィッシモ	牡4	56	川田将雅	1.20.0	クビ	03-03	34.4	5	506

馬連 11-13 ¥1510 (4)　**3連複** 03-11-13 ¥4070 (8/816)　**3連単** 13-11-03 ¥18050 (31/4896)

		馬名	性齢	斤量	騎手	タイム	着差	通過順位	上3F	人	体重
2017	1	2② トーキングドラム	牡7	56	幸英明	1.21.4		07-08	35.3	7	478
	2	4④ ヒルノデイバロー	牡6	56	古川吉洋	1.21.4	頭	07-07	35.3	4	526
	3	8⑫ ナガラオリオン	牡8	56	国分優作	1.21.7	2	11-11	35.3	12	474

馬連 02-04 ¥13090 (27)　**3連複** 02-04-12 ¥239760 (166/220)　**3連単** 02-04-12 ¥2483180 (1022/1320)

		馬名	性齢	斤量	騎手	タイム	着差	通過順位	上3F	人	体重
2018	1	7⑬ ダイアナヘイロー	牝5	54	武豊	1.20.1		01-01	34.6	7	470
	2	8⑰ モズアスコット	牡4	56	ルメール	1.20.1	クビ	11-11	33.7	1	488
	3	3⑥ レッドファルクス	牡7	58	川田将雅	1.20.1	ハナ	15-15	33.4	2	478

馬連 13-17 ¥2840 (11)　**3連複** 06-13-17 ¥4270 (9/816)　**3連単** 13-17-06 ¥32160 (83/4896)

過去5年の前後半3ハロンの平均は34秒1–35秒6。1秒5も速い前傾ラップになっており、ペース的には差し追込み有利といえる。ただし、「4角先頭馬」が3勝。開幕週でもあり、強力な逃げ・先行馬は簡単に止まらない。「上がり最速馬」は2勝・2着1回・3着3回。先行馬が総崩れになった17年はレアケースだが、その他は実績豊富な人気馬。開幕週の短距離戦で位置取り争いが激しく、4～6枠あたりは人気馬でも苦戦している。

オーシャンS（中山芝1200m）

枠順 × 位置取り △ 上がり △

2016

		馬名	性齢	斤量	騎手	タイム	着差	通過順位	上3F	人	体重
1	6⑪	エイシンブルズアイ	牡5	56	石橋脩	1.07.5		11-10	33.9	5	474
2	1②	ハクサンムーン	牡7	56	酒井学	1.07.7	1 1/2	01-01	35.0	4	482
3	4⑦	スノードラゴン	牡8	57	大野拓弥	1.07.9	1 1/4	12-12	34.2	8	516

馬連 02-11 ¥4360 (17) 　3連複 02-07-11 ¥26680 (92/560) 　3連単 11-02-07 ¥146540 (467/3360)

2017

		馬名	性齢	斤量	騎手	タイム	着差	通過順位	上3F	人	体重
1	5⑨	メラグラーナ	牝5	54	戸崎圭太	1.08.3		09-09	33.9	1	514
2	1②	ナックビーナス	牝4	54	石川裕紀	1.08.4	1/2	04-04	34.5	3	518
3	2④	クリスマス	牝6	54	勝浦正樹	1.08.4	頭	07-06	34.2	4	460

馬連 02-09 ¥830 (1) 　3連複 02-04-09 ¥1930 (2/560) 　3連単 09-02-04 ¥5350 (2/3360)

2018

		馬名	性齢	斤量	騎手	タイム	着差	通過順位	上3F	人	体重
1	4⑦	キングハート	牡5	56	北村宏司	1.08.3		04-04	34.3	10	504
2	7⑬	ナックビーナス	牝5	54	横山典弘	1.08.3	頭	07-06	34.1	2	526
3	5⑩	ダイメイフジ	牡4	56	M.デム	1.08.4	1/2	12-12	33.7	1	510

馬連 07-13 ¥7530 (26) 　3連複 07-10-13 ¥13740 (43/560) 　3連単 07-13-10 ¥134890 (494/3360)

前半から速いペースになりやすく、過去5年の前後半3ハロンの平均は33秒5-34秒8。「4角先頭馬」の馬券絡みはハクサンムーン（15年・16年ともに2着）のみ。一方、上がり1～2位が3勝・2着1回。スプリント重賞にしては珍しく差し・追込みの好走が多い。枠順に大きな偏りは見られないが、逃げ・先行は内枠が理想の枠。対して差し馬は不利を受けにくくスムーズに脚を伸ばしやすい中～外枠の方が好走に繋がりやすい。

チューリップ賞（阪神芝1600m）

枠順 △ 位置取り △ 上がり ○

2016

		馬名	性齢	斤量	騎手	タイム	着差	通過順位	上3F	人	体重
1	6⑪	シンハライト	牝3	54	池添謙一	1.32.8		11-11	33.0	2	430
2	5⑨	ジュエラー	牝3	54	M.デム	1.32.8	ハナ	11-11	33.0	1	498
3	4⑦	ラベンダーヴァレイ	牝3	54	戸崎圭太	1.33.0	1 1/2	05-04	33.7	10	430

馬連 09-11 ¥730 (1) 　3連複 07-09-11 ¥10460 (28/560) 　3連単 11-09-07 ¥44410 (125/3360)

2017

		馬名	性齢	斤量	騎手	タイム	着差	通過順位	上3F	人	体重
1	7⑩	ソウルスターリング	牝3	54	ルメール	1.33.2		05-05	33.8	1	476
2	6⑦	ミスパンテール	牝3	54	四位洋文	1.33.5	2	10-09	33.7	4	496
3	3③	リスグラシュー	牝3	54	武豊	1.33.6	1/2	08-07	33.9	2	438

馬連 07-10 ¥4360 (11) 　3連複 03-07-10 ¥1630 (6/220) 　3連単 10-07-03 ¥11200 (32/1320)

2018

		馬名	性齢	斤量	騎手	タイム	着差	通過順位	上3F	人	体重
1	5⑤	ラッキーライラック	牝3	54	石橋脩	1.33.4		03-03	33.3	1	494
2	4④	マウレア	牝3	54	武豊	1.33.7	2	04-04	33.3	3	438
3	8⑨	リリーノーブル	牝3	54	川田将雅	1.33.8	クビ	04-04	33.5	2	498

馬連 04-05 ¥750 (2) 　3連複 04-05-09 ¥410 (1/120) 　3連単 05-04-09 ¥1950 (6/720)

過去5年の前後半3ハロンの平均は35秒1-34秒7。12頭立て以下の少頭数でも平均ペースで流れる傾向にある。「上がり最速馬」が3勝、勝ち馬はすべて上がり2位以内をマークしている。近3年はいずれも1分32～33秒台前半の決着で、速い時計&上がりへの対応力が求められる。実力がストレートに反映されやすいので紛れは少ないものの、勝ち馬は中～外枠から出ることが多く、1～2枠は10年遡っても1着0回・2着1回。

PART 3

弥生賞（中山芝2000m）

枠順 △　位置取り ○　上がり ○

		馬名	性齢	斤量	騎手	タイム	着差	通過順位	上3F	人	体重
2016	1	⑧⑪マカヒキ	牡3	56	ルメール	1.59.9		12-09-09-08	33.6	2	496
	2	⑦⑩リオンディーズ	牡3	56	M.デム	1.59.9	クビ	04-04-04-02	34.4	1	500
	3	④④エアスピネル	牡3	56	武豊	2.00.2	2	05-05-05-04	34.4	3	484
	馬連 10-11 ¥220 (1)　3連複 04-10-11 ¥190 (1/220)　3連単 11-10-04 ¥830 (3/1320)										
2017	1	⑧⑪カデナ	牡3	56	福永祐一	2.03.2		08-08-07-05	34.6	1	460
	2	⑦⑩マイスタイル	牡3	56	横山典弘	2.03.3	1/2	01-01-01-01	35.1	8	450
	3	④④ダンビュライト	牡3	56	ルメール	2.03.5	1 1/4	05-05-05-05	35.0	5	470
	馬連 10-11 ¥4360 (19)　3連複 04-10-11 ¥9480 (38/220)　3連単 11-10-04 ¥46720 (182/1320)										
2018	1	⑧⑨ダノンプレミアム	牡3	56	川田将雅	2.01.0		02-02-02-02	34.1	1	498
	2	⑦⑧ワグネリアン	牡3	56	福永祐一	2.01.2	1 1/2	05-05-05-04	33.7	2	450
	3	③③ジャンダルム	牡3	56	武豊	2.01.3	1/2	04-04-03-03	34.1	4	484
	馬連 08-09 ¥300 (1)　3連複 03-08-09 ¥500 (2/120)　3連単 09-08-03 ¥1320 (3/720)										

2年続けて1秒6以上の後傾ラップの瞬発力勝負だったが、それ以前の3年は平均～やや速いペース。10～13頭立てと頭数が少なめの割には平均ペースで流れるケースが多め。過去5年はいずれも「上がり最速馬」が連対しており、勝ち馬はすべて上がり3位以内。「4角先頭馬」の馬券絡みはレース史上稀に見るスローペースに持ち込んだ17年マイスタイル（2着）のみ。枠順の有利不利は発生しにくく、速い上がりに対応できる素質を重視。

中山牝馬S（中山芝1800m）

枠順 △　位置取り ○　上がり △

		馬名	性齢	斤量	騎手	タイム	着差	通過順位	上3F	人	体重
2016	1	⑧⑯シュンドルボン	牝5	54	吉田豊	1.50.3		09-10-07-05	34.5	4	502
	2	⑧⑮ルージュバック	牝4	56	戸崎圭太	1.50.3	クビ	07-07-05-05	34.7	1	458
	3	③⑥メイショウスザンナ	牝7	55	大野拓弥	1.50.4	3/4	12-12-11-13	34.5	15	468
	馬連 15-16 ¥920 (2)　3連複 06-15-16 ¥38270 (108/560)　3連単 16-15-06 ¥171860 (488/3360)										
2017	1	②④トーセンビクトリー	牝5	53	武豊	1.49.4		03-03-03-04	34.5	5	476
	2	⑦⑬マジックタイム	牝6	56	ルメール	1.49.4	クビ	09-11-11-09	33.7	1	488
	3	①①クインズミラーグロ	牝5	52	蛯名正義	1.49.5	3/4	05-05-05-06	34.3	7	470
	馬連 04-13 ¥2240 (7)　3連複 01-04-13 ¥6300 (17/560)　3連単 04-13-01 ¥41260 (114/3360)										
2018	1	⑧⑭カワキタエンカ	牝4	53	池添謙一	1.49.0		01-01-01-01	35.4	6	460
	2	④⑥フロンテアクイーン	牝5	54	北村宏司	1.49.1	1/2	03-03-03-03	35.1	4	474
	3	⑥⑩レイホーロマンス	牝5	52	岩崎翼	1.49.3	1 1/2	12-13-13-11	34.5	9	408
	馬連 06-14 ¥1940 (6)　3連複 06-10-14 ¥11120 (42/364)　3連単 14-06-10 ¥50360 (181/2184)										

「4角先頭馬」は1勝・2着1回。これを含めて4角5番手以内が半数以上の7連対を占めており、4角10番手以下は連対なし。上がり6位以下でも6連対を果たしており、序盤の位置取りが重要なレース。最初のコーナーで4番手以内の馬が2勝・2着3回で、このうち4頭が53キロ以下。先行力のある軽ハンデ馬に注目。枠順の有利不利は目立つものではないので気にしなくて良い水準だが、コースレイアウトからは中～内がやや有利。

枠順と位置取りで勝ち馬を見抜く!

金鯱賞（中京芝2000m）

枠順 △　位置取り ○　上がり △

		馬名	性齢	斤量	騎手	タイム	着差	通過順位	上3F	人	体重
2016	1	8 ⑬ ヤマカツエース	牡4	56	池添謙一	1.59.7		06-08-08-07	33.1	4	504
	2	3 ③ バドルウィール	牡5	56	松山弘平	1.59.7	クビ	02-02-02-02	33.7	9	490
	3	4 ⑤ シュンドルボン	牝5	54	丸田恭介	1.59.9	1 1/2	05-05-06-07	33.4	6	504
	3	5 ⑦ サトノノブレス	牡6	56	シュミノ	1.59.9	同着	06-06-04-03	33.8	2	512

馬連 03-13 ¥9250 (29)　**3連複** 03-05-13 ¥16080 (86/286) / 03-07-13 ¥6050 (41/286)　**3連単** 13-03-05 ¥90340 (448/1716) / 13-03-07 ¥49120 (288/1716)

		馬名	性齢	斤量	騎手	タイム	着差	通過順位	上3F	人	体重
2017	1	3 ⑥ ヤマカツエース	牡5	57	池添謙一	1.59.2		08-08-08-06	34.7	1	516
	2	8 ⑮ ロードヴァンドール	牡4	56	太宰啓介	1.59.4	1 1/4	01-01-01-01	35.3	7	504
	3	4 ⑧ スズカデヴィアス	牡6	56	藤岡佑介	1.59.4	ハナ	10-10-09-10	34.6	13	524

馬連 06-15 ¥3800 (14)　**3連複** 06-08-15 ¥56390 (145/560)　**3連単** 06-15-08 ¥192050 (540/3360)

		馬名	性齢	斤量	騎手	タイム	着差	通過順位	上3F	人	体重
2018	1	8 ⑨ スワーヴリチャード	牡4	57	M.デム	2.01.6		03-03-02-02	33.8	1	520
	2	4 ④ サトノノブレス	牡8	56	幸英明	2.01.7	1/2	01-01-01-01	34.3	8	510
	3	5 ⑤ サトノダイヤモンド	牡5	57	ルメール	2.01.9	1	05-05-05-06	33.7	2	506

馬連 04-09 ¥5860 (14)　**3連複** 04-05-09 ¥4000 (13/84)　**3連単** 09-04-05 ¥24410 (73/504)

17年から大阪杯の前哨戦として3月に施行時期を変更。コース形態からペースが上がりにくい舞台で、17年が1秒4、18年は4秒1もの後傾ラップになっている。上がり最速・2位はそれぞれ1勝ずつ、3位が2勝。流れが緩むので極端な後方一気では届かず、好位から上位の上がりを使える馬が優位。一方で「4角先頭馬」が2着2回、これを含め4角2番手以内が5連対。枠順別では1枠の上位人気馬がやけに苦戦しており割引が必要か。

フィリーズレビュー（阪神芝1400m）

枠順 ○　位置取り △　上がり △

		馬名	性齢	斤量	騎手	タイム	着差	通過順位	上3F	人	体重
2016	1	1 ② ソルヴェイグ	牝3	54	川田将雅	1.22.1		03-03	34.6	8	460
	2	5 ⑨ アットザシーサイド	牝3	54	福永祐一	1.22.3	1 1/4	10-10	34.4	1	440
	3	4 ⑦ キャンディバローズ	牝3	54	武豊	1.22.3	ハナ	01-01	35.1	2	406

馬連 02-09 ¥3940 (14)　**3連複** 02-07-09 ¥4950 (11/816)　**3連単** 02-09-07 ¥47890 (132/4896)

		馬名	性齢	斤量	騎手	タイム	着差	通過順位	上3F	人	体重
2017	1	8 ⑯ カラクレナイ	牝3	54	M.デム	1.21.0		17-14	34.4	2	478
	2	7 ⑮ レーヌミノル	牝3	54	浜中俊	1.21.1	1/2	09-06	35.0	4	468
	3	7 ⑬ ゴールドケープ	牝3	54	丸山元気	1.21.3	1 1/4	18-18	34.4	6	432

馬連 15-16 ¥450 (1)　**3連複** 13-15-16 ¥2220 (4/816)　**3連単** 16-15-13 ¥9570 (19/4896)

		馬名	性齢	斤量	騎手	タイム	着差	通過順位	上3F	人	体重
2018	1	5 ⑩ リバティハイツ	牝3	54	北村友一	1.21.5		06-07	35.3	8	442
	2	5 ⑨ アンコールプリュ	牝3	54	藤岡康太	1.21.6	1/2	16-12	34.7	4	426
	3	1 ② デルニエオール	牝3	54	岩田康誠	1.21.6	クビ	06-05	35.5	5	410

馬連 09-10 ¥4080 (15)　**3連複** 02-09-10 ¥9140 (27/816)　**3連単** 10-09-02 ¥56610 (178/4896)

過去5年の前後半3ハロンの平均は34秒3-35秒6。1200m戦からの参戦馬が多く、序盤から速い流れになりやすい。その結果、「上がり最速馬」が4年連続連対中。1着馬はすべて上がり5位以内で、上がり最速をマークしたのはすべて5枠より外の差し・追い込み馬。直線で失速する先行馬が相次ぐので、距離損があっても外に出した方が末脚を伸ばしやすく、差し馬の中~外枠は歓迎。一方、4角4番手以内で勝った2頭はいずれも1枠。

111

PART 3

フラワーカップ（中山芝1800m）

枠順 △ 位置取り ◎ 上がり ×

		馬名	性齢	斤量	騎手	タイム	着差	通過順位	上3F	人	体重
2016	1	⑨エンジェルフェイス	牝3	54	福永祐一	1.49.3		01-01-01-01	35.6	1	496
	2	③ゲッカコウ	牝3	54	松岡正海	1.49.5	1 1/4	07-06-06-07	35.4	2	448
	3	⑩ウインクルサルーテ	牝3	54	秋山真一	1.49.5	ハナ	08-08-08-08	35.2	14	402

馬連 03-09 ¥1120 (1) 　3連複 03-09-10 ¥24920 (90/560) 　3連単 09-03-10 ¥82600 (279/3360)

		馬名	性齢	斤量	騎手	タイム	着差	通過順位	上3F	人	体重
2017	1	⑫ファンディーナ	牝3	54	岩田康誠	1.48.7		02-02-02-02	34.9	1	508
	2	⑥シーズララバイ	牝3	54	柴田善臣	1.49.5	5	10-10-10-07	34.9	8	422
	3	⑧ドロウアカード	牝3	54	武豊	1.49.5	クビ	01-01-01-01	36.1	7	442

馬連 06-12 ¥2370 (8) 　3連複 06-08-12 ¥13990 (41/286) 　3連単 12-06-08 ¥36520 (103/1716)

		馬名	性齢	斤量	騎手	タイム	着差	通過順位	上3F	人	体重
2018	1	⑩カンタービレ	牝3	54	M.デム	1.49.2		05-05-05-04	35.1	2	428
	2	⑨トーセンブレス	牝3	54	柴田善臣	1.49.2	クビ	09-09-10-09	34.6	3	456
	3	③ノームコア	牝3	54	北村宏司	1.49.5	2	02-02-02-02	35.7	4	460

馬連 09-10 ¥1420 (5) 　3連複 03-09-10 ¥2870 (10/286) 　3連単 10-09-03 ¥12440 (34/1716)

「4角先頭馬」が2勝、勝ち馬はすべて4角5番手以内で立ち回っており、4角7番手以内が9連対。後方一気では届きにくい。「上がり最速馬」の1勝2着2回に対して、上がり4位以下が7連対と、末脚より位置取りが重要。枠順別の偏りは見られないが、1コーナー5番手以内が5勝・2着1回。つまり、スタートを決めて先行できる器用さが武器になる。同時に、外を回す大味な競馬しか出来ない馬はよほど力が抜けていないと厳しい。

ファルコンS（中京芝1400m）

枠順 ○ 位置取り ○ 上がり △

		馬名	性齢	斤量	騎手	タイム	着差	通過順位	上3F	人	体重
2016	1	⑤トウショウドラフタ	牡3	57	田辺裕信	1.25.0		12-12	38.5	2	464
	2	⑮ブレイブスマッシュ	牡3	57	横山典弘	1.25.3	1 3/4	15-13	38.5	3	476
	3	①シゲルノコギリザメ	牡3	56	太宰啓介	1.25.4	1/2	02-02	39.7	9	480

馬連 05-15 ¥1960 (5) 　3連複 01-05-15 ¥12960 (38/816) 　3連単 05-15-01 ¥42480 (102/4896)

		馬名	性齢	斤量	騎手	タイム	着差	通過順位	上3F	人	体重
2017	1	⑨コウソクストレート	牡3	56	戸崎圭太	1.21.1		12-10	34.4	3	492
	2	⑩ボンセルヴィーソ	牡3	56	松山弘平	1.21.1	クビ	03-03	34.9	2	468
	3	⑤メイソンジュニア	牡3	56	菱田裕二	1.21.2	クビ	03-03	35.0	6	486

馬連 09-10 ¥1610 (4) 　3連複 05-09-10 ¥11320 (38/560) 　3連単 09-10-05 ¥60680 (197/3360)

		馬名	性齢	斤量	騎手	タイム	着差	通過順位	上3F	人	体重
2018	1	⑩ミスターメロディ	牡3	56	福永祐一	1.22.1		04-04	34.7	3	482
	2	⑦アサクサゲンキ	牡3	57	武豊	1.22.3	1 1/4	04-04	34.8	7	470
	3	⑧フロンティア	牡3	57	川田将雅	1.22.3	クビ	07-07	34.6	5	456

馬連 07-10 ¥5480 (20) 　3連複 07-08-10 ¥11120 (34/560) 　3連単 10-07-08 ¥61560 (203/3360)

過去5年の前半3ハロンは33~34秒台。中でも14年は前半3ハロンが33秒0のハイラップ、16年は前後半33.3秒-39秒7で6秒4の超前傾ラップ。「上がり最速馬」は3勝・2着1回・3着2回。一方、4角3番手以内は3連対しかしていない。流れが厳しいので逃げ・先行馬が粘り込めず、差し・追込み馬が届きやすい。枠順別では、7枠が1勝・2着1回を挙げているものの、6枠・8枠の馬券絡みは0回。外枠はやや不利と考えるべき。

枠順と位置取りで勝ち馬を見抜く！

スプリングS（中山芝1800m）

枠順 △　位置取り △　上がり △

		馬名	性齢	斤量	騎手	タイム	着差	通過順位	上3F	人	体重
2016	1	1 ① マウントロブソン	牡3	56	シュタル	1.48.1		04-04-05-05	35.7	4	470
	2	4 ④ マイネルハニー	牡3	56	柴田大知	1.48.1	クビ	01-01-01-01	36.2	5	470
	3	8 ⑩ ロードクエスト	牡3	56	池添謙一	1.48.2	クビ	10-10-10-10	35.0	1	454

馬連 01-04 ¥3390 (11)　**3連複** 01-04-10 ¥1690 (6/165)　**3連単** 01-04-10 ¥19380 (65/990)

		馬名	性齢	斤量	騎手	タイム	着差	通過順位	上3F	人	体重
2017	1	8 ⑩ ウインブライト	牡3	56	松岡正海	1.48.4		08-08-08-06	35.5	5	460
	2	7 ⑧ アウトライアーズ	牡3	56	田辺裕信	1.48.5	1/2	09-09-08-06	35.7	2	482
	3	6 ⑦ プラチナヴォイス	牡3	56	和田竜二	1.48.6	1/2	07-07-07-02	35.9	6	504

馬連 08-10 ¥1350 (6)　**3連複** 07-08-10 ¥6670 (27/165)　**3連単** 10-08-07 ¥34730 (132/990)

		馬名	性齢	斤量	騎手	タイム	着差	通過順位	上3F	人	体重
2018	1	6 ⑧ ステルヴィオ	牡3	56	ルメール	1.48.1		08-08-07-06	34.1	4	466
	2	4 ⑤ エポカドーロ	牡3	56	戸崎圭太	1.48.1	ハナ	02-02-02-02	34.7	3	492
	3	8 ⑫ マイネルファンロン	牡3	56	柴田大知	1.48.7	3 1/2	04-04-04-03	35.0	6	458

馬連 05-08 ¥680 (1)　**3連複** 05-08-12 ¥2230 (5/286)　**3連単** 08-05-12 ¥7440 (11/1716)

13年~17年の前後半の平均は36秒3-35秒7。18年は序盤から飛ばす大逃げ馬がいたものの2番手以下は速くない流れであったように、後傾ラップになりやすい。直線の短い中山でペースが落ち着きやすいので逃げ・先行馬が簡単には止まらず、「4角先頭馬」が2連対、4角3番手以内が4連対。一方、4角8番手以下から連対した馬はいない。馬番1~6番が7連対。先行力と内を立ち回れる器用さが生きるレースで、内枠がやや有利。

阪神大賞典（阪神芝3000m）

枠順 △　位置取り ◎　上がり ◎

		馬名	性齢	斤量	騎手	タイム	着差	通過順位	上3F	人	体重
2016	1	8 ⑪ シュヴァルグラン	牡4	55	福永祐一	3.05.8		07-07-07-04	34.9	1	470
	2	6 ⑥ タンタアレグリア	牡4	55	蛯名正義	3.06.2	2 1/2	06-06-05-04	35.5	4	478
	3	2 ② アドマイヤデウス	牡5	57	岩田康誠	3.06.7	3	03-03-03-04	36.1	3	490

馬連 06-11 ¥670 (2)　**3連複** 02-06-11 ¥810 (1/165)　**3連単** 11-06-02 ¥3310 (2/990)

		馬名	性齢	斤量	騎手	タイム	着差	通過順位	上3F	人	体重
2017	1	8 ⑨ サトノダイヤモンド	牡4	57	ルメール	3.02.6		07-08-08-04	35.4	1	506
	2	3 ③ シュヴァルグラン	牡5	57	福永祐一	3.02.8	1 1/2	07-07-05-02	35.9	2	474
	3	4 ④ トーセンバジル	牡5	56	四位洋文	3.03.2	2 1/2	09-09-09-07	35.8	5	482

馬連 03-09 ¥140 (1)　**3連複** 03-04-09 ¥470 (1/120)　**3連単** 09-03-04 ¥740 (1/720)

		馬名	性齢	斤量	騎手	タイム	着差	通過順位	上3F	人	体重
2018	1	6 ⑦ レインボーライン	牡5	57	岩田康誠	3.03.6		08-09-08-04	35.8	3	454
	2	6 ⑥ サトノクロニクル	牡5	55	川田将雅	3.03.8	1 1/4	07-07-06-04	36.0	4	456
	3	7 ⑧ クリンチャー	牡4	56	武豊	3.04.0	1 1/2	04-04-03-03	36.6	1	486

馬連 06-07 ¥1290 (6)　**3連複** 06-07-08 ¥760 (3/165)　**3連単** 07-06-08 ¥6530 (20/990)

過去5年すべて「上がり最速馬」が勝利しており、2着もすべて上がり2~3位。たとえスローペースであっても、ゴール前の急坂を2回も登る長距離戦だから先行力だけでは押し切れない。長距離向きの持続力がある末脚が求められる。別定GⅡなので実力がストレートに結果に結びつきやすく、頭数も10頭立て前後と少なめなので枠順の有利不利は生じない。過去に好走経験のあるリピーターが複数回好走する傾向にあるので注意したい。

113

PART 3

日経賞（中山芝2500m）

枠順 △　位置取り △　上がり ◎

		馬 名	性齢	斤量	騎手	タイム	着差	通過順位	上3F	人	体重
2016	1	8 ⑨ゴールドアクター	牡5	58	吉田隼人	2.36.8		02-02-02-02	33.8	2	494
	2	4 ④サウンズオブアース	牡5	56	福永祐一	2.36.9	3/4	02-02-02-02	33.9	1	506
	3	2 ②マリアライト	牝5	55	蛯名正義	2.37.1	1 1/4	04-04-04-05	33.9	4	438

馬連 04-09 ¥370 (1)　3連複 02-04-09 ¥530 (2/84)　3連単 09-04-02 ¥2170 (5/504)

		馬 名	性齢	斤量	騎手	タイム	着差	通過順位	上3F	人	体重
2017	1	7 ⑬シャケトラ	牡4	55	田辺裕信	2.32.8		11-11-08-08	35.0	4	510
	2	6 ⑪ミライヘノツバサ	牡4	55	藤岡佑介	2.32.9	3/4	02-02-02-01	36.2	7	500
	3	5 ⑩アドマイヤデウス	牡6	56	岩田康誠	2.32.9	頭	03-03-03-04	35.8	6	486

馬連 11-13 ¥6370 (15)　3連複 10-11-13 ¥32630 (68/560)　3連単 13-11-10 ¥167310 (319/3360)

		馬 名	性齢	斤量	騎手	タイム	着差	通過順位	上3F	人	体重
2018	1	7 ⑫ガンコ	牡5	56	藤岡佑介	2.33.9		01-02-02-02	35.6	3	502
	2	2 ③チェスナットコート	牡4	55	蛯名正義	2.34.0	3/4	09-09-09-09	34.8	7	458
	3	6 ⑪サクラアンプルール	牡7	57	田辺裕信	2.34.1	3/4	10-10-11-10	34.6	6	486

馬連 03-12 ¥5880 (21)　3連複 03-11-12 ¥23270 (69/455)　3連単 12-03-11 ¥136540 (374/2730)

過去5年で「上がり最速馬」が3勝、上がり2位が1勝・2着3回。阪神大賞典と同様に、直線の急坂を2回も登る長距離戦なので、先行力だけでは押し切れない。かつては天皇賞（春）に有力馬を送る前哨戦だったが、大阪杯のGⅠ昇格でメンバーレベルが落ちる可能性も懸念。過去5年は5~8枠からしか1着馬が出ていないが、馬番では6~13番。外枠有利と呼べるほどではなく、"本来、内有利のコースにしてはフラット"程度の意識を。

毎日杯（阪神芝1800m）

枠順 △　位置取り △　上がり ○

		馬 名	性齢	斤量	騎手	タイム	着差	通過順位	上3F	人	体重
2016	1	8 ⑩スマートオーディン	牡3	57	戸崎圭太	1.47.3		08-07	32.7	1	484
	2	2 ②アーバンキッド	牡3	56	石橋脩	1.47.5	1 1/4	05-05	33.0	4	466
	3	5 ⑤タイセイサミット	牡3	56	川田将雅	1.47.6	3/4	04-03	33.3	2	490

馬連 02-10 ¥600 (3)　3連複 02-05-10 ¥660 (2/120)　3連単 10-02-05 ¥2410 (6/720)

		馬 名	性齢	斤量	騎手	タイム	着差	通過順位	上3F	人	体重
2017	1	3 ③アルアイン	牡3	56	松山弘平	1.46.5		02-02	34.3	2	520
	2	1 ①サトノアーサー	牡3	56	川田将雅	1.46.6	1/2	08-07	33.3	1	472
	3	6 ⑥キセキ	牡3	56	シュタル	1.46.7	1/2	07-07	33.4	7	482

馬連 01-03 ¥370 (1)　3連複 01-03-06 ¥1990 (10/56)　3連単 03-01-06 ¥14420 (45/336)

		馬 名	性齢	斤量	騎手	タイム	着差	通過順位	上3F	人	体重
2018	1	1 ①ブラストワンピース	牡3	56	池添謙一	1.46.5		02-02	33.9	1	522
	2	5 ⑤ギベオン	牡3	56	バルジュ	1.46.8	2	05-05	34.0	2	502
	3	3 ③インディチャンプ	牡3	56	岩田康誠	1.46.8	クビ	10-10	33.6	3	460

馬連 01-05 ¥660 (1)　3連複 01-03-05 ¥860 (1/120)　3連単 01-05-03 ¥3570 (1/720)

最初のコーナーまでが600mと長くスローペースになりやすいものの、先行力だけでは押し切れない。過去5年の「上がり最速馬」は2勝・2着2回・3着1回。連対馬のうち9頭が上がり5位以内。ゆったりと流れて長い直線を迎えるので速い上がりへの対応力が求められる。好走馬は後にGⅠで活躍した例も複数あり素質を重視すべき。10頭立て前後の少頭数戦になりやすいが、11番より外枠は不利。一方で、1~3番が3勝・2着3回。

114

マーチS（中山ダ1800m）

枠順 ◎ 位置取り △ 上がり ○

2016

	馬名	性齢	斤量	騎手	タイム	着差	通過順位	上3F	人	体重
1	2④ショウナンアポロン	牡6	54	松岡正海	1.52.7		01-01-01-01	37.3	8	510
2	2③バスタータイプ	牡4	56	内田博幸	1.52.8	3/4	04-04-05-02	37.1	1	526
3	4⑧ドコフクカゼ	牡6	56.5	石川裕紀	1.52.9	3/4	13-13-11-07	36.7	2	518

馬連 03-04 ¥3060 (11)　3連複 03-04-08 ¥5650 (15/455)　3連単 04-03-08 ¥50080 (157/2730)

2017

	馬名	性齢	斤量	騎手	タイム	着差	通過順位	上3F	人	体重
1	2④インカンテーション	牡7	57.5	勝浦正樹	1.52.0		03-03-05-03	38.3	10	504
2	8⑮ディアデルレイ	牡6	55	木幡巧也	1.52.1	1/2	03-03-02-03	38.6	2	510
3	3⑤アルタイル	牡5	54	田中勝春	1.52.2	1/2	11-11-12-09	38.1	11	488

馬連 04-15 ¥10760 (40)　3連複 04-05-15 ¥83890 (215/560)　3連単 04-15-05 ¥466890 (1191/3360)

2018

	馬名	性齢	斤量	騎手	タイム	着差	通過順位	上3F	人	体重
1	4⑧センチュリオン	牡6	57	幸英明	1.52.1		04-04-03-03	37.6	2	536
2	7⑭クインズサターン	牡5	57.5	津村明秀	1.52.1	ハナ	09-09-06-07	37.4	5	478
3	2④ロワジャルダン	牡7	56	真島大輔	1.52.2	3/4	03-03-03-04	37.7	10	494

馬連 08-14 ¥2540 (11)　3連複 04-08-14 ¥29020 (86/560)　3連単 08-14-04 ¥153570 (413/3360)

0秒8の後傾ラップになった16年はレアケース。過去5年のうち4回は1秒4以上の前傾ラップとなっており、ペースは緩まないことが多い。連対馬のうち7頭は上がり4位以内をマーク。ただし、4角10番手以下からの追込みは届かない。8枠が2勝・2着2回、7枠が2着1回・3着1回。馬券絡みのない5・6枠では1～3番人気馬が計6頭も4着以下に凡走している。「激流+フルゲート+ハンデ戦」でゴチャつきやすい中枠は不利か。

高松宮記念（中京芝1200m）

枠順 × 位置取り △ 上がり △

2016

	馬名	性齢	斤量	騎手	タイム	着差	通過順位	上3F	人	体重
1	2④ビッグアーサー	牡5	57	福永祐一	1.06.7		04-04	33.4	1	520
2	3⑥ミッキーアイル	牡5	57	松山弘平	1.06.8	3/4	03-03	33.8	2	490
3	4⑧アルビアーノ	牝4	55	ルメール	1.07.1	1 3/4	08-10	33.4	3	516

馬連 04-06 ¥890 (1)　3連複 04-06-08 ¥1740 (1/816)　3連単 04-06-08 ¥6690 (1/4896)

2017

	馬名	性齢	斤量	騎手	タイム	着差	通過順位	上3F	人	体重
1	3⑥セイウンコウセイ	牡4	57	幸英明	1.08.7		04-04	34.5	5	500
2	2③レッツゴードンキ	牝5	55	岩田康誠	1.08.9	1 1/4	13-12	33.9	2	506
3	4⑦レッドファルクス	牡6	57	M.デム	1.09.0	クビ	08-06	34.6	1	472

馬連 03-06 ¥2150 (10)　3連複 03-06-07 ¥3230 (6/816)　3連単 06-03-07 ¥23880 (75/4896)

2018

	馬名	性齢	斤量	騎手	タイム	着差	通過順位	上3F	人	体重
1	5⑨ファインニードル	牡5	57	川田将雅	1.08.5		06-06	34.5	4	480
2	4⑧レッツゴードンキ	牝6	55	岩田康誠	1.08.5	ハナ	08-06	34.6	3	500
3	4⑦ナックビーナス	牝5	55	三浦皇成	1.08.6	1/2	06-06	34.7	10	522

馬連 08-09 ¥1690 (5)　3連複 07-08-09 ¥15910 (46/816)　3連単 09-08-07 ¥60450 (169/4896)

過去5年の勝ち馬はすべて4角2～6番手で立ち回っており、4角7番手以下からは2着が2回だけ。新コースに改装後、逃げ切りは1回もないものの好位で立ち回る先行力が要求される。1着馬5頭・2着馬3頭が馬番1～9番。二桁馬番の馬券絡みは「不良」の14年スノードラゴン（17番・2着）、「稍重」の15年ハクサンムーン（15番・2着）、ミッキーアイル（16番・3着）のみ。馬場悪化により外を通る恩恵がないかぎり外枠は不利。

PART 3

ダービー卿チャレンジT（中山芝1600m）

枠順	◯	位置取り	△	上がり	△

2016

	馬 名	性齢	斤量	騎手	タイム	着差	通過順位	上3F	人	体重
1	5 ⑩ マジックタイム	牝5	53	シュタル	1.32.8		08-07-06	33.8	5	478
2	7 ⑭ ロゴタイプ	牡6	58	田辺裕信	1.32.8	クビ	02-03-02	34.2	4	498
3	3 ⑥ サトノアラジン	牡5	57	ルメール	1.33.0	1 1/4	08-07-09	33.9	2	534

馬連 10-14 ¥6110 (20)　3連複 06-10-14 ¥6930 (18/560)　3連単 10-14-06 ¥59230 (182/3360)

2017

	馬 名	性齢	斤量	騎手	タイム	着差	通過順位	上3F	人	体重
1	2 ③ ロジチャリス	牡5	56	内田博幸	1.34.7		02-02-02	34.6	5	560
2	3 ⑤ キャンベルジュニア	牡5	55	シュタル	1.34.8	1/2	03-04-03	34.4	1	536
3	4 ⑧ グランシルク	牡5	55	戸崎圭太	1.34.8	ハナ	11-10-10	33.9	2	506

馬連 03-05 ¥2070 (7)　3連複 03-05-08 ¥2100 (2/560)　3連単 03-05-08 ¥15660 (28/3360)

2018

	馬 名	性齢	斤量	騎手	タイム	着差	通過順位	上3F	人	体重
1	5 ⑨ ヒーズインラブ	牡5	55	藤岡康太	1.32.2		08-11-07	34.1	4	522
2	2 ③ キャンベルジュニア	牡6	55	石橋脩	1.32.3	1/2	02-04-03	34.7	6	544
3	8 ⑮ ストーミーシー	牡5	54	大野拓弥	1.32.4	3/4	13-12-10	34.1	9	520

馬連 03-09 ¥3890 (17)　3連複 03-09-15 ¥27990 (91/560)　3連単 09-03-15 ¥126530 (426/3360)

過去5年で4角4番手以内が6連対を占める。その一方で、「上がり最速馬」も3勝。後方一気が届くケースもあり、展開・馬場・ペースに左右される面が大きい。枠順別では外枠が苦戦傾向で、11番から外は2着2回、3着1回のみ。内過ぎず外過ぎずの4・5枠が理想的で、4・5枠の1〜5番人気馬は［3・1・1・0］。内枠に入った馬は包まれまいと先行するケースが多く、周囲を見ながら運べる中枠がスムーズに運びやすい様子。

大阪杯（阪神芝2000m）

枠順	×	位置取り	△	上がり	◯

2016

	馬 名	性齢	斤量	騎手	タイム	着差	通過順位	上3F	人	体重
1	7 ⑨ アンビシャス	牡4	56	横山典弘	1.59.3		02-02-02-02	33.4	2	468
2	6 ⑦ キタサンブラック	牡4	58	武豊	1.59.3	クビ	01-01-01-01	33.6	5	524
3	7 ⑧ ショウナンバンドラ	牝5	56	池添謙一	1.59.5	1 1/4	05-05-05-03	33.3	4	456

馬連 07-09 ¥1470 (7)　3連複 07-08-09 ¥2540 (12/165)　3連単 09-07-08 ¥12810 (59/990)

2017

	馬 名	性齢	斤量	騎手	タイム	着差	通過順位	上3F	人	体重
1	4 ⑤ キタサンブラック	牡5	57	武豊	1.58.9		04-03-03-02	34.3	1	540
2	3 ④ ステファノス	牡6	57	川田将雅	1.59.0	3/4	05-05-04-04	34.2	7	482
3	8 ⑬ ヤマカツエース	牡5	57	池添謙一	1.59.1	1/2	10-10-09-07	33.8	4	514

馬連 04-05 ¥2320 (7)　3連複 04-05-13 ¥4830 (18/364)　3連単 05-04-13 ¥23910 (79/2184)

2018

	馬 名	性齢	斤量	騎手	タイム	着差	通過順位	上3F	人	体重
1	8 ⑮ スワーヴリチャード	牡4	57	M.デム	1.58.2		15-15-01-01	34.1	1	516
2	3 ⑤ ペルシアンナイト	牡4	57	福永祐一	1.58.3	3/4	11-10-09-09	33.7	6	482
3	4 ⑧ アルアイン	牡4	57	川田将雅	1.58.4	1/2	05-05-05-05	34.0	2	516

馬連 05-15 ¥2930 (12)　3連複 05-08-15 ¥2780 (6/560)　3連単 15-05-08 ¥17450 (48/3360)

GⅠ昇格後の2回は、4角2番手以内の1番人気馬が勝利。ただし、GⅠ3勝（当時）の17年キタサンブラックと、超スローペースを自ら動いた18年スワーヴリチャードであり、単純に早め先頭が有利とは言えない。とはいえ、17年2着のステファノスは馬番4番で4角4番手、18年ペルシアンナイトは4角9番手だったが、馬番5番で道中は内を通っていた。ハイレベルなメンバーが集まる内回りのGⅠで、外を回る大味な競馬では届きにくい。

ニュージーランドT（中山芝1600m）

枠順 ○　位置取り ○　上がり ×

2016

	馬名	性齢	斤量	騎手	タイム	着差	通過順位	上3F	人	体重
1	③⑤ ダンツプリウス	牡3	56	丸山元気	1.33.9		08-05-03	34.8	2	498
2	④⑧ ストーミーシー	牡3	56	江田照男	1.33.9	ハナ	11-13-15	34.4	14	520
3	②④ エクラミレネール	牝3	54	北村宏司	1.33.9	クビ	09-09-08	34.7	12	436

馬連 05-08 ¥22190 (54)　3連複 04-05-08 ¥195280 (299/560)　3連単 05-08-04 ¥1051270 (1608/3360)

2017

	馬名	性齢	斤量	騎手	タイム	着差	通過順位	上3F	人	体重
1	③⑥ ジョーストリクトリ	牡3	56	シュタル	1.36.0		05-05-04	34.9	12	492
2	②④ メイソンジュニア	牡3	56	菱田裕二	1.36.2	1 1/4	01-01-01	35.5	8	478
3	⑧⑯ ボンセルヴィーソ	牡3	56	松山弘平	1.36.2	ハナ	02-02-02	35.3	5	464

馬連 04-06 ¥29320 (59)　3連複 04-06-16 ¥49810 (153/560)　3連単 06-04-16 ¥496220 (1131/3360)

2018

	馬名	性齢	斤量	騎手	タイム	着差	通過順位	上3F	人	体重
1	③⑤ カツジ	牡3	56	松山弘平	1.34.2		13-14-10	33.9	2	478
2	⑧⑭ ケイアイノーテック	牡3	56	戸崎圭太	1.34.2	頭	08-08-05	34.5	1	456
3	②② デルタバローズ	牡3	56	大野拓弥	1.34.3	3/4	08-08-05	34.8	9	502

馬連 05-14 ¥950 (1)　3連複 02-05-14 ¥6780 (22/455)　3連単 05-14-02 ¥27070 (78/2730)

過去5年で16年、17年の勝ち馬は4角4番手以内。その一方で、「上がり最速馬」は1勝・3連対。連対馬のうち8頭は上がり5位以内をマークしている。外枠の距離損が大きくなりやすいコースながら、人気馬の凡走が多いのはむしろ内枠で、1・2枠は5頭の1～5番人気馬が4着以下に敗戦。馬番別では5～9番が7連対を占めている。連続開催も後半となり、中山の芝重賞には珍しく、中～外を通る差し・追込みも届きやすいレース。

阪神牝馬S（阪神芝1600m）

枠順 ×　位置取り △　上がり ◎

2016

	馬名	性齢	斤量	騎手	タイム	着差	通過順位	上3F	人	体重
1	⑤⑦ スマートレイアー	牝6	54	M.デム	1.33.1		01-01	34.2	2	466
2	⑤⑥ ミッキークイーン	牝4	56	ルメール	1.33.1	クビ	09-09	33.3	1	432
3	⑥⑨ ウインプリメーラ	牝6	54	川田将雅	1.33.2	3/4	04-05	33.9	5	458

馬連 06-07 ¥350 (1)　3連複 06-07-09 ¥980 (3/286)　3連単 07-06-09 ¥3320 (6/1716)

2017

	馬名	性齢	斤量	騎手	タイム	着差	通過順位	上3F	人	体重
1	③⑥ ミッキークイーン	牝5	55	浜中俊	1.34.3		08-08	34.0	1	438
2	⑧⑯ アドマイヤリード	牝4	54	ルメール	1.34.6	1 3/4	14-11	34.0	3	426
3	④⑧ ジュールポレール	牝4	54	幸英明	1.34.6	クビ	05-05	34.6	4	454

馬連 06-16 ¥820 (2)　3連複 06-08-16 ¥1760 (4/560)　3連単 06-16-08 ¥6370 (12/3360)

2018

	馬名	性齢	斤量	騎手	タイム	着差	通過順位	上3F	人	体重
1	⑦⑪ ミスパンテール	牝4	54	横山典弘	1.34.8		01-01	33.8	4	506
2	⑦⑩ レッドアヴァンセ	牝5	54	北村友一	1.34.8	頭	02-02	33.7	11	444
3	③③ リスグラシュー	牝4	54	武豊	1.34.8	クビ	08-07	33.3	9	452

馬連 10-11 ¥16680 (35)　3連複 03-10-11 ¥8660 (30/286)　3連単 11-10-03 ¥82760 (240/1716)

16年から1600mに変更され、16年スマートレイアー・18年ミスパンテールが逃げ切り勝ち。ヴィクトリアマイルと同距離になったことで前哨戦の意味合いが強まり、厳しい展開にはなりにくい。一方で、「上がり最速馬」が3連対。実力がストレートに反映する阪神外回り戦なので実績上位馬を素直に信頼すべきで、6番人気以下の馬券絡みは1頭だけ。ただし、馬番1～5番に入った5番人気以内の計6頭は連対なし。内枠はやや割引材料。

117

PART 3

桜花賞（阪神芝1600m）

枠順 ○　位置取り ○　上がり ○

		馬名	性齢	斤量	騎手	タイム	着差	通過順位	上3F	人	体重
2016	1	7⑬ジュエラー	牝3	55	M.デム	1.33.4		16-17	33.0	3	494
	2	6⑫シンハライト	牝3	55	池添謙一	1.33.4	ハナ	08-08	33.7	2	426
	3	5⑩アットザシーサイド	牝3	55	福永祐一	1.33.7	1 3/4	10-11	33.9	6	430

馬連 12-13 ¥960 (3)　3連複 10-12-13 ¥5650 (16/816)　3連単 13-12-10 ¥20330 (43/4896)

		馬名	性齢	斤量	騎手	タイム	着差	通過順位	上3F	人	体重
2017	1	5⑩レーヌミノル	牝3	55	池添謙一	1.34.5		04-04	35.4	8	466
	2	3⑥リスグラシュー	牝3	55	武豊	1.34.6	1/2	09-08	35.3	4	436
	3	7⑭ソウルスターリング	牝3	55	ルメール	1.34.6	クビ	06-05	35.4	1	474

馬連 06-10 ¥17000 (28)　3連複 06-10-14 ¥5020 (14/680)　3連単 10-06-14 ¥94890 (214/4080)

		馬名	性齢	斤量	騎手	タイム	着差	通過順位	上3F	人	体重
2018	1	7⑬アーモンドアイ	牝3	55	ルメール	1.33.1		15-16	33.2	2	462
	2	1①ラッキーライラック	牝3	55	石橋脩	1.33.4	1 3/4	03-03	34.5	1	488
	3	5⑨リリーノーブル	牝3	55	川田将雅	1.33.5	1/2	06-06	34.3	3	498

馬連 01-13 ¥480 (1)　3連複 01-09-13 ¥830 (1/680)　3連単 13-01-09 ¥3780 (4/4080)

過去5年で4角7番手以内は3連対。他の連対馬は4角8番手以下からで、18年アーモンドアイ・16年ジュエラー・14年ハープスターは最後方付近から32~33秒台前半の上がり最速タイムで差し切り勝ち。連対馬9頭は上がり5位以内をマークしている。連続開催の後半で馬場が荒れてきて、外を通った差し・追込み馬の好走が目立つ。馬番10~18番の4勝2着1回、1~9番は1勝2着3回。中~外枠で上がり32~33秒台の脚を発揮できる馬が理想。

アーリントンカップ（阪神芝1600m）

枠順 △　位置取り △　上がり ○

		馬名	性齢	斤量	騎手	タイム	着差	通過順位	上3F	人	体重
2016	1	4⑥レインボーライン	牡3	56	M.デム	1.34.1		09-05	34.6	4	438
	2	7⑫ダンツプリウス	牡3	56	丸山元気	1.34.1	ハナ	08-05	34.6	9	506
	3	8⑮ロワアブソリュー	牡3	56	ヴェロン	1.34.1	ハナ	12-12	34.1	7	502

馬連 06-12 ¥5840 (27)　3連複 06-12-15 ¥33820 (118/364)　3連単 06-12-15 ¥194110 (661/2184)

		馬名	性齢	斤量	騎手	タイム	着差	通過順位	上3F	人	体重
2017	1	6⑧ペルシアンナイト	牡3	56	M.デム	1.34.1		09-09	34.0	1	482
	2	8⑫レッドアンシェル	牡3	56	浜中俊	1.34.6	3	11-10	34.3	6	456
	3	2②ディバインコード	牡3	56	柴田善臣	1.34.8	1 1/4	05-04	35.2	3	486

馬連 08-12 ¥920 (3)　3連複 02-08-12 ¥1720 (5/220)　3連単 08-12-02 ¥6020 (11/1320)

		馬名	性齢	斤量	騎手	タイム	着差	通過順位	上3F	人	体重
2018	1	5⑥タワーオブロンドン	牡3	56	ルメール	1.33.4		09-09	34.2	1	510
	2	1①バクスアメリカーナ	牡3	56	川田将雅	1.33.5	1/2	08-07	34.4	3	462
	3	7⑪レッドヴェイロン	牡3	56	M.デム	1.33.6	1/2	11-12	34.1	4	470

馬連 01-06 ¥1050 (3)　3連複 01-06-11 ¥2130 (6/286)　3連単 06-01-11 ¥9690 (21/1716)

開幕週から、2連続開催の最終週へと施行時期が大幅に変更。その一発目の18年は4角9・7・12番手で決着。上がり2位が1着、「上がり最速馬」が3着に好走。元来、速い上がりへの対応力が要求されるレースだったが、その傾向は今後も色濃くなるはず。ニュージーランドT・桜花賞の翌週に行われるため出走頭数が揃わない可能性も考えられるが、多頭数では枠順・馬場ともに、桜花賞の結果になぞらえて傾向を考えるのが得策となる。

皐月賞（中山芝2000m）

枠順 △ 位置取り △ 上がり ○

2016
	馬名	性齢	斤量	騎手	タイム	着差	通過順位	上3F	人	体重
1	⑧⑱ディーマジェスティ	牡3	57	蛯名正義	1.57.9		14-14-12-10	34.0	8	476
2	②③マカヒキ	牡3	57	川田将雅	1.58.1	1 1/4	17-17-15-13	33.9	3	498
3	⑥⑪サトノダイヤモンド	牡3	57	ルメール	1.58.3	1 1/4	08-08-09-05	34.8	1	504

馬連 03-18 ¥6220 (18)　3連複 03-11-18 ¥6000 (17/816)　3連単 18-03-11 ¥70390 (172/4896)

2017
	馬名	性齢	斤量	騎手	タイム	着差	通過順位	上3F	人	体重
1	⑥⑪アルアイン	牡3	57	松山弘平	1.57.8		03-04-05-05	34.2	9	518
2	④⑦ペルシアンナイト	牡3	57	M.デム	1.57.8	クビ	15-15-05-05	34.1	4	480
3	⑤⑩ダンビュライト	牡3	57	武豊	1.57.9	3/4	06-06-05-03	34.3	12	466

馬連 07-11 ¥8710 (31)　3連複 07-10-11 ¥176030 (306/816)　3連単 11-07-10 ¥1064360 (1646/4896)

2018
	馬名	性齢	斤量	騎手	タイム	着差	通過順位	上3F	人	体重
1	④⑦エポカドーロ	牡3	57	戸崎圭太	2.00.8		04-04-04-04	35.1	7	492
2	⑦⑭サンリヴァル	牡3	57	藤岡佑介	2.01.1	2	05-05-05-05	35.2	9	488
3	⑤⑩ジェネラーレウーノ	牡3	57	田辺裕信	2.01.4	1 3/4	02-02-02-02	37.6	8	496

馬連 07-14 ¥12880 (38)　3連複 07-10-14 ¥53410 (134/560)　3連単 07-14-10 ¥372080 (821/3360)

18年は雨の影響で道悪になり、4角4・5番手で決着したが、近年はハイペースになりやすく以前のような前残り決着が減っている。良馬場だと16年が1分57秒9のレコード、さらに17年にはアルアインが更にレコードを0秒1更新。過去5年で1分57~58秒台が3回で、上がり3位以内が6連対。連続開催の最終週でも高速決着かつ速い上がりへの対応が求められる。枠順・進路ごとの偏りに一貫性は見られず、馬場状態と展開に注目。

アンタレスS（阪神ダ1800m）

枠順 ○ 位置取り ○ 上がり △

2016
	馬名	性齢	斤量	騎手	タイム	着差	通過順位	上3F	人	体重
1	⑤⑨アウォーディー	牡6	57	武豊	1.49.9		09-09-07-06	36.8	1	506
2	⑧⑯アスカノロマン	牡5	58	太宰啓介	1.50.0	1/2	02-02-02-02	37.4	3	526
3	①②サージェントバッジ	牡4	56	M.デム	1.50.5	3	13-13-13-12	36.8	5	500

馬連 09-16 ¥510 (2)　3連複 02-09-16 ¥4340 (13/560)　3連単 09-16-02 ¥10620 (23/3360)

2017
	馬名	性齢	斤量	騎手	タイム	着差	通過順位	上3F	人	体重
1	⑤⑩モルトベーネ	牡5	56	M.デム	1.49.9		06-05-04-05	36.2	3	464
2	②④ロンドンタウン	牡4	57	川田将雅	1.50.2	2	08-07-08-08	36.4	6	516
3	③⑤ロワジャルダン	牡6	56	浜中俊	1.50.2	クビ	09-07-10-10	36.3	8	498

馬連 04-10 ¥4360 (15)　3連複 04-05-10 ¥38510 (98/560)　3連単 10-04-05 ¥167220 (429/3360)

2018
	馬名	性齢	斤量	騎手	タイム	着差	通過順位	上3F	人	体重
1	①①グレイトパール	牡5	57	川田将雅	1.49.8		10-10-07-04	37.1	5	546
2	⑧⑮ミツバ	牡6	57	松山弘平	1.50.0	1 1/4	08-08-02-01	37.7	8	472
3	⑦⑬クインズサターン	牡5	56	四位洋文	1.50.1	1/2	13-14-11-11	37.1	5	476

馬連 01-15 ¥1360 (2)　3連複 01-13-15 ¥4420 (7/560)　3連単 01-15-13 ¥13810 (17/3360)

過去5年で4角6番手以内が9連対、中でも4角2番手以内が半数の5連対を占めている。その一方で、「上がり最速馬」が3勝、連対馬の6頭が上がり5位以内をマーク。先行馬が早め先頭から押し切るのが好走パターン。一線級の逃げ&先行馬が上がり36秒~37秒台前半をマークして、後続を突き放すケースが多い。枠順ごとの偏りはないが、コーナーでポジションを上げられない人気馬は危険。逃げ・マクリ実績が好走のカギとなる。

PART 3

福島牝馬S（福島芝1800m）

枠順 ◯	位置取り △	上がり △

2016

	馬 名	性齢	斤量	騎手	タイム	着差	通過順位	上3F	人	体重
1	4 ⑧ マコトブリジャール	牝6	54	北村友一	1.47.5		02-02-02-02	34.5	15	402
2	8 ⑯ シャルール	牝4	54	横山典弘	1.47.7	1 1/4	06-06-06-07	34.2	1	454
3	3 ⑥ オツウ	牝6	54	加藤祥太	1.47.7	クビ	01-01-01-01	34.8	13	498

馬連 08-16 ¥11130 (38) **3連複** 06-08-16 ¥84650 (246/560) **3連単** 08-16-06 ¥735970 (1744/3360)

2017

	馬 名	性齢	斤量	騎手	タイム	着差	通過順位	上3F	人	体重
1	3 ⑥ ウキヨノカゼ	牝7	54	吉田隼人	1.46.8		12-12-11-11	35.3	3	482
2	4 ⑧ フロンテアクイーン	牝4	54	北村宏司	1.46.8	クビ	08-08-09-07	35.5	4	462
3	5 ⑨ クインズミラーグロ	牝5	54	武豊	1.46.9	クビ	15-14-13-11	35.2	1	458

馬連 06-08 ¥3170 (11) **3連複** 06-08-09 ¥3600 (4/560) **3連単** 06-08-09 ¥24790 (39/3360)

2018

	馬 名	性齢	斤量	騎手	タイム	着差	通過順位	上3F	人	体重
1	6 ⑦ キンショーユキヒメ	牝5	54	秋山真一	1.46.8		09-09-09-09	35.4	7	512
2	4 ④ カワキタエンカ	牝4	54	池添謙一	1.46.8	クビ	01-01-01-01	36.1	1	458
3	8 ⑫ デンコウアンジュ	牝5	54	蛯名正義	1.46.9	クビ	08-06-06-02	35.7	4	450

馬連 04-07 ¥3070 (13) **3連複** 04-07-12 ¥7700 (31/220) **3連単** 07-04-12 ¥63340 (234/1320)

過去5年で「4角先頭馬」は4頭も馬券絡み。そのうち3頭が5番人気以下で波乱の立役者となっている。各騎手が小回りを意識してか、前後半3ハロンの平均は35秒1-35秒5とペースは速いものの、連対馬のうち6頭が4角4番手以内で立ち回っている。その一方、「上がり最速馬」は1勝・2着1回。枠順別の成績は、馬番6～8番に1着が集中。10年前まで遡ると計8勝（1番人気は1頭のみ）・2着2回という、妙な偏りが見られる。

フローラS（東京芝2000m）

枠順 ◯	位置取り △	上がり △

2016

	馬 名	性齢	斤量	騎手	タイム	着差	通過順位	上3F	人	体重
1	8 ⑱ チェッキーノ	牝3	54	ルメール	1.59.7		08-08-08	34.6	3	464
2	6 ⑪ パールコード	牝3	54	川田将雅	2.00.2	3	05-07-07	35.3	2	502
3	3 ⑥ アウェイク	牝3	54	吉田豊	2.00.3	1/2	08-08-08	35.3	13	452

馬連 11-18 ¥1920 (5) **3連複** 06-11-18 ¥53680 (142/816) **3連単** 18-11-06 ¥228510 (646/4896)

2017

	馬 名	性齢	斤量	騎手	タイム	着差	通過順位	上3F	人	体重
1	1 ① モズカッチャン	牝3	54	和田竜二	2.01.3		07-07-08	33.9	12	468
2	4 ⑦ ヤマカツグレース	牝3	54	横山典弘	2.01.3	クビ	02-02-02	34.4	10	448
3	7 ⑭ フローレスマジック	牝3	54	戸崎圭太	2.01.3	頭	03-03-03	34.3	2	452

馬連 01-07 ¥32010 (67) **3連複** 01-07-14 ¥35940 (111/816) **3連単** 01-07-14 ¥397370 (952/4896)

2018

	馬 名	性齢	斤量	騎手	タイム	着差	通過順位	上3F	人	体重
1	2 ④ サトノワルキューレ	牝3	54	M.デム	1.59.5		16-15-14	33.4	1	446
2	8 ⑮ パイオニアバイオ	牝3	54	柴田善臣	1.59.5	クビ	06-03-03	34.4	13	428
3	8 ⑯ ノームコア	牝3	54	戸崎圭太	1.59.6	クビ	02-02-02	34.6	5	456

馬連 04-15 ¥13300 (41) **3連複** 04-15-16 ¥20750 (68/560) **3連単** 04-15-16 ¥113290 (365/3360)

過去5年の前後半の平均は36秒7-35秒0。3歳牝馬にとっては長めの距離、長い直線を意識されてかスローペースになりやすく、4角5番手以内が1勝・2着4回の5連対。一方、「上がり最速馬」は4勝を挙げており、粘る先行馬を速い上がりをマークした差し馬が捕らえるゴールシーンが多い。馬番1～5番が4勝、7番以内が7連対を占めるように内枠有利が顕著だが、流れが遅いので同コースの天皇賞（秋）に比べ7・8枠も好走できる。

マイラーズカップ（京都芝1600m）

枠順 ×　位置取り △　上がり ○

2016

		馬名	性齢	斤量	騎手	タイム	着差	通過順位	上3F	人	体重
1	2②	クルーガー	牡4	56	松山弘平	1.32.6		11-12	34.0	3	514
2	1①	ダノンシャーク	牡8	57	福永祐一	1.32.6	クビ	07-07	34.2	5	458
3	3④	クラレント	牡7	56	小牧太	1.32.7	1/2	03-03	34.6	11	510

馬連 01-02 ¥6640 (24)　3連複 01-02-04 ¥50390 (149/455)　3連単 02-01-04 ¥281010 (787/2730)

2017

		馬名	性齢	斤量	騎手	タイム	着差	通過順位	上3F	人	体重
1	8⑪	イスラボニータ	牡6	57	ルメール	1.32.2		05-04	32.9	2	488
2	4④	エアスピネル	牡4	56	武豊	1.32.3	1/2	05-06	32.9	1	484
3	6⑥	ヤングマンパワー	牡5	56	松岡正海	1.32.4	3/4	02-02	33.6	7	514

馬連 04-11 ¥570 (1)　3連複 04-06-11 ¥2910 (11/165)　3連単 11-04-06 ¥12430 (42/990)

2018

		馬名	性齢	斤量	騎手	タイム	着差	通過順位	上3F	人	体重
1	4⑤	サングレーザー	牡4	57	福永祐一	1.31.3		09-09	33.2	4	482
2	6⑨	モズアスコット	牡4	56	ルメール	1.31.5	1 1/4	02-02	34.2	2	486
3	3④	エアスピネル	牡5	56	武豊	1.31.6	1/2	07-05	33.9	1	478

馬連 05-09 ¥1270 (5)　3連複 04-05-09 ¥860 (2/364)　3連単 05-09-04 ¥7060 (15/2184)

過去5年で4角5番手以内が6連対。開幕週で内を立ち回る逃げ&先行馬が簡単には止まらない。一方、「上がり最速馬」は2勝、上がり2位が1勝・2着2回。17年に上がり2位で差し切ったイスラボニータは8枠11番だったが、ルメール騎手のファインプレーで好位内に潜り込んでいた。これを含め、上がり1~2位をマークして馬券絡みした馬はすべて道中で内を通った。中~外枠かつ外を回す馬は速い上がりをマークできても届かない。

青葉賞（東京芝2400m）

枠順 ×　位置取り ○　上がり ○

2016

		馬名	性齢	斤量	騎手	タイム	着差	通過順位	上3F	人	体重
1	5⑥	ヴァンキッシュラン	牡3	56	内田博幸	2.24.2		04-05-05-05	34.5	4	490
2	4④	レッドエルディスト	牡3	56	四位洋文	2.24.4	1 1/4	09-09-09-10	33.9	5	500
3	8⑬	レーヴァテイン	牡3	56	ルメール	2.24.9	3	07-07-08-08	34.7	1	446

馬連 04-06 ¥1940 (7)　3連複 04-06-13 ¥2540 (5/286)　3連単 06-04-13 ¥14890 (37/1716)

2017

		馬名	性齢	斤量	騎手	タイム	着差	通過順位	上3F	人	体重
1	7⑩	アドミラブル	牡3	56	M.デム	2.23.6		12-12-09-04	34.6	1	510
2	7⑨	ベストアプローチ	牡3	56	岩田康誠	2.24.0	2 1/2	11-11-09-09	34.7	4	468
3	5⑥	アドマイヤウイナー	牡3	56	秋山真一	2.24.2	1 1/4	07-07-07-07	35.1	8	490

馬連 09-10 ¥780 (3)　3連複 06-09-10 ¥3190 (14/220)　3連単 10-09-06 ¥8440 (24/1320)

2018

		馬名	性齢	斤量	騎手	タイム	着差	通過順位	上3F	人	体重
1	5⑨	ゴーフォザサミット	牡3	56	蛯名正義	2.24.4		07-06-05-05	34.1	6	496
2	7⑮	エタリオウ	牡3	56	石橋脩	2.24.7	2	05-06-07-04	34.6	7	450
3	5⑩	スーパーフェザー	牡3	56	福永祐一	2.24.7	ハナ	08-08-10-09	34.0	1	470

馬連 09-15 ¥10940 (35)　3連複 09-10-15 ¥10910 (35/816)　3連単 09-15-10 ¥101530 (329/4896)

過去5年の前後半の平均は35秒9-34秒9、後傾1秒0のスローペース。この距離に初挑戦の馬が大半で、ペースは上がりにくい。4角1~3番手の馬券絡みがないのは強い逃げ・先行馬の出走が少ないだけ。4角4~5番手が4連対しているように、先行馬が残りやすい。一方、「上がり最速馬」が2勝、2位が3勝。1着は速い上がりをマークする差し馬だが、2着は前残りに警戒。流れが落ち着くので外枠もダービーほど不利にならない。

PART 3

天皇賞・春（京都・芝3200m）

枠順 ◎　位置取り ○　上がり △

		馬名	性齢	斤量	騎手	タイム	着差	通過順位	上3F	人	体重
2016	1	1 ① キタサンブラック	牡4	58	武豊	3.15.3		01-01-01-01	35.0	2	524
	2	2 ③ カレンミロティック	セ8	58	池添謙一	3.15.3	ハナ	03-03-03-03	34.8	13	458
	3	4 ⑧ シュヴァルグラン	牡4	58	福永祐一	3.15.5	1 1/4	09-09-11-09	34.5	3	468

馬連 01-03 ¥20160 (51)　3連複 01-03-08 ¥32350 (103/816)　3連単 01-03-08 ¥242730 (682/4896)

		馬名	性齢	斤量	騎手	タイム	着差	通過順位	上3F	人	体重
2017	1	2 ③ キタサンブラック	牡5	58	武豊	3.12.5		02-02-02-01	35.3	1	536
	2	3 ⑥ シュヴァルグラン	牡5	58	福永祐一	3.12.7	1 1/4	05-05-04-03	35.2	4	468
	3	8 ⑮ サトノダイヤモンド	牡4	58	ルメール	3.12.7	クビ	07-07-07-05	35.0	2	506

馬連 03-06 ¥1040 (2)　3連複 03-06-15 ¥610 (1/680)　3連単 03-06-15 ¥3780 (5/4080)

		馬名	性齢	斤量	騎手	タイム	着差	通過順位	上3F	人	体重
2018	1	6 ⑫ レインボーライン	牡5	58	岩田康誠	3.16.2		10-10-11-11	35.2	2	452
	2	6 ⑪ シュヴァルグラン	牡6	58	ボウマン	3.16.2	クビ	04-03-02-02	35.8	1	474
	3	4 ⑧ クリンチャー	牡4	58	三浦皇成	3.16.3	1/2	07-07-04-03	35.7	4	488

馬連 11-12 ¥1030 (1)　3連複 08-11-12 ¥2060 (1/680)　3連単 12-11-08 ¥11650 (8/4080)

過去5年の1着馬4頭・2着馬3頭が2周目の4角を5番手以内で立ち回っている。そして、馬番1～8番が4勝・2着2回に対して、9番から外は1勝・2着3回と劣勢。同じ京都外回り長距離戦の菊花賞と比べて、距離適性の低い馬が少ないので、距離ロスが影響しやすい。二桁馬番での馬券絡みは3000m以上の重賞勝利かGⅠ連対実績のあった馬。「上がり最速馬」は1勝・3着2回。京都外回りにしては上位の上がりが要求されていない。

京都新聞杯（京都芝2200m）

枠順 ○　位置取り △　上がり ○

		馬名	性齢	斤量	騎手	タイム	着差	通過順位	上3F	人	体重
2016	1	2 ② スマートオーディン	牡3	56	戸崎圭太	2.12.6		13-13-12-09	33.8	1	482
	2	7 ⑪ アグネスフォルテ	牡3	56	松山弘平	2.12.7	3/4	02-02-02-02	34.5	9	438
	3	6 ⑨ ロイカバード	牡3	56	池添謙一	2.12.9	1 1/2	09-09-08-07	34.3	4	440

馬連 02-11 ¥4120 (15)　3連複 02-09-11 ¥7230 (26/364)　3連単 02-11-09 ¥33810 (119/2184)

		馬名	性齢	斤量	騎手	タイム	着差	通過順位	上3F	人	体重
2017	1	8 ⑪ プラチナムバレット	牡3	56	浜中俊	2.15.2		07-07-07-09	33.6	2	480
	2	3 ③ サトノクロニクル	牡3	56	川田将雅	2.15.2	頭	04-04-04-03	34.0	1	456
	3	2 ② ダノンディスタンス	牡3	56	和田竜二	2.15.2	クビ	02-02-02-02	34.2	6	522

馬連 03-11 ¥880 (1)　3連複 02-03-11 ¥3690 (14/220)　3連単 11-03-02 ¥15190 (52/1320)

		馬名	性齢	斤量	騎手	タイム	着差	通過順位	上3F	人	体重
2018	1	7 ⑬ ステイフーリッシュ	牡3	56	藤岡佑介	2.11.0		02-02-02-02	34.6	7	454
	2	4 ⑧ アドマイヤアルバ	牡3	56	岩田康誠	2.11.3	1 3/4	11-11-10-05	34.3	11	464
	3	8 ⑮ シャルドネゴールド	牡3	56	ボウマン	2.11.3	ハナ	13-13-13-12	33.9	4	440

馬連 08-13 ¥15710 (58)　3連複 08-13-15 ¥42640 (161/680)　3連単 13-08-15 ¥269100 (942/4080)

過去5年の前後半3ハロンの平均は35秒3-35秒0。後傾0秒3のイーブンペースで、4角先頭で馬券絡みした馬はいない。その一方、「上がり最速馬」は2勝・3着2回。上がり5位以内が8連対を占めており、京都の外回り戦らしく上位の上がりが不可欠。馬番2～4番が3勝・2着2回だが、すべて1～3番人気。二桁馬番の連対馬4頭のうち、3頭は7番人気以下。枠順ごとの有利不利は軽微で距離適性・速い上がりへの対応力の方が重要。

枠順と位置取りで勝ち馬を見抜く！

新潟大賞典（新潟芝2000m）

枠順 ○　位置取り △　上がり ○

2016

		馬名	性齢	斤量	騎手	タイム	着差	通過順位	上3F	人	体重
1	5⑨	パッションダンス	牡8	57	津村明秀	1.57.8		03-03	34.5	10	518
2	2③	フルーキー	牡6	57.5	藤岡佑介	1.58.1	2	08-09	34.0	1	488
3	6⑫	シャイニープリンス	牡6	56.5	幸英明	1.58.1	ハナ	04-05	34.5	8	500

馬連 03-09 ¥5190 (24)　3連複 03-09-12 ¥23210 (95/560)　3連単 09-03-12 ¥161790 (641/3360)

2017

		馬名	性齢	斤量	騎手	タイム	着差	通過順位	上3F	人	体重
1	1②	サンデーウィザード	牡5	55	石橋脩	1.58.6		06-06	34.1	3	450
2	3⑥	マイネルフロスト	牡6	57	丹内祐次	1.58.6	ハナ	02-02	34.3	11	488
3	6⑪	メートルダール	牡4	55	浜中俊	1.58.9	2	09-10	34.1	1	482

馬連 02-06 ¥11960 (33)　3連複 02-06-11 ¥10610 (34/560)　3連単 02-06-11 ¥89460 (255/3360)

2018

		馬名	性齢	斤量	騎手	タイム	着差	通過順位	上3F	人	体重
1	1①	スズカデヴィアス	牡7	56.5	三浦皇成	2.00.0		08-06	32.8	5	512
2	7⑭	ステイインシアトル	牡7	57	秋山真一	2.00.1	3/4	02-01	33.2	9	496
3	1②	ナスノセイカン	牡6	55	丸山元気	2.00.2	3/4	03-03	33.2	11	478

馬連 01-14 ¥10890 (36)　3連複 01-02-14 ¥106860 (248/560)　3連単 01-14-02 ¥581000 (1283/3360)

過去5年の前後半3ハロンの平均は36秒3-34秒1、後傾1秒4のスローペース。長い直線を意識するためペースは上がらない。上がり6位以下の連対は2頭のみで、ともに後傾3秒以上の超スローペースになった年（15年・18年）。一方で、上がり1～2位が4勝。馬番別では1～6番が3勝、2着4回で7連対。11番から外は2着が1回のみ。馬場も荒れておらず、遅い流れからの瞬発力勝負になるので経済コースを通れる内枠が有利。

NHKマイルカップ（東京芝1600m）

枠順 ×　位置取り ○　上がり ○

2016

		馬名	性齢	斤量	騎手	タイム	着差	通過順位	上3F	人	体重
1	2④	メジャーエンブレム	牝3	55	ルメール	1.32.8		01-01	35.1	1	496
2	3⑤	ロードクエスト	牡3	57	池添謙一	1.32.9	3/4	16-16	33.8	2	446
3	8⑱	レインボーライン	牡3	57	福永祐一	1.32.9	クビ	09-09	34.4	12	430

馬連 04-05 ¥940 (1)　3連複 04-05-18 ¥11190 (32/816)　3連単 04-05-18 ¥33030 (78/4896)

2017

		馬名	性齢	斤量	騎手	タイム	着差	通過順位	上3F	人	体重
1	8⑯	アエロリット	牝3	55	横山典弘	1.32.3		02-02	34.3	2	478
2	7⑭	リエノテソーロ	牝3	55	吉田隼人	1.32.5	1 1/2	09-09	34.0	13	450
3	3⑥	ボンセルヴィーソ	牡3	57	松山弘平	1.32.9	2 1/2	01-01	35.0	6	462

馬連 14-16 ¥17290 (58)　3連複 06-14-16 ¥50600 (171/816)　3連単 16-14-06 ¥296160 (994/4896)

2018

		馬名	性齢	斤量	騎手	タイム	着差	通過順位	上3F	人	体重
1	6⑪	ケイアイノーテック	牡3	57	藤岡佑介	1.32.8		17-15	33.7	6	456
2	5⑨	ギベオン	牡3	57	M.デム	1.32.8	クビ	05-04	34.5	2	508
3	8⑰	レッドヴェイロン	牡3	57	岩田康誠	1.32.8	頭	11-12	34.1	9	474

馬連 09-11 ¥3140 (10)　3連複 09-11-17 ¥21840 (58/816)　3連単 11-09-17 ¥129560 (368/4896)

過去5年で「4角先頭馬」は14年ミッキーアイル、16年メジャーエンブレムが1番人気に応えて勝利。実力があれば逃げ切りも可能はある。その一方、「上がり最速馬」が1勝・2着2回・3着1回。連対馬6頭が3位以内の速い上がりをマークしている。枠順ごとに大きな偏りは見られず、ペースに左右される面が大きい。前半34秒台後半～35秒台なら逃げ＆先行馬が好走、前半33秒台～34秒台前半なら差し＆追込み馬が台頭しやすい。

PART 3

京王杯スプリングカップ (東京芝1400m)

枠順 × 位置取り △ 上がり △

		馬名	性齢	斤量	騎手	タイム	着差	通過順位	上3F	人	体重
2016	1	5 ⑩サトノアラジン	牡5	56	川田将雅	1.19.6		12-12	32.4	3	526
	2	7 ⑬サンライズメジャー	牡7	56	戸崎圭太	1.19.8	1 1/2	15-16	32.4	7	480
	3	1 ①ロサギガンティア	牡5	57	M.デム	1.19.8	クビ	06-06	33.1	2	530

馬連 10-13 ¥4380 (17)　**3連複** 01-10-13 ¥6590 (20/560)　**3連単** 10-13-01 ¥39380 (105/3360)

		馬名	性齢	斤量	騎手	タイム	着差	通過順位	上3F	人	体重
2017	1	7 ⑩レッドファルクス	牡6	58	M.デム	1.23.2		08-09	33.7	2	474
	2	8 ⑫クラレント	牡8	56	岩田康誠	1.23.3	3/4	03-04	34.1	11	488
	3	6 ⑨グランシルク	牡5	56	戸崎圭太	1.23.4	1/2	10-10	33.8	4	506

馬連 10-12 ¥19230 (54)　**3連複** 09-10-12 ¥29390 (101/286)　**3連単** 10-12-09 ¥179770 (578/1716)

		馬名	性齢	斤量	騎手	タイム	着差	通過順位	上3F	人	体重
2018	1	3 ⑤ムーンクエイク	セ5	56	ルメール	1.19.5		10-10	33.2	4	504
	2	8 ⑰キャンベルジュニア	牡6	56	石橋脩	1.19.5	頭	08-08	33.4	7	546
	3	1 ①サトノアレス	牡4	56	蛯名正義	1.19.5	ハナ	16-15	32.7	2	504

馬連 05-17 ¥6000 (24)　**3連複** 01-05-17 ¥11860 (33/816)　**3連単** 05-17-01 ¥76780 (241/4896)

過去5年、「4角先頭馬」の馬券絡みはなく、4角2～5番手は3連対。上がり1位が2勝・2着2回、これを含め上がり3位以内が4勝。長い直線を有する東京らしく、短距離カテゴリーながらそこそこ差しが届く。この5年は馬番1～8番の1勝に対して、9番から外が4勝・2着5回の9連対を占めた。人気馬が入る機会が多かったことも確かではあるが、人気薄の激走も複数。つまり、人気馬も穴馬も中～外枠の方が力を出しやすいと考えられる。

ヴィクトリアマイル (東京芝1600m)

枠順 × 位置取り △ 上がり △

		馬名	性齢	斤量	騎手	タイム	着差	通過順位	上3F	人	体重
2016	1	7 ⑬ストレイトガール	牝7	55	戸崎圭太	1.31.5		11-10	33.4	7	466
	2	5 ⑩ミッキークイーン	牝4	55	浜中俊	1.31.9	2 1/2	13-12	33.6	1	432
	3	7 ⑮ショウナンパンドラ	牝5	55	池添謙一	1.31.9	ハナ	13-14	33.5	2	446

馬連 10-13 ¥3510 (13)　**3連複** 10-13-15 ¥6090 (11/816)　**3連単** 13-10-15 ¥48310 (125/4896)

		馬名	性齢	斤量	騎手	タイム	着差	通過順位	上3F	人	体重
2017	1	3 ⑤アドマイヤリード	牝4	55	ルメール	1.33.9		12-07	33.4	6	422
	2	5 ⑩デンコウアンジュ	牝4	55	蛯名正義	1.34.1	1 1/4	09-11	33.2	11	444
	3	2 ③ジュールポレール	牝4	55	幸英明	1.34.1	クビ	06-07	33.6	7	452

馬連 05-10 ¥42710 (61)　**3連複** 03-05-10 ¥123870 (194/680)　**3連単** 05-10-03 ¥918700 (1139/4080)

		馬名	性齢	斤量	騎手	タイム	着差	通過順位	上3F	人	体重
2018	1	2 ④ジュールポレール	牝5	55	幸英明	1.32.3		08-08	33.3	8	460
	2	8 ⑯リスグラシュー	牝4	55	武豊	1.32.3	ハナ	13-13	32.9	1	450
	3	3 ⑥レッドアヴァンセ	牝5	55	北村友一	1.32.3	クビ	04-04	33.6	7	448

馬連 04-16 ¥4090 (17)　**3連複** 04-06-16 ¥8850 (23/816)　**3連単** 04-16-06 ¥63640 (193/4896)

16年はストレイトガールが1分31秒5のレコード勝ち。稍重馬場の17年以外は1分31～32秒台前半と速く、18年は雨の中でも1分32秒3の好タイム。高速決着への対応力が何より重要で、枠順の有利不利は見られない。「上がり最速馬」が3連対である一方、上がり6位以下の連対も2頭。上がりの速さよりも、スピード持続力が求められる。2000m以上に実績のある中距離型よりも、マイル前後を主戦場としている馬の方が信頼できる。

平安S（京都ダ1900m）

枠順 ○　位置取り ○　上がり △

2016

		馬名	性齢	斤量	騎手	タイム	着差	通過順位	上3F	人	体重
1	8⑭	アスカノロマン	牡5	58	太宰啓介	1.56.2		01-01-01-01	37.2	1	524
2	6⑪	クリノスターオー	牡6	56	幸英明	1.57.0	5	02-02-02-02	37.8	3	532
3	4⑥	クリソライト	牡6	58	川田将雅	1.57.0	頭	06-05-04-04	37.6	4	502

馬連 11-14 ¥840 (3)　3連複 06-11-14 ¥1770 (4/455)　3連単 14-11-06 ¥6130 (7/2730)

2017

		馬名	性齢	斤量	騎手	タイム	着差	通過順位	上3F	人	体重
1	5⑨	グレイトパール	牡4	56	川田将雅	1.55.7		09-09-03-02	37.4	2	538
2	2④	クリソライト	牡7	58	武豊	1.56.4	4	16-16-16-15	36.3	6	504
3	1①	マイネルバイカ	牡8	56	岩田康誠	1.56.5	1/2	06-05-06-05	37.8	15	496

馬連 04-09 ¥2480 (7)　3連複 01-04-09 ¥96220 (216/560)　3連単 09-04-01 ¥236010 (730/3360)

2018

		馬名	性齢	斤量	騎手	タイム	着差	通過順位	上3F	人	体重
1	5⑨	サンライズソア	牡4	57	M.デム	1.57.3		01-01-01-01	37.0	7	506
2	7⑭	クイーンマンボ	牝4	55	ルメール	1.57.5	1 1/2	06-06-06-06	36.7	3	506
3	5⑩	クインズサターン	牡5	56	四位洋文	1.57.5	ハナ	08-08-09-08	36.3	5	482

馬連 09-14 ¥5940 (13)　3連複 09-10-14 ¥24480 (55/560)　3連単 09-14-10 ¥168500 (303/3360)

過去5年すべて前傾ラップながら「4角先頭馬」の3勝を含め、4角2番手以内が5勝・2着2回の計7連対。枠順別では1～4枠[1・2・2・34]に対して、5～8枠[4・3・3・30]。内枠の1着は逃げた15年インカンテーションのみ。1～3番人気馬に限っても、1～4枠[0・0・0・6]、5～8枠[2・3・0・3]。17年圧勝のグレイトパール（5枠9番）は、18年（3枠6番）で5着。3角手前からレースが動き、内枠は不利を受けやすい。

オークス（東京芝2400m）

枠順 △　位置取り ○　上がり ◎

2016

		馬名	性齢	斤量	騎手	タイム	着差	通過順位	上3F	人	体重
1	2③	シンハライト	牝3	55	池添謙一	2.25.0		15-14-13-14	33.5	1	422
2	7⑬	チェッキーノ	牝3	55	戸崎圭太	2.25.0	クビ	12-13-13-14	33.5	2	462
3	7⑭	ビッシュ	牝3	55	M.デム	2.25.1	1/2	07-08-08-05	34.1	5	416

馬連 03-13 ¥420 (1)　3連複 03-13-14 ¥2070 (4/816)　3連単 03-13-14 ¥5790 (6/4896)

2017

		馬名	性齢	斤量	騎手	タイム	着差	通過順位	上3F	人	体重
1	1②	ソウルスターリング	牝3	55	ルメール	2.24.1		03-04-02-02	34.1	1	474
2	1①	モズカッチャン	牝3	55	和田竜二	2.24.4	1 3/4	06-06-06-06	34.1	4	468
3	8⑯	アドマイヤミヤビ	牝3	55	M.デム	2.24.8	2 1/2	13-13-13-12	33.9	2	476

馬連 01-02 ¥2290 (6)　3連複 01-02-16 ¥4600 (9/816)　3連単 02-01-16 ¥20130 (41/4896)

2018

		馬名	性齢	斤量	騎手	タイム	着差	通過順位	上3F	人	体重
1	7⑬	アーモンドアイ	牝3	55	ルメール	2.23.8		06-06-06-05	33.2	1	466
2	1①	リリーノーブル	牝3	55	川田将雅	2.24.1	2	03-03-03-03	33.9	4	496
3	1②	ラッキーライラック	牝3	55	石橋脩	2.24.4	1 3/4	04-05-04-03	33.9	2	492

馬連 01-13 ¥1190 (4)　3連複 01-02-13 ¥750 (2/680)　3連単 13-01-02 ¥3360 (5/4080)

過去5年で「上がり最速馬」は3勝・2着2回・3着1回、5年連続で馬券絡み。勝ち馬はすべて、連対馬9頭が上がり3位以内&33～34秒台前半をマーク。3歳牝馬にとってタフな東京芝2400mなので、前半はスタミナ温存に専念したい。折り合いに難のあるタイプは桜花賞から3ハロンの距離延長に対応しきれない。過去5年で単勝オッズ20倍以上の馬券絡みはなく、同じ舞台のダービーと比べると内枠に好走が偏っているわけでもない。

PART 3

葵S（京都芝1200m）

| | | 枠順 ◎ | 位置取り ◎ | 上がり △ |

		馬 名	性齢	斤量	騎手	タイム	着差	通過順位	上3F	人	体重
2016	1	—	—	—	—	—		—	—	—	—
	2	—	—	—	—	—		—	—	—	—
	3	—	—	—	—	—		—	—	—	—
	馬連		3連複			3連単					
2017	1	—	—	—	—	—		—	—	—	—
	2	—	—	—	—	—		—	—	—	—
	3	—	—	—	—	—		—	—	—	—
	馬連		3連複			3連単					
2018	1	2③ゴールドクイーン	牝3	54	古川吉洋	1.08.0		01-01	34.1	9	454
	2	1①ラブカンプー	牝3	54	和田竜二	1.08.2	1 1/4	02-02	34.1	6	424
	2	7⑭トゥラヴェスーラ	牡3	56	福永祐一	1.08.2	同着	12-12	33.2	2	468
	馬連 01-03 ¥6980 (36) / 03-14 ¥4700 (28)		3連複 01-03-14 ¥35170 (100/560)			3連単 03-01-14 ¥138780 (696/3360) / 03-14-01 ¥124940 (644/3360)					

18年から重賞に昇格。京都の内回り1200m戦は先行争いが激しくなるケースもあるが、最初のコーナーまでの距離が短く、早めに隊列が落ち着くことも多い。クラスによらず、前半34秒台前半で流れることが多く、逃げ＆先行馬には楽。直線が平坦で約300mしかないので「4角先頭馬」が最も好成績を収める舞台のひとつ。18年は逃げた2枠3番が1着、2番手の1枠1番が2着（同着）。OP特別時代を含め、過去5年の1着はすべて1～5番。

ダービー（東京芝2400m）

| | | 枠順 ○ | 位置取り ○ | 上がり ○ |

		馬 名	性齢	斤量	騎手	タイム	着差	通過順位	上3F	人	体重
2016	1	2③マカヒキ	牡3	57	川田将雅	2.24.0		07-08-08-08	33.3	3	502
	2	4⑧サトノダイヤモンド	牡3	57	ルメール	2.24.0	ハナ	07-07-06-07	33.4	2	500
	3	1①ディーマジェスティ	牡3	57	蛯名正義	2.24.1	1/2	09-10-08-10	33.3	1	472
	馬連 03-08 ¥700 (1)		3連複 01-03-08 ¥850 (1/816)			3連単 03-08-01 ¥4600 (5/4896)					
2017	1	6⑫レイデオロ	牡3	57	ルメール	2.26.9		13-14-02-02	33.8	2	480
	2	2④スワーヴリチャード	牡3	57	四位洋文	2.27.0	3/4	07-07-07-05	33.5	3	492
	3	8⑱アドミラブル	牡3	57	M.デム	2.27.2	1 1/4	15-17-13-12	33.3	1	514
	馬連 04-12 ¥1620 (4)		3連複 04-12-18 ¥2220 (1/816)			3連単 12-04-18 ¥11870 (8/4896)					
2018	1	8⑰ワグネリアン	牡3	57	福永祐一	2.23.6		04-05-06-04	34.3	5	450
	2	6⑫エポカドーロ	牡3	57	戸崎圭太	2.23.7	1/2	01-01-01-01	34.7	4	490
	3	4⑦コズミックフォース	牡3	57	石橋脩	2.23.8	クビ	04-03-02-02	34.7	16	464
	馬連 12-17 ¥7950 (23)		3連複 07-12-17 ¥521600 (453/816)			3連単 17-12-07 ¥2856300 (2229/4896)					

過去5年の勝ち馬の3頭が上がり2位以内、勝ち時計も2分23～24秒台と速い。同時に連対馬のうち9頭が4角7番手以内で立ち回っており、頂点を決める一戦に相応しく、先行力・速い上がり＆時計・瞬発力のすべてが問われる。1～4枠［2・3・3・31］、5～8枠［3・2・2・43］と、大差がない。ただし、5番人気以下は5～8枠［1・0・0・30］に対して、1～4枠［0・1・2・25］。人気薄の好走は内を通れる内枠から。

目黒記念（東京芝2500m）

枠順 ○　位置取り ○　上がり ○

2016

		馬名	性齢	斤量	騎手	タイム	着差	通過順位	上3F	人	体重
1	7⑮	クリプトグラム	牡4	54	福永祐一	2.30.6		10-11-11-10	34.2	3	476
2	3⑥	マリアライト	牝5	56	蛯名正義	2.30.6	クビ	08-08-08-07	34.4	1	438
3	5⑩	ヒットザターゲット	牡8	58	小牧太	2.30.7	3/4	10-08-08-07	34.5	8	512

馬連 06-15 ¥1200 (2)　3連複 06-10-15 ¥9530 (24/816)　3連単 15-06-10 ¥47830 (131/4896)

2017

		馬名	性齢	斤量	騎手	タイム	着差	通過順位	上3F	人	体重
1	6⑫	フェイムゲーム	セ7	58	ルメール	2.30.9		10-10-10-10	33.9	8	454
2	1②	ヴォルシェーブ	牡6	56.5	戸崎圭太	2.31.0	1/2	08-08-08-09	34.3	1	486
3	5⑨	ハッピーモーメント	牡7	54	川田将雅	2.31.3	2	04-03-03-03	35.2	13	502

馬連 02-12 ¥3450 (8)　3連複 02-09-12 ¥41190 (121/816)　3連単 12-02-09 ¥316940 (845/4896)

2018

		馬名	性齢	斤量	騎手	タイム	着差	通過順位	上3F	人	体重
1	2③	ウインテンダネス	牡5	54	内田博幸	2.29.7		05-07-06-05	34.1	9	502
2	2④	ノーブルマーズ	牡5	55	高倉稜	2.29.8	3/4	03-02-02-03	34.4	10	490
3	4⑧	パフォーマプロミス	牡6	56	M.デム	2.29.8	頭	03-05-05-05	34.2	1	452

馬連 03-04 ¥19220 (54)　3連複 03-04-08 ¥23330 (82/560)　3連単 03-04-08 ¥197190 (644/3360)

過去5年の前後半の平均は36秒2-34秒9。直線が長い東京の長距離戦なのでペースは全く上がらないが、4角4番手以内は2着1回のみ。「上がり最速馬」は2勝、勝ち馬5頭を含む連対馬9頭が上がり5位以内をマークしており、1着馬4頭・2着馬2頭が4角8番手以降から末脚を伸ばしている。1～5番人気馬は僅か1勝と、人気薄の台頭が目立つレース。馬番12～15番が計3勝を挙げており、同コースのア共和国杯に比べ枠順の偏りは軽微。

鳴尾記念（阪神芝2000m）

枠順 ✕　位置取り △　上がり △

2016

		馬名	性齢	斤量	騎手	タイム	着差	通過順位	上3F	人	体重
1	3③	サトノノブレス	牡6	56	川田将雅	1.57.6		04-04-03-02	34.8	3	504
2	7⑫	ステファノス	牡5	56	戸崎圭太	1.57.6	クビ	08-08-06-06	34.6	2	486
3	2②	ブランスペスカ	牡6	56	幸英明	1.57.7	クビ	04-06-06-06	34.8	13	472

馬連 03-12 ¥630 (3)　3連複 02-03-12 ¥33750 (72/364)　3連単 03-12-02 ¥123600 (268/2184)

2017

		馬名	性齢	斤量	騎手	タイム	着差	通過順位	上3F	人	体重
1	8⑨	ステイインシアトル	牡6	56	武豊	1.59.4		01-01-01-01	34.1	3	484
2	7⑧	スマートレイアー	牝7	54	M.デム	1.59.4	クビ	05-05-05-05	33.6	1	476
3	3③	マイネルフロスト	牡6	56	丹内祐次	1.59.7	1 3/4	03-03-03-03	34.2	7	488

馬連 08-09 ¥850 (2)　3連複 03-08-09 ¥2570 (8/120)　3連単 09-08-03 ¥14460 (44/720)

2018

		馬名	性齢	斤量	騎手	タイム	着差	通過順位	上3F	人	体重
1	7⑧	ストロングタイタン	牡5	56	M.デム	1.57.2		05-05-05-04	34.8	4	520
2	2②	トリオンフ	セ4	56	ルメール	1.57.3	1/2	05-05-05-04	34.8	1	530
3	5⑤	トリコロールブルー	牡4	56	岩田康誠	1.57.7	2 1/2	07-07-08-07	35.0	2	492

馬連 02-08 ¥860 (2)　3連複 02-05-08 ¥890 (1/165)　3連単 08-02-05 ¥5690 (8/990)

内を立ち回る馬が有利な阪神内回りコース。過去5年は4角5番手以内で立ち回った馬が4勝・2着3回。13・17年には逃げ切りが発生している。その一方、15年は上がり1・2位のワン・ツー、18年は上がり1位タイの2頭がワン・ツーだったのを含め、全連対馬が上がり5位以内をマークしている。過去5年で7枠が1勝・2着3回、8枠が3勝で、計7連対。対して馬番1～7番は1～5番人気馬に限っても [1・1・2・12] と、凡走が多い。

PART 3

安田記念（東京芝1600m）

枠順 △ 位置取り ○ 上がり ○

2016

	馬名	性齢	斤量	騎手	タイム	着差	通過順位	上3F	人	体重
1	5⑥ロゴタイプ	牡6	58	田辺裕信	1.33.0		01-01	33.9	8	496
2	6⑧モーリス	牡5	58	ベリー	1.33.2	1 1/4	02-02	34.0	1	514
3	7⑩フィエロ	牡7	58	内田博幸	1.33.2	ハナ	09-09	33.5	6	500

馬連 06-08 ¥3230 (10) 　3連複 06-08-10 ¥14990 (42/220) 　3連単 06-08-10 ¥153560 (312/1320)

2017

	馬名	性齢	斤量	騎手	タイム	着差	通過順位	上3F	人	体重
1	7⑭サトノアラジン	牡6	58	川田将雅	1.31.5		14-15	33.5	7	528
2	8⑯ロゴタイプ	牡7	58	田辺裕信	1.31.5	クビ	01-01	34.4	8	494
3	3⑥レッドファルクス	牡6	58	M.デム	1.31.6	クビ	14-13	33.7	3	474

馬連 14-16 ¥10480 (40) 　3連複 06-14-16 ¥43500 (128/816) 　3連単 14-16-06 ¥283000 (797/4896)

2018

	馬名	性齢	斤量	騎手	タイム	着差	通過順位	上3F	人	体重
1	5⑩モズアスコット	牡4	58	ルメール	1.31.3		11-12	33.3	9	482
2	2④アエロリット	牝4	56	戸崎圭太	1.31.3	クビ	03-03	34.0	5	502
3	1①スワーヴリチャード	牡4	58	M.デム	1.31.4	3/4	05-05	33.9	1	506

馬連 04-10 ¥7370 (31) 　3連複 01-04-10 ¥6560 (19/560) 　3連単 10-04-01 ¥63280 (218/3360)

過去5年「上がり最速馬」は3勝・2着1回・3着1回と、すべて馬券絡み。「4角先頭馬」で馬券絡みしたのはロゴタイプ（16年＝1着、17年＝2着）のみ。4角10番手以下から6頭も馬券絡み。前半33秒台後半～34秒台前半の厳しいラップになりやすく、先行力だけでは押し切れない。枠順ごとの偏りは大きくなく、馬番1～9番が2勝・2着2回に対して、10～18番が3勝・2着3回。長い直線での末脚比べなので外枠も不利にならない。

エプソムカップ（東京芝1800m）

枠順 △ 位置取り ◎ 上がり △

2016

	馬名	性齢	斤量	騎手	タイム	着差	通過順位	上3F	人	体重
1	8⑱ルージュバック	牝4	54	戸崎圭太	1.46.2		08-09-09	32.8	1	452
2	8⑯フルーキー	牡6	58	M.デム	1.46.6	2 1/2	14-12-11	33.0	3	480
3	7⑬マイネルミラノ	牡6	56	柴田大知	1.46.6	クビ	01-01-01	34.3	6	494

馬連 16-18 ¥750 (1) 　3連複 13-16-18 ¥4550 (11/816) 　3連単 18-16-13 ¥15090 (34/4896)

2017

	馬名	性齢	斤量	騎手	タイム	着差	通過順位	上3F	人	体重
1	6⑫ダッシングブレイズ	牡5	56	浜中俊	1.45.9		05-02-03	34.2	5	500
2	5⑩アストラエンブレム	牡4	56	M.デム	1.46.0	1/2	02-02-03	34.2	1	470
3	4⑦マイネルハニー	牡4	56	柴田大知	1.46.0	ハナ	01-01-01	34.6	6	478

馬連 10-12 ¥1640 (5) 　3連複 07-10-12 ¥6890 (17/816) 　3連単 12-10-07 ¥47120 (121/4896)

2018

	馬名	性齢	斤量	騎手	タイム	着差	通過順位	上3F	人	体重
1	8⑯サトノアーサー	牡4	56	戸崎圭太	1.47.4		03-06-06	35.2	2	480
2	3⑥ハクサンルドルフ	牡5	56	川田将雅	1.47.5	1/2	12-13-13	34.7	4	464
3	3⑤グリュイエール	牡6	56	福永祐一	1.47.6	3/4	10-08-08	35.1	5	486

馬連 06-16 ¥2240 (8) 　3連複 05-06-16 ¥6380 (17/560) 　3連単 16-06-05 ¥28020 (73/3360)

過去5年の前後半3ハロンの平均は35秒9-34秒6。すべて後傾0秒4以上のスローペース。その結果、4角5番手以内が6連対。16年・17年は逃げ馬が3着に粘っている。その一方、「上がり最速馬」が2勝・2着1回。1着馬のうち2頭が32～33秒台をマークしている。また、過去5年の連対馬はすべて1～5番人気以内。どの枠からでも上位人気馬が力を発揮しやすいレースで、先行力・速い上がりへの対応力・降雨時は道悪適性を重視。

枠順と位置取りで勝ち馬を見抜く!

マーメイドS (阪神芝2000m)

枠順 △ 位置取り △ 上がり ○

		馬名	性齢	斤量	騎手	タイム	着差	通過順位	上3F	人	体重
2016	1	7⑫ リラヴァティ	牝5	53	松若風馬	1.59.3		03-03-02-01	35.7	6	452
	2	5⑦ ヒルノマテーラ	牝5	51	四位洋文	1.59.3	クビ	14-14-14-11	34.7	7	462
	3	1① ココロノアイ	牝4	55	横山典弘	1.59.4	クビ	02-02-03-05	35.5	5	470

馬連 07-12 ¥6030 (25) **3連複** 01-07-12 ¥24090 (104/364) **3連単** 12-07-01 ¥147190 (611/2184)

		馬名	性齢	斤量	騎手	タイム	着差	通過順位	上3F	人	体重
2017	1	7⑩ マキシマムドパリ	牝5	55	藤岡佑介	1.59.5		04-04-03-02	34.8	3	462
	2	4④ クインズミラーグロ	牝5	54	幸英明	1.59.6	3/4	05-05-05-03	34.7	4	460
	3	1① アースライズ	牝5	54	中谷雄太	1.59.6	ハナ	07-07-07-09	34.5	6	462

馬連 04-10 ¥1270 (2) **3連複** 01-04-10 ¥2870 (3/220) **3連単** 10-04-01 ¥14720 (15/1320)

		馬名	性齢	斤量	騎手	タイム	着差	通過順位	上3F	人	体重
2018	1	2③ アンドリエッテ	牝6	51	国分恭介	1.59.1		12-09-11-09	34.4	10	474
	2	1① ワンブレスアウェイ	牝5	53	津村明秀	1.59.1	クビ	06-06-09-03	34.6	9	476
	3	7⑫ ミエノサクシード	牝5	54	川島信二	1.59.4	2	04-05-04-04	35.1	4	464

馬連 01-03 ¥10840 (53) **3連複** 01-03-12 ¥35680 (158/455) **3連単** 03-01-12 ¥263970 (1102/2730)

14~18年の5年間では「4角先頭馬」が2着2回、4角5番手以内が5連対。道中の流れが緩みやすく、直線の短い内回りなので、後方過ぎては差し届かない。その一方、「上がり最速馬」は3勝・2着1回、上がり2位は1勝・3着2回。4角9番手以下からでも7頭が馬券圏内に差し届いている。最新の18年は内を突いた馬番3番・1番で決着したが、それ以前の5年では二桁馬番が4勝・2着3回。枠順よりも馬群を割れる器用さが重要。

函館スプリントS (函館芝1200m)

枠順 △ 位置取り △ 上がり ○

		馬名	性齢	斤量	騎手	タイム	着差	通過順位	上3F	人	体重
2016	1	8⑯ ソルヴェイグ	牝3	50	丸田恭介	1.07.8		02-02	34.3	12	464
	2	2③ シュウジ	牡3	52	岩田康誠	1.07.8	ハナ	04-04	34.0	2	486
	3	1① レッツゴードンキ	牝4	54	吉田隼人	1.08.0	1 1/4	07-07	34.0	7	476

馬連 03-16 ¥17090 (54) **3連複** 01-03-16 ¥43840 (142/560) **3連単** 16-03-01 ¥397650 (1104/3360)

		馬名	性齢	斤量	騎手	タイム	着差	通過順位	上3F	人	体重
2017	1	6⑧ ジューヌエコール	牝3	50	北村友一	1.06.8		06-05	33.9	3	482
	2	3③ キングハート	牡4	56	中谷雄太	1.07.2	2 1/2	07-07	34.2	4	492
	3	4④ エポワス	セ9	56	柴山雄一	1.07.2	クビ	07-09	34.1	6	484

馬連 03-08 ¥3090 (11) **3連複** 03-04-08 ¥13120 (43/286) **3連単** 08-03-04 ¥55520 (177/1716)

		馬名	性齢	斤量	騎手	タイム	着差	通過順位	上3F	人	体重
2018	1	1① セイウンコウセイ	牡5	57	池添謙一	1.07.6		01-01	34.5	3	500
	2	5⑨ ヒルノデイバロー	牡7	56	四位洋文	1.07.6	ハナ	06-05	33.9	10	506
	3	4⑦ ナックビーナス	牝5	54	三浦皇成	1.07.7	クビ	03-03	34.3	1	522

馬連 01-09 ¥10410 (39) **3連複** 01-07-09 ¥11690 (35/560) **3連単** 01-09-07 ¥81900 (274/3360)

17年は1分6秒8のレコード決着、16年のレコードを1秒0も更新した。最新の18年も1分7秒6で決着。洋芝の函館だが高速決着への対応力が要求される。高速化が著しい16~18年の連対馬はすべて4角7番手以内。前傾ラップになっても後方一気は届きにくい。開幕週でもあり内を通る馬が圧倒的に有利だが、ダッシュ力があれば外枠でも問題ない。また、位置取り争いがタイトなので内枠の差し馬には直線で前が詰まるリスクがある。

PART 3

ユニコーンS（東京ダ1600m）

枠順 ○　位置取り ◎　上がり ○

		馬名	性齢	斤量	騎手	タイム	着差	通過順位	上3F	人	体重
2016	1	6 ⑫ ゴールドドリーム	牡3	56	川田将雅	1.35.8		03-04	35.9	2	512
	2	7 ⑬ ストロングバローズ	牡3	56	ルメール	1.35.8	クビ	02-02	36.2	1	532
	3	7 ⑭ グレンツェント	牡3	56	ベリー	1.36.3	3	11-11	35.7	3	466

馬連 12-13 ¥340 (1)　3連複 12-13-14 ¥470 (1/560)　3連単 12-13-14 ¥1560 (1/3360)

		馬名	性齢	斤量	騎手	タイム	着差	通過順位	上3F	人	体重
2017	1	4 ⑧ サンライズノヴァ	牡3	56	戸崎圭太	1.35.9		09-10	35.4	2	526
	2	1 ② ハルクンノテソーロ	牡3	56	田辺裕信	1.36.6	4	14-10	36.1	5	474
	3	8 ⑮ サンライズソア	牡3	56	岩崎翼	1.36.9	2	05-06	36.8	3	498

馬連 02-08 ¥2860 (9)　3連複 02-08-15 ¥4110 (8/560)　3連単 08-02-15 ¥25710 (73/3360)

		馬名	性齢	斤量	騎手	タイム	着差	通過順位	上3F	人	体重
2018	1	7 ⑭ ルヴァンスレーヴ	牡3	56	M.デム	1.35.0		08-04	35.2	1	488
	2	3 ⑤ グレートタイム	牡3	56	ルメール	1.35.6	3 1/2	11-09	35.6	3	470
	3	6 ⑫ エングローサー	牡3	56	田中勝春	1.35.6	頭	14-13	35.2	7	480

馬連 05-14 ¥740 (2)　3連複 05-12-14 ¥7550 (21/560)　3連単 14-05-12 ¥22430 (56/3360)

毎年のように短距離戦からの参戦馬も複数いて、スタート直後の芝でペースが上がりやすい。その結果、過去5年の前後半の平均は34秒6-36秒4、前傾1秒6のハイラップ。「上がり最速馬」は3勝・3着3回、勝ち馬はすべて上がり3位以内をマーク。如何に直線までに脚を溜められるかが肝要。連対馬のうち9頭が5番人気以内と、堅い重賞である中で馬番2番・4番の1番人気馬が着外に消えている。コース傾向のとおりに内枠は割引。

宝塚記念（阪神芝2200m）

枠順 ○　位置取り △　上がり ○

		馬名	性齢	斤量	騎手	タイム	着差	通過順位	上3F	人	体重
2016	1	8 ⑯ マリアライト	牝5	56	蛯名正義	2.12.8		11-11-10-06	36.3	8	438
	2	5 ⑨ ドゥラメンテ	牡4	58	M.デム	2.12.8	クビ	13-13-10-09	36.1	1	498
	3	2 ③ キタサンブラック	牡4	58	武豊	2.12.8	ハナ	01-01-01-01	36.8	2	536

馬連 09-16 ¥2440 (8)　3連複 03-09-16 ¥2800 (5/680)　3連単 16-09-03 ¥26250 (66/4080)

		馬名	性齢	斤量	騎手	タイム	着差	通過順位	上3F	人	体重
2017	1	8 ⑪ サトノクラウン	牡5	58	M.デム	2.11.4		07-06-06-06	35.4	3	488
	2	2 ② ゴールドアクター	牡6	58	横山典弘	2.11.5	3/4	06-06-06-09	35.4	5	488
	3	7 ⑧ ミッキークイーン	牝5	56	浜中俊	2.11.7	1 1/2	09-09-09-09	35.5	4	448

馬連 02-11 ¥5250 (17)　3連複 02-08-11 ¥10670 (29/165)　3連単 11-02-08 ¥70420 (160/990)

		馬名	性齢	斤量	騎手	タイム	着差	通過順位	上3F	人	体重
2018	1	2 ④ ミッキーロケット	牡5	58	和田竜二	2.11.6		07-05-03-02	35.8	7	476
	2	7 ⑬ ワーザー	セ7	58	ボウマン	2.11.6	クビ	12-14-13-13	35.3	10	446
	3	1 ② ノーブルマーズ	牡5	58	高倉稜	2.12.1	3	10-09-07-07	36.1	12	490

馬連 04-13 ¥9200 (44)　3連複 02-04-13 ¥93450 (238/560)　3連単 04-13-02 ¥492560 (1272/3360)

過去5年は「上がり最速馬」（タイ）が3勝・2着3回とパーフェクト。連対馬はすべて5位以内の上がりをマークしている。逃げ・先行に有利な阪神内回りコースだが、梅雨の影響も受ける開催後半なので馬場が荒れやすく、上位の上がりなら差し届く。馬番1~9番［1・4・5・35］に対して、10~17番が［4・1・0・22］。10年遡っても6~8枠が8勝で、中でも8枠が6勝。1着は外枠、2~3着は内~中枠というケースが多い。

ラジオNIKKEI賞（福島芝1800m） 枠順 ◎ 位置取り △ 上がり ○

2015

	馬名	性齢	斤量	騎手	タイム	着差	通過順位	上3F	人	体重
1	②③アンビシャス	牡3	56.5	ルメール	1.46.4		11-09-10-06	34.3	1	460
2	⑥⑫ミュゼゴースト	牡3	55	柴田善臣	1.47.0	3 1/2	03-02-03-02	35.4	4	496
3	③⑥マルターズアポジー	牡3	53	武士沢友	1.47.1	3/4	01-01-01-01	35.8	12	520

馬連 03-12 ¥1420 (3)　3連複 03-06-12 ¥19940 (63/560)　3連単 03-12-06 ¥75100 (219/3360)

2016

	馬名	性齢	斤量	騎手	タイム	着差	通過順位	上3F	人	体重
1	①①ゼーヴィント	牡3	54	戸崎圭太	1.47.0		07-08-07-07	34.5	1	482
2	③⑥ダイワドレッサー	牝3	53	石川裕紀	1.47.2	1 1/4	02-02-03-03	35.1	9	452
3	⑧⑮アーバンキッド	牡3	56	福永祐一	1.47.2	頭	12-11-14-11	34.3	5	472

馬連 01-06 ¥3580 (14)　3連複 01-06-15 ¥13040 (48/560)　3連単 01-06-15 ¥67460 (245/3360)

2017

	馬名	性齢	斤量	騎手	タイム	着差	通過順位	上3F	人	体重
1	⑧⑪セダブリランテス	牡3	54	石川裕紀	1.46.6		03-03-03-02	35.1	2	524
2	⑥⑦ウインガナドル	牡3	53	津村明秀	1.46.6	クビ	01-01-01-01	35.4	8	454
3	①①ロードリベラル	牡3	53	吉田隼人	1.46.7	クビ	12-12-12-11	34.4	9	418

馬連 07-11 ¥4580 (22)　3連複 01-07-11 ¥34600 (104/220)　3連単 11-07-01 ¥156510 (498/1320)

過去5年で4角9番手以降の連対は2頭のみ。小回りなので後方一気は届きにくい。「上がり最速馬」は2勝・2着1回・3着1回で、勝ち馬はすべて上がり5位以内。好位〜中団から脚を伸ばすのが勝ちパターン。枠順ごとに大きな偏りは見られないが、5番人気以下の好走は馬番1〜7番［0・3・4・19］に対して、8〜16番［2・0・1・27］。9番・11番で1着の2頭は、「4角3番手」&「内ラチ沿いの追込み」。つまり、穴の大半が内を通った馬。

CBC賞（中京芝1200m） 枠順 ○ 位置取り ◎ 上がり △

2015

	馬名	性齢	斤量	騎手	タイム	着差	通過順位	上3F	人	体重
1	③⑥ウリウリ	牝5	55.5	岩田康誠	1.09.1		14-12	34.4	2	468
2	④⑦ダンスディレクター	牡5	55	浜中俊	1.09.2	1/2	10-09	34.7	1	440
3	⑦⑬サドンストーム	牡6	57	国分優作	1.09.2	クビ	13-12	34.5	3	480

馬連 06-07 ¥1170 (1)　3連複 06-07-13 ¥2390 (1/680)　3連単 06-07-13 ¥9110 (2/4080)

2016

	馬名	性齢	斤量	騎手	タイム	着差	通過順位	上3F	人	体重
1	⑦⑪レッドファルクス	牡5	56	M.デム	1.07.2		09-09	32.7	3	466
2	⑤⑦ラヴァーズポイント	牝6	50	松若風馬	1.07.2	クビ	02-02	33.3	7	506
3	④⑤ベルカント	牝5	55.5	藤岡康太	1.07.3	クビ	01-01	33.5	2	486

馬連 07-11 ¥11420 (36)　3連複 05-07-11 ¥18140 (60/286)　3連単 11-07-05 ¥136160 (424/1716)

2017

	馬名	性齢	斤量	騎手	タイム	着差	通過順位	上3F	人	体重
1	④⑦シャイニングレイ	牡5	56	北村友一	1.08.0		16-15	33.2	5	530
2	⑦⑭セカンドテーブル	牡5	56	水口優也	1.08.0	ハナ	02-02	34.6	13	484
3	②④アクティブミノル	牡5	56	酒井学	1.08.3	1 3/4	01-01	35.1	8	480

馬連 07-14 ¥18380 (60)　3連複 04-07-14 ¥89500 (246/816)　3連単 07-14-04 ¥417490 (1255/4896)

過去5年、「4角先頭馬」は2着1回、3着2回。これを含め4角3番手以内が1勝・2着4回。これに対して4角7番手以下が4勝・2着1回。「上がり最速馬」が3勝を挙げており、勝ち馬はすべて上がり5位以内。スプリント戦ながら差しも届きやすい。馬番1〜5番は［0・0・3・22］、内枠は武器にならない。その一方で、二桁馬番が3勝・2着2回を挙げており、流れに乗って速い上がりに対応できれば勝ち負けのチャンスは十分ある。

PART 3

七夕賞（福島芝2000m）

枠順 △ 　位置取り △ 　上がり △

	馬名	性齢	斤量	騎手	タイム	着差	通過順位	上3F	人	体重
2015 1	6 ⑪ グランデッツァ	牡6	57	川田将雅	1.58.2		05-04-02-02	34.3	2	504
2	6 ⑫ ステラウインド	牡6	56	蛯名正義	1.58.4	1 1/4	10-10-10-09	34.2	8	484
3	4 ⑦ マデイラ	牡6	52	大野拓弥	1.58.5	1/2	03-04-05-02	34.5	16	496

馬連 11-12 ¥3820 (13) 　**3連複** 07-11-12 ¥290610 (355/560) 　**3連単** 11-12-07 ¥1006440 (1561/3360)

	馬名	性齢	斤量	騎手	タイム	着差	通過順位	上3F	人	体重
2016 1	4 ⑧ アルバートドック	牡4	57	戸崎圭太	1.58.4		08-08-07-04	35.9	3	476
2	2 ④ ダコール	牡8	58	小牧太	1.58.5	1/2	10-10-09-06	35.8	5	476
3	6 ⑫ オリオンザジャパン	セ6	53	内田博幸	1.59.0	3	14-15-15-09	35.4	11	470

馬連 04-08 ¥2290 (8) 　**3連複** 04-08-12 ¥24200 (80/560) 　**3連単** 08-04-12 ¥96740 (262/3360)

	馬名	性齢	斤量	騎手	タイム	着差	通過順位	上3F	人	体重
2017 1	6 ⑧ ゼーヴィント	牡4	57	戸崎圭太	1.58.2		07-07-05-03	36.1	1	488
2	8 ⑪ マイネルフロスト	牡6	57	柴田大知	1.58.3	3/4	04-03-02-01	36.7	5	496
3	8 ⑫ ソールインパクト	牡5	53	大野拓弥	1.58.5	1	09-09-05-05	36.3	7	492

馬連 08-11 ¥1420 (4) 　**3連複** 08-11-12 ¥6180 (20/220) 　**3連単** 08-11-12 ¥21540 (59/1320)

過去5年で「上がり最速馬」は2着2回、3着1回。16年は上がり3位以内が1~3着を、15年は上がり2位以内が1~2着を独占しているとはいえ、小回りコースなので直線一気は届かない。勝ち馬はすべて4角4番手以内で立ち回っており、好位から上位の上がりをマークできるタイプが優勢。馬番13番から外の馬券絡みはなく、1・2・4番人気だった3頭すら掲示板外。ラジオNIKKEI賞と同様に内を通れる先行~好位差しタイプに注目。

プロキオンS（中京ダ1400m）

枠順 ○ 　位置取り △ 　上がり △

	馬名	性齢	斤量	騎手	タイム	着差	通過順位	上3F	人	体重
2015 1	1 ② ベストウォーリア	牡5	59	福永祐一	1.22.5		04-04	35.6	4	512
2	3 ⑥ コーリンベリー	牝4	55	松山弘平	1.22.8	2	01-01	36.2	2	484
3	1 ① キョウワダッフィー	牡7	56	小牧太	1.22.9	クビ	07-07	35.7	8	466

馬連 02-06 ¥1700 (6) 　**3連複** 01-02-06 ¥10480 (37/560) 　**3連単** 02-06-01 ¥55100 (188/3360)

	馬名	性齢	斤量	騎手	タイム	着差	通過順位	上3F	人	体重
2016 1	8 ⑭ ノボバカラ	牡4	57	M.デム	1.22.1		02-02	36.6	1	498
2	6 ⑩ ニシケンモノフ	牡5	56	岩田康誠	1.22.2	1/2	07-07	36.4	5	508
3	5 ⑨ キングズガード	牡5	56	川田将雅	1.22.2	クビ	12-11	35.4	2	448

馬連 10-14 ¥870 (2) 　**3連複** 09-10-14 ¥1020 (1/455) 　**3連単** 14-10-09 ¥4510 (2/2730)

	馬名	性齢	斤量	騎手	タイム	着差	通過順位	上3F	人	体重
2017 1	7 ⑫ キングズガード	牡6	56	藤岡佑介	1.22.9		13-12	35.6	5	458
2	5 ⑧ カフジテイク	牡5	57	福永祐一	1.23.2	2	12-09	36.0	1	486
3	8 ⑭ ブライトライン	牡8	56	川田将雅	1.23.4	1 1/4	10-07	36.4	6	530

馬連 08-12 ¥830 (1) 　**3連複** 08-12-14 ¥2810 (8/455) 　**3連単** 12-08-14 ¥16380 (47/2730)

過去5年の前後半3ハロンの平均は34秒3-36秒4、前傾2秒1のハイペース。前半3ハロンはいずれも34秒台と速く、5年すべて1秒3以上の前傾ラップ。その結果、4角4番手以内は僅か3連対。地力がストレートに問われる厳しい流れの消耗戦になるので、過去5年の連対馬はすべて5番人気以内。全体的に枠順ごとの偏りは見られないが、3着に好走した6番人気以下のうち、2頭は頑なに内を走り続けた1枠1番だった。

函館記念（函館芝2000m）

枠順 ○　位置取り ○　上がり ○

2015

		馬名	性齢	斤量	騎手	タイム	着差	通過順位	上3F	人	体重
1	3⑤	ダービーフィズ	牡5	54	岩田康誠	1.59.1		09-08-05-04	35.5	3	448
2	2③	ハギノハイブリッド	牡4	56	藤岡康太	1.59.1	頭	05-05-03-03	35.7	10	446
3	1①	ヤマカツエース	牡3	53	池添謙一	1.59.7	3 1/2	02-02-02-02	36.6	7	478

馬連 03-05 ¥8120 (36)　3連複 01-03-05 ¥27810 (111/560)　3連単 05-03-01 ¥124990 (475/3360)

2016

		馬名	性齢	斤量	騎手	タイム	着差	通過順位	上3F	人	体重
1	3⑥	マイネルミラノ	牡6	56	丹内祐次	1.59.0		01-01-01-01	35.5	3	486
2	4⑧	ケイティープライド	牡6	52	浜中俊	1.59.3	2	05-05-06-04	35.4	13	488
3	5⑩	ツクバアズマオー	牡5	55	吉田豊	1.59.5	1 1/2	10-11-10-08	35.3	9	474

馬連 06-08 ¥10890 (50)　3連複 06-08-10 ¥41470 (172/560)　3連単 06-08-10 ¥233010 (917/3360)

2017

		馬名	性齢	斤量	騎手	タイム	着差	通過順位	上3F	人	体重
1	6⑫	ルミナスウォリアー	牡6	55	柴山雄一	2.01.2		09-08-07-03	35.6	5	478
2	7⑭	タマモベストプレイ	牡7	56.5	吉田隼人	2.01.4	1 1/2	03-03-04-03	36.1	14	488
3	8⑮	ヤマカツライデン	牡5	55	池添謙一	2.01.4	頭	01-01-01-01	36.4	7	538

馬連 12-14 ¥35130 (85)　3連複 12-14-15 ¥152330 (326/560)　3連単 12-14-15 ¥915320 (1848/3360)

過去5年すべて前半34～35秒台、洋芝の中距離戦にしては速いペースで流れる。「4角先頭馬」は2勝・3着1回と3頭が馬券絡み。これを含めて連対馬9頭が4角4番手以内で立ち回っている。毎年16頭が揃うので外枠は苦しく、馬番13番から外の1～5番人気馬5頭はいずれも5着以下。毎年荒れるレースで2～3着はすべて6番人気以下。そのうち2着4頭・3着2頭は4角4番手以内の先行馬。逃げ・先行馬は外枠を克服するケースも。

函館2歳S（函館芝1200m）

枠順 ○　位置取り ○　上がり ○

2015

		馬名	性齢	斤量	騎手	タイム	着差	通過順位	上3F	人	体重
1	5⑨	ブランボヌール	牝2	54	岩田康誠	1.10.6		09-05	35.7	1	432
2	6⑪	メジャータイフーン	牝2	54	三浦皇成	1.11.1	3 1/2	13-13	36.0	3	470
3	3⑥	ヒルダ	牝2	54	柴山雄一	1.11.2	クビ	04-05	36.8	10	462

馬連 09-11 ¥1390 (3)　3連複 06-09-11 ¥9610 (29/560)　3連単 09-11-06 ¥34290 (91/3360)

2016

		馬名	性齢	斤量	騎手	タイム	着差	通過順位	上3F	人	体重
1	6⑫	レヴァンテライオン	牡2	54	三浦皇成	1.09.2		03-03	35.5	2	468
2	3⑥	モンドキャンノ	牡2	54	戸崎圭太	1.09.3	1/2	05-04	35.4	1	468
3	3⑤	タイムトリップ	牡2	54	丸山元気	1.09.5	1 1/4	03-03	35.7	13	472

馬連 06-12 ¥660 (1)　3連複 05-06-12 ¥13330 (44/560)　3連単 12-06-05 ¥64380 (193/3360)

2017

		馬名	性齢	斤量	騎手	タイム	着差	通過順位	上3F	人	体重
1	6⑪	カシアス	牡2	54	浜中俊	1.10.0		05-05	34.8	1	484
2	4⑧	ウインジェルベーラ	牝2	54	丹内祐次	1.10.0	頭	02-02	35.4	12	472
3	4⑦	アリア	牝2	54	丸山元気	1.10.1	3/4	08-07	34.6	4	470

馬連 08-11 ¥15620 (40)　3連複 07-08-11 ¥27510 (82/455)　3連単 11-08-07 ¥175020 (497/2730)

過去5年の前後半の平均は34秒0-35秒9、前傾1秒9のハイペース。洋芝の2歳戦としてはペースが速く、「4角先頭馬」は2着が1回だけ。しかしながら、勝ち馬はすべて4角5番手以内で立ち回っている。上がり3位以内が4勝・2着3回。好位から速い上がりを使える馬が優勢。1～8番 [0・4・4・32] に対して、9～16番が [5・1・1・32]。1着はすべて4番人気以内なので、「内枠有利だが力があれば外枠でも勝てる」の意識を。

PART 3

中京記念 (中京芝1600m)

枠順 × 位置取り ◎ 上がり ○

		馬 名	性齢	斤量	騎手	タイム	着差	通過順位	上3F	人	体重
2015	1	③⑥ スマートオリオン	牡5	57	M.デム	1.33.4		02-03-03	35.1	6	504
	2	①① アルマディヴァン	牝5	52	藤岡佑介	1.33.4	クビ	13-11-11	34.5	13	486
	3	⑤⑩ ダローネガ	牡6	55	浜中俊	1.33.5	クビ	10-09-11	34.6	3	494

馬連 01-06 ¥17070 (70)　3連複 01-06-10 ¥38850 (156/560)　3連単 06-01-10 ¥256590 (1060/3360)

		馬 名	性齢	斤量	騎手	タイム	着差	通過順位	上3F	人	体重
2016	1	⑦⑬ ガリバルディ	牡5	55	福永祐一	1.33.6		14-13-13	33.6	7	504
	2	④⑦ ピークトラム	牡5	56	小牧太	1.33.7	3/4	03-03-03	34.4	6	498
	3	⑥⑫ ケントオー	牡4	56	和田竜二	1.33.8	1/2	14-16-16	33.6	4	462

馬連 07-13 ¥5110 (22)　3連複 07-12-13 ¥14750 (46/560)　3連単 13-07-12 ¥87790 (294/3360)

		馬 名	性齢	斤量	騎手	タイム	着差	通過順位	上3F	人	体重
2017	1	②③ ウインガニオン	牡5	57	津村明秀	1.33.2		02-02-02	34.8	5	494
	2	③⑥ グランシルク	牡5	56	福永祐一	1.33.6	2 1/2	08-08-09	34.4	2	504
	3	⑧⑮ ブラックムーン	牡5	57	M.デム	1.33.6	頭	16-15-15	33.9	1	502

馬連 03-06 ¥2640 (8)　3連複 03-06-15 ¥3590 (3/560)　3連単 03-06-15 ¥22780 (23/3360)

過去5年で「上がり最速馬」は3勝・3着2回。しかも、1着馬3頭はすべて4角10番手以下から差し切っている。一方、4角2～3番手が2勝・2着2回。好位から粘り込む先行馬か、後方一気の追込みが届くかは、馬場の悪化度合い次第で見極めるべき。枠順の偏りも同様で、当日の芝レースで内を通った馬が残れる馬場状態なら内枠＋先行馬が好走。馬場が傷んで外しか伸びなければ、6～8枠を中心に差し・追込み馬が殺到する。

クイーンS (札幌芝1800m)

枠順 ○ 位置取り △ 上がり ◎

		馬 名	性齢	斤量	騎手	タイム	着差	通過順位	上3F	人	体重
2015	1	⑧⑩ メイショウスザンナ	牝6	55	松田大作	1.47.1		09-09-07-07	34.1	7	470
	2	②② レッドリヴェール	牝4	55	ルメール	1.47.1	クビ	04-03-03-03	34.6	1	430
	3	⑥⑥ イリュミナンス	牝5	55	横山典弘	1.47.3	1 1/4	02-03-04-04	34.6	4	488

馬連 02-10 ¥2600 (12)　3連複 02-06-10 ¥3860 (14/120)　3連単 10-02-06 ¥43820 (151/720)

		馬 名	性齢	斤量	騎手	タイム	着差	通過順位	上3F	人	体重
2016	1	②② マコトブリジャール	牝6	55	四位洋文	1.47.7		04-04-04-04	33.8	9	400
	2	⑦⑪ シャルール	牝4	55	横山典弘	1.47.7	頭	02-02-02-02	34.0	1	464
	3	①① ダンツキャンサー	牝5	55	勝浦正樹	1.48.1	2 1/2	07-08-07-07	34.0	11	480

馬連 02-11 ¥4120 (18)　3連複 01-02-11 ¥60230 (139/286)　3連単 02-11-01 ¥397120 (822/1716)

		馬 名	性齢	斤量	騎手	タイム	着差	通過順位	上3F	人	体重
2017	1	②② アエロリット	牝3	52	横山典弘	1.45.7		01-01-01-01	35.5	2	496
	2	①① トーセンビクトリー	牝5	55	福永祐一	1.46.1	2 1/2	06-07-06-05	34.4	6	468
	3	④④ クイーンズミラーグロ	牝5	55	藤岡康太	1.46.3	1 1/4	08-10-10-07	34.4	8	450

馬連 01-02 ¥2210 (12)　3連複 01-02-04 ¥8150 (37/286)　3連単 02-01-04 ¥29800 (105/1716)

札幌で行われた過去5回は4角5番手以内が7連対。17年はアエロリットがレースレコードタイの1分45秒7で逃げ切り勝ちを収めた。「上がり最速馬」は2着3回・3着1回。あまり後方からでは差し届かないが、連対馬8頭が上がり5位以内。好位～中団からの差しが台頭する。8枠の人気薄の追い込み馬が2連対したことがあるが、3勝・2着1回の2枠、2着1回・3着1回の1枠が有利。近2年はともに内を通った3頭で決着している。

134

枠順と位置取りで 勝ち馬を見抜く!

アイビスサマーダッシュ（新潟1000m）

枠順 ◎　位置取り ◎　上がり ×

	着順	枠	馬番	馬名	性齢	斤量	騎手	タイム	着差	通過順位	上3F	人	体重
2015	1	8	13	ベルカント	牝4	54	M.デム	0.54.1		3	31.9	1	488
	2	6	9	シンボリディスコ	牡5	56	田中勝春	0.54.4	2	6	32.1	9	484
	3	7	12	アースソニック	牡6	56	丸田恭介	0.54.4	ハナ	9	31.8	4	494

馬連 09-13 ¥4710 (20)　**3連複** 09-12-13 ¥9520 (27/364)　**3連単** 13-09-12 ¥47230 (136/2184)

	着順	枠	馬番	馬名	性齢	斤量	騎手	タイム	着差	通過順位	上3F	人	体重
2016	1	4	4	ベルカント	牝5	55	M.デム	0.54.1		2	31.7	1	490
	2	8	13	ネロ	牡5	56	内田博幸	0.54.1	頭	1	31.9	2	460
	3	5	6	プリンセスムーン	牝6	54	北村友一	0.54.3	1 1/4	3	31.8	3	498

馬連 04-13 ¥360 (1)　**3連複** 04-06-13 ¥480 (1/286)　**3連単** 04-13-06 ¥1800 (1/1716)

	着順	枠	馬番	馬名	性齢	斤量	騎手	タイム	着差	通過順位	上3F	人	体重
2017	1	8	15	ラインミーティア	牡7	56	西田雄一	0.54.2		11	31.6	8	470
	2	5	10	フィドゥーシア	牝5	54	石橋脩	0.54.2	クビ	1	32.4	1	478
	3	7	14	レジーナフォルテ	牝3	51	杉原誠人	0.54.4	1 1/2	3	32.5	4	490

馬連 10-15 ¥4300 (14)　**3連複** 10-14-15 ¥7210 (21/560)　**3連単** 15-10-14 ¥67380 (211/3360)

過去5年の連対馬の7頭までが3番手以内の追走。唯一の直線1000m戦の重賞らしく現役屈指のダッシュ力を競うレース。1200m戦で先手を奪えるダッシュ力がないと勝ち負けは厳しい。枠順による有利不利も大きく、3着以内馬は1〜9番が5頭に対して、10〜18番が10頭。2・4番の1着は13頭立ての年で、なおかつ1番人気。頭数が増えるほど外枠有利が顕著になる。牝馬は斤量差を活かして8頭が馬券絡み。同様に3歳馬も有利。

レパードS（新潟ダ1800m）

枠順 △　位置取り ○　上がり ○

	着順	枠	馬番	馬名	性齢	斤量	騎手	タイム	着差	通過順位	上3F	人	体重
2015	1	5	9	クロスクリーガー	牡3	56	岩田康誠	1.51.9		06-05-02-02	37.8	1	460
	2	7	12	ダノンリバティ	牡3	56	戸崎圭太	1.52.0	3/4	10-09-04-04	37.7	3	512
	3	7	13	タマノブリュネット	牝3	54	田辺裕信	1.52.3	1 3/4	12-14-12-11	36.9	11	476

馬連 09-12 ¥1050 (2)　**3連複** 09-12-13 ¥15320 (43/455)　**3連単** 09-12-13 ¥49790 (149/2730)

	着順	枠	馬番	馬名	性齢	斤量	騎手	タイム	着差	通過順位	上3F	人	体重
2016	1	5	6	グレンツェント	牡3	56	戸崎圭太	1.50.6		05-05-04-04	36.6	2	468
	2	4	5	ケイティブレイブ	牡3	56	武豊	1.50.6	クビ	01-01-01-01	37.3	1	492
	3	1	1	レガーロ	牡3	56	田辺裕信	1.50.9	2	13-13-09-07	36.4	6	500

馬連 05-06 ¥260 (1)　**3連複** 01-05-06 ¥1940 (4/286)　**3連単** 06-05-01 ¥6040 (15/1716)

	着順	枠	馬番	馬名	性齢	斤量	騎手	タイム	着差	通過順位	上3F	人	体重
2017	1	2	2	ローズプリンスダム	牡3	56	木幡巧也	1.52.9		04-06-05-07	37.8	11	458
	2	5	9	サルサディオーネ	牝3	54	吉田豊	1.53.1	1 1/4	01-01-01-01	38.6	12	490
	3	3	5	エピカリス	牡3	56	ルメール	1.53.2	3/4	04-04-05-04	38.2	1	496

馬連 02-09 ¥95320 (82)　**3連複** 02-05-09 ¥42750 (93/455)　**3連単** 02-09-05 ¥807250 (862/2730)

過去5年で「4角先頭馬」が2着4回、連対馬の9頭までが4角4番手以内。その一方、「上がり最速馬」は2勝・3着3回。上がり2位が2勝で、連対馬の9頭までが上がり5位以内をマーク。世代のトップ級が集まるので、先行力も上位の上がりも求められるハイレベルなレースになる。他場の1800mと比べて道中の起伏が少なく、コーナー半径も短いのでマクリに動くのが難しいコース。よって、好位を確保する先行力を重視すべきレース。

PART 3

小倉記念（小倉芝2000m）

枠順 △　位置取り △　上がり ○

2015

		馬名	性齢	斤量	騎手	タイム	着差	通過順位	上3F	人	体重
1	8 ⑮	アズマシャトル	牡4	56	松若風馬	1.58.0		12-12-10-09	35.6	6	508
2	3 ⑤	ベルーフ	牡3	54	バートン	1.58.2	1 1/4	10-10-10-07	35.9	2	488
3	2 ③	ウインプリメーラ	牝5	53	和田竜二	1.58.2	クビ	02-03-03-02	36.3	3	442

馬連 05-15 ¥2810 (10)　3連複 03-05-15 ¥6870 (15/680)　3連単 15-05-03 ¥41990 (115/4080)

2016

		馬名	性齢	斤量	騎手	タイム	着差	通過順位	上3F	人	体重
1	3 ③	クランモンタナ	牡7	54	和田竜二	2.00.0		02-02-02-02	36.0	11	480
2	5 ⑤	ベルーフ	牡4	56	ホワイト	2.00.0	クビ	11-11-10-09	35.2	4	486
3	2 ②	エキストラエンド	牡7	57	浜中俊	2.00.1	1/2	09-09-10-09	35.4	6	464

馬連 03-05 ¥13340 (44)　3連複 02-03-05 ¥30720 (107/220)　3連単 03-05-02 ¥321730 (843/1320)

2017

		馬名	性齢	斤量	騎手	タイム	着差	通過順位	上3F	人	体重
1	2 ②	タツゴウゲキ	牡5	52	秋山真一	1.57.6		03-03-03-05	35.7	4	482
2	6 ⑧	サンマルティン	セ5	54	戸崎圭太	1.57.6	ハナ	11-09-06-02	35.4	2	498
3	4 ⑤	フェルメッツァ	牡6	55	北村友一	1.58.1	3	05-05-05-06	36.0	6	454

馬連 02-08 ¥1910 (5)　3連複 02-05-08 ¥6820 (21/286)　3連単 02-08-05 ¥30410 (82/1716)

過去5年の前後半の平均は34秒7-35秒8、前傾1秒1のハイペース。小回りコースを意識されて序盤の位置取り争いが激しい上に3コーナー前後からレースが動くので、先行馬には厳しいペースになる。「上がり最速馬」は1勝・2着3回、連対馬の8頭までが上がり3位以内、全連対馬が上がり5位以内をマーク。4角3番手以内が3勝に対して、4角7番手以下は1勝。差し馬有利ではあるものの、直線まで待ち構える馬では間に合わない。

エルムS（札幌ダ1700m）

枠順 △　位置取り ◎　上がり ○

2015

		馬名	性齢	斤量	騎手	タイム	着差	通過順位	上3F	人	体重
1	4 ④	ジェベルムーサ	牡5	56	岩田康誠	1.43.0		11-11-02-01	37.1	2	562
2	4 ⑤	グレープブランデー	牡7	58	ルメール	1.43.0	クビ	02-03-03-03	37.0	5	526
3	6 ⑧	エーシンモアオバー	牡9	58	三浦皇成	1.43.2	1 1/4	01-01-01-02	37.4	7	510

馬連 04-05 ¥1460 (7)　3連複 04-05-08 ¥16050 (44/286)　3連単 04-05-08 ¥63770 (177/1716)

2016

		馬名	性齢	斤量	騎手	タイム	着差	通過順位	上3F	人	体重
1	4 ④	リッカルド	セ5	56	黛弘人	1.43.5		06-06-06-02	35.9	7	494
2	8 ⑫	クリノスターオー	牡6	56	幸英明	1.43.5	クビ	02-02-02-02	36.2	4	530
3	8 ⑪	モンドクラッセ	牡5	56	柴山雄一	1.43.8	1 1/2	01-01-01-01	36.6	1	518

馬連 04-12 ¥9660 (23)　3連複 04-11-12 ¥5760 (18/220)　3連単 04-12-11 ¥68270 (201/1320)

2017

		馬名	性齢	斤量	騎手	タイム	着差	通過順位	上3F	人	体重
1	2 ②	ロンドンタウン	牡4	57	岩田康誠	1.40.9		04-04-03-03	35.6	4	510
2	3 ④	テイエムジンソク	牡5	56	古川吉洋	1.41.0	1/2	02-02-02-02	36.0	1	496
3	3 ③	ドリームキラリ	牡5	56	三浦皇成	1.41.0	ハナ	01-01-01-01	36.0	8	478

馬連 02-04 ¥850 (4)　3連複 02-03-04 ¥7760 (28/364)　3連単 02-04-03 ¥63650 (179/2184)

札幌で行われた過去5回の連対馬はすべて4角4番手以内。「4角先頭馬」の4頭が馬券絡みしており、小回りコースらしく先行力が武器となる。同時に「上がり最速馬」が2勝、上がり2位が2勝・2着2回。たとえ後方の位置取りでも3角から押し上げて、4角4番手以内まで浮上するのが連対の最低条件。波乱の起こりにくいレースだが穴は常に逃げ馬。外枠は良い位置を確保しにくく、馬番1~5番が4勝を挙げている。内の逃げ・先行馬を重視。

関屋記念（新潟芝1600m）

枠順 ×　位置取り △　上がり ○

2015

	馬名	性齢	斤量	騎手	タイム	着差	通過順位	上3F	人	体重
1	8 ⑫ レッドアリオン	牡5	57	川須栄彦	1.32.6		01-01	33.3	2	480
2	4 ④ マジェスティハーツ	牡5	56	森一馬	1.32.7	3/4	08-10	32.4	6	496
3	7 ⑩ ヤングマンパワー	牡3	53	松岡正海	1.32.8	1/2	03-03	33.0	9	540

馬連 04-12 ¥3800 (13)　3連複 04-10-12 ¥25190 (91/220)　3連単 12-04-10 ¥109570 (415/1320)

2016

1	8 ⑰ ヤングマンパワー	牡4	56	戸崎圭太	1.31.8		06-06	33.7	3	526
2	6 ⑫ ダノンリバティ	牡4	56	松若風馬	1.31.8	クビ	03-03	34.2	7	522
3	4 ⑦ マジックタイム	牝5	54	ルメール	1.32.0	1 1/4	14-14	33.1	1	470

馬連 12-17 ¥4350 (16)　3連複 07-12-17 ¥5340 (12/816)　3連単 17-12-07 ¥34040 (84/4896)

2017

1	2 ③ マルターズアポジー	牡5	57	武士沢友	1.32.2		01-01	34.3	7	528
2	8 ⑮ ウインガニオン	牡5	57	津村明秀	1.32.4	1 1/4	02-02	33.9	4	494
3	5 ⑩ ダノンリバティ	牡5	56	松若風馬	1.32.4	クビ	04-04	33.6	5	526

馬連 03-15 ¥7180 (31)　3連複 03-10-15 ¥22140 (80/560)　3連単 03-15-10 ¥131710 (499/3360)

過去5年の前後半の平均は35秒1-34秒3。長い直線を意識するためか、マイル重賞にしてはペースが上がらない。17年マルターズアポジーが、15年レッドアリオンが逃げ切り。勝ち馬5頭・2着馬3頭は4角6番手以内で立ち回っている。上がり2位以内は2着2回・3着3回と、好走するものの差し切れず。向正面の直線が長いので外枠も不利にならず、二桁馬番が3勝・2着3回、15～17番も1勝・2着2回。「中～外枠＋先行力」に注目。

札幌記念（札幌芝2000m）

枠順 △　位置取り △　上がり ◎

2015

	馬名	性齢	斤量	騎手	タイム	着差	通過順位	上3F	人	体重
1	6 ⑪ ディサイファ	牡6	57	四位洋文	1.59.0		02-03-02-02	36.0	5	496
2	3 ⑤ ヒットザターゲット	牡7	57	小牧太	1.59.0	頭	12-12-12-12	34.9	8	512
3	3 ④ ダービーフィズ	牡5	57	岩田康誠	1.59.0	頭	11-10-09-08	35.1	4	450

馬連 05-11 ¥14080 (35)　3連複 04-05-11 ¥33670 (95/455)　3連単 11-05-04 ¥233540 (523/2730)

2016

1	7 ⑬ ネオリアリズム	牡5	57	ルメール	2.01.7		01-01-01-01	36.9	5	496
2	8 ⑮ モーリス	牡5	57	モレイラ	2.02.0	2	08-09-09-07	36.3	1	510
3	1 ② レインボーライン	牡3	54	福永祐一	2.02.1	クビ	11-11-12-11	36.3	4	442

馬連 13-15 ¥1330 (4)　3連複 02-13-15 ¥3380 (6/560)　3連単 13-15-02 ¥22060 (59/3360)

2017

1	1 ① サクラアンプルール	牡6	57	蛯名正義	2.00.4		06-07-06-06	35.0	6	476
2	2 ② ナリタハリケーン	牡8	57	藤岡康太	2.00.4	クビ	11-10-09-08	34.7	12	486
3	3 ③ ヤマカツエース	牡5	57	池添謙一	2.00.6	1 1/2	06-05-05-04	35.4	1	508

馬連 01-02 ¥37670 (56)　3連複 01-02-03 ¥26730 (78/286)　3連単 01-02-03 ¥201410 (486/1716)

札幌で行われた近5回の勝ち馬3頭・2着馬2頭が4角4番手以内。一方、「上がり最速馬」（タイ）は1勝・2着4回・3着1回。上がり3位以内が馬券圏内15頭中12頭を占めているように、直線の短い札幌だが上がりの速さは必須。二桁馬番での勝利は16年ネオリアリズム（13番・逃げ）と、15年ディサイファ（11番・2角2番手）。モーリス（15番）ですら2着に敗れたように外枠の差しは不利。一方、馬番1～5番の馬券絡みが計10頭。

PART 3

北九州記念 (小倉芝1200m)

枠順 △　位置取り △　上がり △

年		馬 名	性齢	斤量	騎手	タイム	着差	通過順位	上3F	人	体重
2015	1	2 ③ ベルカント	牝4	55	武豊	1.07.3		05-04	33.7	2	490
	2	3 ⑤ ビッグアーサー	牡4	55	藤岡康太	1.07.5	1 1/2	10-08	33.4	1	528
	3	7 ⑬ ベルルミエール	牝4	53	川島信二	1.07.6	1/2	07-08	33.8	4	468

馬連 03-05 ¥920 (1)　3連複 03-05-13 ¥3110 (2/816)　3連単 03-05-13 ¥13770 (14/4896)

年		馬 名	性齢	斤量	騎手	タイム	着差	通過順位	上3F	人	体重
2016	1	6 ⑨ バクシンテイオー	牡7	54	藤岡康太	1.08.5		11-10	34.2	8	474
	2	4 ⑤ ベルカント	牝5	56	M.デム	1.08.7	1	03-02	35.0	1	488
	3	6 ⑧ オウノミチ	牡5	54	川田将雅	1.08.9	1	09-04	34.8	3	480

馬連 05-09 ¥1490 (7)　3連複 05-08-09 ¥3490 (14/220)　3連単 09-05-08 ¥34850 (120/1320)

年		馬 名	性齢	斤量	騎手	タイム	着差	通過順位	上3F	人	体重
2017	1	5 ⑨ ダイアナヘイロー	牝4	53	武豊	1.07.5		02-02	34.6	3	476
	2	6 ⑫ ナリタスターワン	牡5	55	幸英明	1.07.6	3/4	06-03	34.4	14	468
	3	8 ⑱ ラインスピリット	牡6	56	森一馬	1.07.7	1/2	03-03	34.7	15	430

馬連 09-12 ¥15940 (48)　3連複 09-12-18 ¥244450 (433/816)　3連単 09-12-18 ¥1078270 (2099/4896)

小回りの短距離戦は逃げ&先行有利になりやすいが、北九州記念は過去5年で前半3ハロン32秒台が3回。前後半の平均が32秒9-34秒6と1秒7もの前傾ラップで「4角先頭馬」は1度も馬券絡みなし。一方、連対馬のうち8頭が上がり5位以内をマーク。1分7秒前後の高速決着と速い上がりへの対応力が必要となる。1~9番が5勝・2着3回を占める一方、10~18番は0勝・2着2回。内~中枠かつ好位~中団から好走馬が出やすい。

キーンランドカップ (札幌芝1200m)

枠順 ◎　位置取り △　上がり ○

年		馬 名	性齢	斤量	騎手	タイム	着差	通過順位	上3F	人	体重
2015	1	7 ⑬ ウキヨノカゼ	牝5	54	四位洋文	1.08.6		16-07	33.5	8	484
	2	8 ⑯ トーホウアマポーラ	牝6	54	福永祐一	1.08.7	3/4	14-11	33.8	9	490
	3	5 ⑩ ティーハーフ	牡5	57	国分優作	1.08.8	1/2	10-11	34.1	1	452

馬連 13-16 ¥30690 (56)　3連複 10-13-16 ¥33630 (91/560)　3連単 13-16-10 ¥370520 (762/3360)

年		馬 名	性齢	斤量	騎手	タイム	着差	通過順位	上3F	人	体重
2016	1	8 ⑭ ブランボヌール	牝3	51	戸崎圭太	1.08.5		05-05	34.0	2	438
	2	3 ④ シュウジ	牡3	53	モレイラ	1.08.6	1/2	01-01	34.5	1	492
	3	7 ⑫ レッツゴードンキ	牝4	55	岩田康誠	1.08.7	1/2	07-08	33.9	3	476

馬連 04-14 ¥920 (2)　3連複 04-12-14 ¥2190 (3/364)　3連単 14-04-12 ¥10550 (9/2184)

年		馬 名	性齢	斤量	騎手	タイム	着差	通過順位	上3F	人	体重
2017	1	6 ⑧ エポワス	セ9	56	ルメール	1.09.0		12-08	34.4	12	496
	2	7 ⑪ ソルヴェイグ	牝4	54	川田将雅	1.09.0	クビ	02-02	35.5	2	474
	3	5 ⑥ ナックビーナス	牝4	54	横山典弘	1.09.1	1/2	01-01	35.6	5	526

馬連 08-11 ¥4570 (17)　3連複 06-08-11 ¥15390 (57/286)　3連単 08-11-06 ¥114130 (497/1716)

札幌で行われた近5回、「4角先頭馬」は1勝・2着1回・3着1回と3頭が馬券絡み。一方で、4角5番手以降から4頭の勝ち馬が出ており、「上がり最速馬」の2勝を筆頭に、連対馬の8頭は上がり5位以内をマーク。4角先頭~2番手で粘り込みを図る逃げ先行馬を、上がり上位の差し馬が差し切るゴールシーンが続いている。1~8番の3勝・2着2回に対して、9~16番が2勝・2着3回と互角。函館スプリントS以上に外枠の差しが届く。

138

新潟2歳S（新潟芝1600m）

枠順 △　位置取り ○　上がり ◎

2015

		馬名	性齢	斤量	騎手	タイム	着差	通過順位	上3F	人	体重
1	1②	ロードクエスト	牡2	54	田辺裕信	1.33.8		18-17	32.8	1	448
2	7⑬	ウインファビラス	牝2	54	松岡正海	1.34.5	4	05-05	34.2	12	452
3	4⑦	マコトルーメン	牡2	54	勝浦正樹	1.34.8	2	17-17	33.5	8	472

馬連 02-13 ¥13130 (40)　3連複 02-07-13 ¥56400 (156/816)　3連単 02-13-07 ¥261060 (745/4896)

2016

1	6⑩	ヴゼットジョリー	牝2	54	福永祐一	1.34.3		07-08	33.2	3	470
2	7⑫	オーバースペック	牝2	54	岩部純二	1.34.5	1 1/4	15-14	32.9	6	462
3	2③	イブキ	牡2	54	田辺裕信	1.34.5	クビ	04-04	33.7	2	466

馬連 10-12 ¥4170 (15)　3連複 03-10-12 ¥8440 (25/455)　3連単 10-12-03 ¥56360 (195/2730)

2017

1	5⑧	フロンティア	牡2	54	岩田康誠	1.34.6		02-02	32.9	3	444
2	8⑮	コーディエライト	牡2	54	津村明秀	1.34.7	3/4	01-01	33.1	5	460
3	2③	テンクウ	牡2	54	北村宏司	1.34.7	頭	06-06	32.6	2	446

馬連 08-15 ¥3760 (14)　3連複 03-08-15 ¥8330 (23/455)　3連単 08-15-03 ¥49030 (143/2730)

17年は4角2番手のフロンティアが1着、逃げたコーディエライトが2着だったが、これは36秒6-33秒0という超スローペースによるもの。新潟2歳Sは前半35秒台から1秒以上の後傾ラップになっても差し・追い込み馬が届くケースが圧倒的に多く、12～16年の5回では4角11番手以降が8連対。むしろ17年を例外的と見るべきで、初勝利までに速い上がりをマークした馬に注目。直線で馬群が広がるので枠順ごとの有利不利はない。

PART 3

札幌2歳S（札幌芝1800m）

枠順 ◎　位置取り △　上がり ○

		馬名	性齢	斤量	騎手	タイム	着差	通過順位	上3F	人	体重
2015	1	7 ⑪ アドマイヤエイカン	牡2	54	岩田康誠	1.50.8		10-10-09-04	35.9	2	492
	2	6 ⑩ プロフェット	牡2	54	ルメール	1.50.8	ハナ	04-07-06-04	36.2	1	456
	3	3 ④ クロコスミア	牝2	54	勝浦正樹	1.51.0	1 1/4	07-08-09-08	36.2	8	406
	馬連 10-11 ¥880 (1)　3連複 04-10-11 ¥5810 (17/364)　3連単 11-10-04 ¥26990 (73/2184)										
2016	1	4 ⑤ トラスト	牡2	54	柴田大知	1.49.9		01-01-01-01	36.0	5	456
	2	8 ⑬ ブラックオニキス	牝2	54	城戸義政	1.50.3	2 1/2	04-05-05-05	35.9	10	408
	3	8 ⑫ アドマイヤウイナー	牡2	54	岩田康誠	1.50.3	クビ	06-06-06-07	35.7	7	496
	馬連 05-13 ¥18120 (35)　3連複 05-12-13 ¥89480 (136/286)　3連単 05-13-12 ¥501710 (720/1716)										
2017	1	7 ⑪ ロックディスタウン	牝2	54	ルメール	1.51.4		07-06-06-04	36.1	1	490
	2	8 ⑭ ファストアプローチ	牡2	54	蛯名正義	1.51.4	クビ	03-03-02-02	36.4	4	538
	3	5 ⑦ ダブルシャープ	牡2	54	石川倭	1.51.4	頭	14-14-14-04	35.3	7	470
	馬連 11-14 ¥1760 (5)　3連複 07-11-14 ¥9330 (29/364)　3連単 11-14-07 ¥33770 (87/2184)										

札幌で行われた近5回の前後半の平均は36秒7-36秒2。洋芝の最終週で行われるため、良馬場でも上がりは35～36秒台を要しやすい。17年は牝馬のロックディスタウンが勝ったが、スタミナが要求されるので牡馬の好走が圧倒的に多い。勝ち馬の4頭が4角4番手以内で立ち回っており、連対馬の9頭が4角7番手以内。内の馬場が傷む開催後半でも後方一気は決まりにくい。二桁馬番が2勝・2着5回を挙げており、外枠はプラス材料。

新潟記念（新潟芝2000m）

枠順 ×　位置取り △　上がり △

		馬名	性齢	斤量	騎手	タイム	着差	通過順位	上3F	人	体重
2015	1	2 ③ パッションダンス	牡7	56	M.デム	1.58.2		03-03	34.3	6	512
	2	3 ⑥ マイネルミラノ	牡5	56	柴田大知	1.58.2	頭	02-02	34.6	9	486
	3	2 ④ ファントムライト	牡6	54	戸崎圭太	1.58.6	2 1/2	08-06	34.2	13	496
	馬連 03-06 ¥6810 (33)　3連複 03-04-06 ¥81140 (245/816)　3連単 03-06-04 ¥384550 (1265/4896)										
2016	1	8 ⑰ アデイインザライフ	牡5	55	横山典弘	1.57.5		17-17	32.7	2	560
	2	7 ⑭ アルバートドック	牡4	58	戸崎圭太	1.57.6	3/4	13-13	33.2	1	480
	3	6 ⑫ ロンギングダンサー	牡7	53	吉田豊	1.57.7	1/2	16-16	33.1	9	490
	馬連 14-17 ¥1990 (2)　3連複 12-14-17 ¥12810 (37/816)　3連単 17-14-12 ¥59970 (177/4896)										
2017	1	1 ① タツゴウゲキ	牡5	55	秋山真一	1.57.9		02-02	34.6	6	486
	2	6 ⑪ アストラエンブレム	牡4	56.5	M.デム	1.57.9	クビ	04-05	34.1	1	474
	3	4 ⑦ カフジプリンス	牡4	55	中谷雄太	1.57.9	ハナ	03-03	34.2	12	524
	馬連 01-11 ¥2580 (5)　3連複 01-07-11 ¥27670 (104/680)　3連単 01-11-07 ¥132650 (486/4080)										

過去5年の前後半の平均は35秒4-34秒9。向正面も直線も長いのでペースは上がりにくい。その結果、連対馬のうち6頭が4角5番手以内で立ち回っている。その一方で「上がり最速馬」は2勝。4角10番手以降が4連対。新潟2歳S以外の新潟・芝外回り重賞は速い上がりをマークできる好位差しタイプが優位だが、32秒台の上がりをマークできる馬なら後方一気でも届く。かつては外枠が有利だったが、近年は内枠も健闘。大差はない。

小倉2歳S（小倉芝1200m）

枠順 △　位置取り ○　上がり △

2015
		馬名	性齢	斤量	騎手	タイム	着差	通過順位	上3F	人	体重
1	3③	シュウジ	牡2	54	岩田康誠	1.08.9		04-02	34.8	1	482
2	8⑬	サイモンゼーレ	牡2	54	幸英明	1.09.3	2 1/2	06-03	35.0	7	452
3	3④	レッドラウダ	牡2	54	松若風馬	1.09.3	クビ	03-03	35.3	6	522

馬連 03-13 ¥1590 (4)　3連複 03-04-13 ¥5600 (18/364)　3連単 03-13-04 ¥16700 (43/2184)

2016
		馬名	性齢	斤量	騎手	タイム	着差	通過順位	上3F	人	体重
1	3④	レーヌミノル	牝2	54	浜中俊	1.08.0		02-01	34.6	1	464
2	2②	ダイイチターミナル	牡2	54	嘉藤貴行	1.09.0	6	08-06	35.2	10	422
3	2①	カシノマスト	牡2	54	川須栄彦	1.09.1	1/2	04-02	35.5	4	418

馬連 02-04 ¥4990 (21)　3連複 02-03-04 ¥12530 (45/455)　3連単 04-02-03 ¥57690 (205/2730)

2017
		馬名	性齢	斤量	騎手	タイム	着差	通過順位	上3F	人	体重
1	8⑰	アサクサゲンキ	牡2	54	武豊	1.09.1		03-02	35.7	3	450
2	7⑭	アイアンクロー	牡2	54	浜中俊	1.09.3	1 1/4	07-06	35.6	5	430
3	5⑩	バーニングペスカ	牡2	54	川須栄彦	1.09.3	クビ	08-08	35.4	7	446

馬連 14-17 ¥3170 (10)　3連複 10-14-17 ¥13240 (39/816)　3連単 17-14-10 ¥66780 (188/4896)

過去5年の前後半の平均は33秒2-35秒4。5年すべて33秒台前半、0秒9以上のハイラップを刻んでいる。夏の2歳馬にとってはペースが厳しく、直線が短い平坦コースの小倉とはいえ、逃げて押し切るのは容易ではない。「上がり最速馬」は2勝、1着馬のうち4頭は上がり3位以内をマーク。枠順別では7～8枠が5連対しているように外枠も不利にはならないが、5～6枠が連対なし。人気馬の凡走もダントツで多く見られるので注意。

紫苑S（中山芝2000m）

枠順 △　位置取り △　上がり ○

2015
		馬名	性齢	斤量	騎手	タイム	着差	通過順位	上3F	人	体重
1	5⑩	クインズミラーグロ	牝3	54	吉田豊	2.00.2		10-10-10-08	34.5	8	434
2	7⑬	ホワイトエレガンス	牝3	54	丸田恭介	2.00.3	1/2	04-04-04-02	35.0	5	468
3	3⑥	エバーシャルマン	牝3	54	田辺裕信	2.00.4	1/2	10-12-12-12	34.5	6	456

馬連 10-13 ¥3910 (18)　3連複 06-10-13 ¥15970 (72/816)　3連単 10-13-06 ¥84840 (367/4896)

2016
		馬名	性齢	斤量	騎手	タイム	着差	通過順位	上3F	人	体重
1	8⑱	ビッシュ	牝3	54	戸崎圭太	1.59.7		14-13-06-02	35.3	1	420
2	5⑨	ヴィブロス	牝3	54	福永祐一	2.00.1	2 1/2	12-09-12-11	35.5	4	414
3	1①	フロンテアクイーン	牝3	54	蛯名正義	2.00.7	3 1/2	05-06-09-08	36.2	5	456

馬連 09-18 ¥1210 (2)　3連複 02-09-18 ¥3840 (7/816)　3連単 18-09-02 ¥14590 (23/4896)

2017
		馬名	性齢	斤量	騎手	タイム	着差	通過順位	上3F	人	体重
1	8⑯	ディアドラ	牝3	54	岩田康誠	1.59.8		12-11-10-11	33.8	2	478
2	6⑪	カリビアンゴールド	牝3	54	田中勝春	1.59.8	ハナ	05-05-06-05	34.0	6	454
3	4⑦	ポールヴァンドル	牝3	54	三浦皇成	1.59.8	ハナ	10-10-12-11	33.7	4	528

馬連 11-16 ¥1470 (4)　3連複 07-11-16 ¥3110 (4/816)　3連単 16-11-07 ¥11870 (11/4896)

16年からGⅢに昇格。中山で行われた近5回の前後半の平均は35秒3-35秒2。「4角先頭馬」は13年セキショウ（1着）のみ馬券絡み。その一方、「上がり最速馬」（タイ）は3勝・2着1回・3着2回。重賞昇格後の2回は、3角6番手以降の差し・追込み馬が台頭しており、直線の短い中山だが前残りは多くない。枠順ごとの偏りは僅かだが、二桁馬番が4勝・2着2回を挙げているように、末脚が確かな馬なら外枠も不利にならない。

PART 3

京成杯オータムH（中山芝1600m）

枠順 △ ／ 位置取り △ ／ 上がり △

	馬名	性齢	斤量	騎手	タイム	着差	通過順位	上3F	人	体重
2015 1	6 ⑫ フラアンジェリコ	牡7	53	田辺裕信	1.33.3		15-15-15	33.6	13	518
2	4 ⑧ エキストラエンド	牡6	57	吉田隼人	1.33.3	ハナ	09-04-04	34.3	11	470
3	7 ⑬ ヤングマンパワー	牡3	54	松岡正海	1.33.3	ハナ	06-09-09	34.1	7	518

馬連 08-12 ¥62380 (95)　**3連複** 08-12-13 ¥268440 (405/560)　**3連単** 12-08-13 ¥2227820 (2566/3360)

	馬名	性齢	斤量	騎手	タイム	着差	通過順位	上3F	人	体重
2016 1	5 ⑩ ロードクエスト	牡3	55	池添謙一	1.33.0		12-10-06	34.2	1	452
2	2 ③ カフェブリリアント	牝6	54	戸崎圭太	1.33.1	1/2	08-07-08	34.6	6	452
3	3 ⑤ ダノンプラチナ	牡4	58	蛯名正義	1.33.3	1 1/4	13-12-10	34.3	2	470

馬連 03-10 ¥2280 (6)　**3連複** 03-05-10 ¥3940 (6/455)　**3連単** 10-03-05 ¥19430 (23/2730)

	馬名	性齢	斤量	騎手	タイム	着差	通過順位	上3F	人	体重
2017 1	3 ⑥ グランシルク	牡5	56	田辺裕信	1.31.6		08-09-07	33.4	1	504
2	2 ③ ガリバルディ	牡6	57	北村宏司	1.31.9	1 3/4	12-11-11	33.6	11	504
3	7 ⑬ ダノンリバティ	牡5	56	松若風馬	1.31.9	クビ	08-07-07	34.0	6	524

馬連 03-06 ¥4050 (13)　**3連複** 03-06-13 ¥13920 (46/455)　**3連単** 06-03-13 ¥68880 (224/2730)

中山で行われた近5回の前後半の平均は34秒6-34秒7。逃げ＆先行馬にとってはペースが厳しく、4角3番手以内の連対はない。むしろ4角7番手以降が3勝・2着3回・3着3回。開幕週でも差しが届く傾向にあり、「上がり最速馬」が4勝を挙げている。枠順ごとの偏りは軽微で展開・位置取りの方が重要なレース。その中で、1枠は[0・1・0・7]で、3～5番人気が5回も馬券圏外。逃げ不利＆差し有利なので最内枠は乗り難しい。

セントウルS（阪神芝1200m）

枠順 × ／ 位置取り ◎ ／ 上がり ×

	馬名	性齢	斤量	騎手	タイム	着差	通過順位	上3F	人	体重
2015 1	3 ⑥ アクティブミノル	牡3	54	藤岡康太	1.07.8		01-01	33.8	10	476
2	8 ⑯ ウリウリ	牝5	54	岩田康誠	1.07.8	ハナ	13-11	32.8	1	464
3	4 ⑧ バーバラ	牝6	54	武豊	1.07.8	クビ	04-05	33.6	5	436

馬連 06-16 ¥11010 (30)　**3連複** 06-08-16 ¥40700 (102/560)　**3連単** 06-16-08 ¥405590 (781/3360)

	馬名	性齢	斤量	騎手	タイム	着差	通過順位	上3F	人	体重
2016 1	1 ① ビッグアーサー	牡5	58	福永祐一	1.07.6		01-01	34.5	1	524
2	7 ⑩ ネロ	牡5	56	内田博幸	1.07.8	1	05-05	33.8	2	464
3	7 ⑪ ラヴァーズポイント	牝6	54	川須栄彦	1.07.8	クビ	03-03	34.1	9	514

馬連 01-10 ¥490 (1)　**3連複** 01-10-11 ¥5050 (16/286)　**3連単** 01-10-11 ¥15990 (48/1716)

	馬名	性齢	斤量	騎手	タイム	着差	通過順位	上3F	人	体重
2017 1	5 ⑦ ファインニードル	牡4	56	M.デム	1.07.5		03-03	33.4	1	464
2	4 ⑥ ラインミーティア	牡7	56	西田雄一	1.07.7	1 1/4	06-07	33.0	6	470
3	8 ⑬ ダンスディレクター	牡7	56	浜中俊	1.07.7	クビ	09-09	32.6	4	434

馬連 06-07 ¥3090 (11)　**3連複** 06-07-13 ¥7570 (24/364)　**3連単** 07-06-13 ¥36810 (111/2184)

過去5年の前後半の平均は33秒5-34秒0。厳しい流れになっている割には「4角先頭馬」の3勝を含め、4角5番手以内が5勝・2着3回。短距離界の強力メンバーが集まるので、ハイペースでも逃げ＆先行馬は簡単に止まらない。11番から外の連対は、当時屈指のスピードを誇ったハクサンムーン（13年=13番・1着、14年=15番・2着）、後方から内に潜り込んだウリウリ（15年=16番・2着）のみ。外枠の差し馬には好走のハードルが高い。

枠順と**位置取り**で勝ち馬を見抜く!

ローズS（阪神芝1800m）

枠順 △　位置取り ◎　上がり ◎

2015

		馬名	性齢	斤量	騎手	タイム	着差	通過順位	上3F	人	体重
1	⑧⑮	タッチングスピーチ	牝3	54	ルメール	1.45.2		16-15	33.9	7	460
2	④⑧	ミッキークイーン	牝3	54	浜中俊	1.45.4	1 1/2	17-17	33.8	1	438
3	⑦⑬	トーセンビクトリー	牝3	54	武豊	1.45.6	1 1/4	13-09	34.6	2	454

馬連 08-15 ¥1760 (6)　3連複 08-13-15 ¥3670 (10/680)　3連単 15-08-13 ¥25340 (68/4080)

2016

		馬名	性齢	斤量	騎手	タイム	着差	通過順位	上3F	人	体重
1	④⑦	シンハライト	牝3	54	池添謙一	1.46.7		11-10	33.7	1	436
2	①①	クロコスミア	牝3	54	岩田康誠	1.46.7	ハナ	01-01	34.6	11	414
3	②③	カイザーバル	牝3	54	四位洋文	1.46.8	1/2	04-04	34.4	6	470

馬連 01-07 ¥7430 (17)　3連複 01-03-07 ¥24210 (54/455)　3連単 07-01-03 ¥105940 (227/2730)

2017

		馬名	性齢	斤量	騎手	タイム	着差	通過順位	上3F	人	体重
1	⑦⑭	ラビットラン	牝3	54	和田竜二	1.45.5		13-13	33.5	8	444
2	⑧⑯	カワキタエンカ	牝3	54	横山典弘	1.45.7	1 1/4	01-01	35.1	6	462
3	③⑥	リスグラシュー	牝3	54	武豊	1.45.8	3/4	13-15	33.7	3	436

馬連 14-16 ¥21390 (54)　3連複 06-14-16 ¥33260 (104/816)　3連単 14-16-06 ¥331090 (852/4896)

過去5年で「上がり最速馬」は2勝・2着3回とパーフェクト。上がり2位が3勝しており、連対馬の9頭までが上がり4位以内をマーク。14年以降、勝ち馬の上がりはすべて33秒台で一致している。実力が反映されやすい舞台なので枠順の偏りも僅かだが、1～3番人気馬は、馬番1～9番［3・1・1・4］なのに対して、二桁馬番だと［0・0・1・5］。対照的に6番人気以下で勝った2頭は14番・15番。外枠追込み馬の腹を括った大外一気が穴。

セントライト記念（中山芝2200m）

枠順 △　位置取り △　上がり △

2015

		馬名	性齢	斤量	騎手	タイム	着差	通過順位	上3F	人	体重
1	⑦⑬	キタサンブラック	牡3	56	北村宏司	2.13.8		02-02-02-01	34.9	6	532
2	③④	ミュゼエイリアン	牡3	56	横山典弘	2.13.9	3/4	01-01-01-02	35.1	9	476
3	②②	ジュンツバサ	牡3	56	石橋脩	2.13.9	頭	07-06-06-08	34.6	10	490

馬連 04-13 ¥13320 (40)　3連複 02-04-13 ¥125690 (237/455)　3連単 13-04-02 ¥618050 (1185/2730)

2016

		馬名	性齢	斤量	騎手	タイム	着差	通過順位	上3F	人	体重
1	④④	ディーマジェスティ	牡3	56	蛯名正義	2.13.1		10-09-09-04	34.5	1	476
2	⑦⑩	ゼーヴィント	牡3	56	戸崎圭太	2.13.1	クビ	03-03-03-02	35.0	2	480
3	⑦⑨	プロディガルサン	牡3	56	田辺裕信	2.13.3	1 1/4	09-09-10-07	34.5	4	496

馬連 04-10 ¥390 (1)　3連複 04-09-10 ¥770 (1/220)　3連単 04-10-09 ¥1820 (1/1320)

2017

		馬名	性齢	斤量	騎手	タイム	着差	通過順位	上3F	人	体重
1	③⑤	ミッキースワロー	牡3	56	横山典弘	2.12.7		08-06-06-06	33.4	6	482
2	④⑦	アルアイン	牡3	56	ルメール	2.13.0	1 3/4	05-05-05-04	33.8	1	526
3	②②	サトノクロニクル	牡3	56	M.デム	2.13.2	1 1/4	03-04-03-04	34.2	3	462

馬連 05-07 ¥590 (1)　3連複 02-05-07 ¥1150 (1/455)　3連単 05-07-02 ¥7230 (9/2730)

近5回の中山での施行で、「上がり最速馬」が2勝・3着1回。その一方、「4角先頭馬」も12年フェノーメノ（1着）、15年キタサンブラック（1着）と、2勝を挙げている。二桁馬番での連対は4角先頭で勝利の2頭と、後に重賞で複数回連対の16年ゼーヴィント（10番・2着）のみ。馬番1～5番が3勝・2着2回を挙げているように近年は内枠有利で、集計の5回では、6番人気以下かつ二桁馬番で好走したのはキタサンブラックのみ。

PART 3

オールカマー（中山芝2200m）

枠順 ◎　位置取り △　上がり △

2015

	馬名	性齢	斤量	騎手	タイム	着差	通過順位	上3F	人	体重
1	2③ショウナンパンドラ	牝4	55	池添謙一	2.11.9		10-10-09-08	34.1	3	440
2	3④ヌーヴォレコルト	牝4	55	岩田康誠	2.12.1	1 1/2	06-05-07-05	34.5	1	450
3	5⑨ミトラ	セ7	56	柴山雄一	2.12.4	2	06-05-05-05	34.9	7	512

馬連 03-04 ¥1010 (2)　**3連複** 03-04-09 ¥5030 (10/455)　**3連単** 03-04-09 ¥24060 (51/2730)

2016

	馬名	性齢	斤量	騎手	タイム	着差	通過順位	上3F	人	体重
1	5⑥ゴールドアクター	牡5	58	吉田隼人	2.11.9		06-06-06-04	34.4	1	496
2	1①サトノノブレス	牡6	56	福永祐一	2.11.9	クビ	05-04-04-03	34.6	3	506
3	5⑤ツクバアズマオー	牡5	56	吉田豊	2.12.1	1	09-09-08-07	34.3	6	472

馬連 01-06 ¥840 (2)　**3連複** 01-05-06 ¥2710 (7/220)　**3連単** 06-01-05 ¥8070 (21/1320)

2017

	馬名	性齢	斤量	騎手	タイム	着差	通過順位	上3F	人	体重
1	3⑥ルージュバック	牝5	55	北村宏司	2.13.8		04-04-04-03	33.9	5	456
2	4⑧ステファノス	牡6	56	戸崎圭太	2.13.9	1/2	04-06-05-03	33.9	1	482
3	5⑨タンタアレグリア	牡5	57	蛯名正義	2.13.9	クビ	07-07-08-05	33.6	3	480

馬連 06-08 ¥1700 (5)　**3連複** 06-08-09 ¥3340 (6/680)　**3連単** 06-08-09 ¥20150 (45/4080)

中山で行われた近5回、前後半の平均は36秒2~35秒5。それほど速いペースでもないが、「上がり最速馬」は3勝、3着1回と計4頭が馬券絡み。一方、「4角先頭馬」は2着1回のみ。直線の短い中山だが、早め先頭から押し切るのは容易ではなく、速い上がりを要求される。馬番1~8番［3・5・2・30］に対して、9番から外は［2・0・3・31］。このうちの1着馬2頭は「上がり最速馬」であり、多頭数時の外枠はやや不利な傾向。

神戸新聞杯（阪神芝2400m）

枠順 △　位置取り ◎　上がり ◎

2015

	馬名	性齢	斤量	騎手	タイム	着差	通過順位	上3F	人	体重
1	4⑥リアファル	牡3	56	ルメール	2.26.7		01-01-01-01	34.1	3	506
2	3⑤リアルスティール	牡3	56	福永祐一	2.27.0	2	07-08-08-08	34.0	1	504
3	5⑨トーセンバジル	牡3	56	四位洋文	2.27.4	2 1/2	14-13-14-13	34.1	7	470

馬連 05-06 ¥910 (3)　**3連複** 05-06-09 ¥5170 (15/455)　**3連単** 06-05-09 ¥28170 (86/2730)

2016

	馬名	性齢	斤量	騎手	タイム	着差	通過順位	上3F	人	体重
1	8⑭サトノダイヤモンド	牡3	56	ルメール	2.25.7		06-07-08-08	34.2	1	500
2	8⑮ミッキーロケット	牡3	56	和田竜二	2.25.7	クビ	09-09-11-11	34.0	6	468
3	7⑫レッドエルディスト	牡3	56	四位洋文	2.26.2	3	12-11-12-11	34.5	4	506

馬連 14-15 ¥1160 (4)　**3連複** 12-14-15 ¥3070 (10/455)　**3連単** 14-15-12 ¥8010 (24/2730)

2017

	馬名	性齢	斤量	騎手	タイム	着差	通過順位	上3F	人	体重
1	5⑧レイデオロ	牡3	56	ルメール	2.24.6		04-04-03-03	34.1	1	476
2	4⑤キセキ	牡3	56	M.デム	2.24.9	2	09-10-09-10	33.9	2	486
3	2②サトノアーサー	牡3	56	川田将雅	2.25.1	3/4	04-05-05-05	34.4	3	480

馬連 05-08 ¥460 (1)　**3連複** 02-05-08 ¥890 (1/364)　**3連単** 08-05-02 ¥3180 (1/2184)

過去5年の前後半の平均は36秒3-34秒6。外回りの長距離戦なので、まったくペースは上がらないが、「上がり最速馬」は2着4回・3着1回とすべて馬券絡み。上がり2位の4勝を含め、すべての連対馬と4頭の3着馬が上がり3位以内。実力がストレートに反映されやすい舞台で、上位人気が順当に結果を出すので、枠順ごとの偏りは特に見られず。4番人気以下の2着好走は、前走1000万下1着馬かダービー以来の休み明けのみ。

シリウスS（阪神ダ2000m）

枠順 ○ 位置取り △ 上がり ○

		馬名	性齢	斤量	騎手	タイム	着差	通過順位	上3F	人	体重
2015 1	2 ②	アウォーディー	牡5	55	武豊	2.04.6		06-06-08-05	36.6	3	508
2	6 ⑧	ダノンリバティ	牡3	55	戸崎圭太	2.05.1	3	04-04-04-02	37.6	1	518
3	3 ③	ナムラビクター	牡6	58	M.デム	2.05.1	頭	12-12-11-11	36.7	2	526

馬連 02-08 ¥850 (2) 　3連複 02-03-08 ¥1130 (1/220) 　3連単 02-08-03 ¥6810 (12/1320)

		馬名	性齢	斤量	騎手	タイム	着差	通過順位	上3F	人	体重
2016 1	1 ①	マスクゾロ	牡5	56	秋山真一	2.01.7		01-01-01-01	36.4	1	532
2	7 ⑧	ピオネロ	牡5	56	福永祐一	2.01.7	クビ	03-02-02-02	36.2	2	500
3	7 ⑨	アポロケンタッキー	牡4	57.5	和田竜二	2.01.7	頭	03-04-04-02	36.1	4	562

馬連 01-08 ¥800 (1) 　3連複 01-08-09 ¥1120 (2/165) 　3連単 01-08-09 ¥5380 (2/990)

		馬名	性齢	斤量	騎手	タイム	着差	通過順位	上3F	人	体重
2017 1	2 ④	メイショウスミトモ	牡6	55	古川吉洋	2.03.9		07-07-09-07	36.8	11	478
2	3 ⑤	ドラゴンバローズ	牡5	54	和田竜二	2.03.9	クビ	02-02-02-02	37.6	5	498
3	7 ⑬	ピオネロ	牡6	56	福永祐一	2.04.0	3/4	03-03-03-03	37.6	3	500

馬連 04-05 ¥27130 (46) 　3連複 04-05-13 ¥40000 (93/560) 　3連単 04-05-13 ¥468950 (813/3360)

過去5年の前後半の平均は35秒5-36秒9。前半の方が1秒4も速い前傾ラップとなっており、13年は上がり1位＆2位がワン・ツー。3着内の15頭中13頭は上がり5位以内をマークしている。その一方で、4角5番手以内が8連対。速めのペースで追走しても止まらないタフな先行馬が有利で、距離実績も役立つ。近5年の勝ち馬はすべて馬番1～4番。内で砂を被ることも厭わない精神的なタフネスがゴール前の攻防で活きてくる。

スプリンターズS（中山芝1200m）

枠順 × 位置取り △ 上がり ○

		馬名	性齢	斤量	騎手	タイム	着差	通過順位	上3F	人	体重
2015 1	1 ②	ストレイトガール	牝6	55	戸崎圭太	1.08.1		08-09	33.1	1	462
2	2 ④	サクラゴスペル	牡7	57	横山典弘	1.08.2	3/4	05-06	33.4	11	482
3	3 ⑥	ウキヨノカゼ	牝5	55	四位洋文	1.08.3	クビ	13-12	32.8	9	478

馬連 02-04 ¥5550 (23) 　3連複 02-04-06 ¥23020 (82/455) 　3連単 02-04-06 ¥106170 (364/2730)

		馬名	性齢	斤量	騎手	タイム	着差	通過順位	上3F	人	体重
2016 1	7 ⑬	レッドファルクス	牡5	57	M.デム	1.07.6		09-07	33.5	3	472
2	8 ⑮	ミッキーアイル	牡5	57	松山弘平	1.07.6	頭	01-01	34.2	2	486
3	2 ④	ソルヴェイグ	牝3	53	田辺裕信	1.07.6	クビ	02-04	34.0	9	460

馬連 13-15 ¥4490 (12) 　3連複 04-13-15 ¥42230 (110/560) 　3連単 13-15-04 ¥180060 (460/3360)

		馬名	性齢	斤量	騎手	タイム	着差	通過順位	上3F	人	体重
2017 1	4 ⑧	レッドファルクス	牡6	57	M.デム	1.07.6		11-10	33.0	4	474
2	1 ②	レッツゴードンキ	牝5	55	岩田康誠	1.07.6	クビ	09-07	33.1	5	496
3	3 ⑥	ワンスインナムーン	牝4	55	石橋脩	1.07.7	1/2	01-01	33.8	7	452

馬連 02-08 ¥1760 (3) 　3連複 02-06-08 ¥7650 (21/560) 　3連単 08-02-06 ¥31850 (79/3360)

近5年の中山での施行で「4角先頭馬」は2着2回、3着1回と3回の馬券絡み。前半3ハロンの平均が33秒4と速いが、最短距離を立ち回れるアドバンテージが大きい。一方で、4角5番手以下が5勝・2着3回。さすがに11番手以降からは届いていないが、近年はエアレーション作業の影響で好位～中団の差しも決まる。馬番1～8番が2勝・2着3回に対して、二桁馬番も3勝・2着2回と互角。ただし、人気薄の3着は内枠ばかり。

PART 3

サウジアラビアRC（東京芝1600m）

枠順 △ | 位置取り △ | 上がり △

		馬名	性齢	斤量	騎手	タイム	着差	通過順位	上3F	人	体重
2015	1	⑤⑥ ブレイブスマッシュ	牡2	55	横山典弘	1.34.2		06-06	33.4	4	474
	2	⑧⑫ イモータル	牡2	55	戸崎圭太	1.34.2	ハナ	07-06	33.4	1	514
	3	⑧⑪ アストラエンブレム	牡2	55	浜中俊	1.34.2	クビ	08-08	33.0	2	452

馬連 06-12 ¥930 (2)　**3連複** 06-11-12 ¥780 (1/220)　**3連単** 06-12-11 ¥7220 (19/1320)

		馬名	性齢	斤量	騎手	タイム	着差	通過順位	上3F	人	体重
2016	1	⑥⑥ ブレスジャーニー	牡2	55	柴田善臣	1.34.5		07-07	33.8	3	446
	2	⑦⑦ ダンビュライト	牡2	55	ルメール	1.34.7	1 1/4	06-06	34.2	2	464
	3	③③ クライムメジャー	牡2	55	M.デム	1.35.2	3	03-03	34.9	1	494

馬連 06-07 ¥1090 (5)　**3連複** 03-06-07 ¥570 (2/84)　**3連単** 06-07-03 ¥5040 (16/504)

		馬名	性齢	斤量	騎手	タイム	着差	通過順位	上3F	人	体重
2017	1	①② ダノンプレミアム	牡2	55	川田将雅	1.33.0		02-02	34.4	2	482
	2	⑧⑯ ステルヴィオ	牡2	55	ルメール	1.33.3	1 3/4	14-16	33.5	1	456
	3	⑦⑬ カーボナード	牡2	55	岩田康誠	1.33.5	1 1/4	07-07	34.4	6	456

馬連 02-16 ¥500 (1)　**3連複** 02-13-16 ¥2000 (4/816)　**3連単** 02-16-13 ¥6920 (9/4896)

同コースでの重賞になって14～17年まで4回の施行。「上がり最速馬」は1勝・2着1回・3着1回。連対馬8頭中、7頭が上がり5位以内をマーク。17年は4角2番手から上がり4位で1着のダノンプレミアムが後に朝日杯FSと弥生賞を、ただ1頭だけ上がり33秒台をマークした2着ステルヴィオがスプリングSを制した。枠順・展開よりも地力の高さがストレートに反映されるレースで、上位人気の素質馬同士での決着になりやすい。

毎日王冠（東京芝1800m）

枠順 △ | 位置取り ○ | 上がり ○

		馬名	性齢	斤量	騎手	タイム	着差	通過順位	上3F	人	体重
2015	1	⑧⑬ エイシンヒカリ	牡4	56	武豊	1.45.6		01-01-01	34.0	1	500
	2	④④ ディサイファ	牡6	57	四位洋文	1.45.8	1 1/4	05-05-05	33.6	4	500
	3	⑤⑥ イスラボニータ	牡4	57	蛯名正義	1.45.8	クビ	04-05-05	33.7	7	480

馬連 04-13 ¥1880 (6)　**3連複** 04-06-13 ¥6720 (21/286)　**3連単** 13-04-06 ¥28200 (69/1716)

		馬名	性齢	斤量	騎手	タイム	着差	通過順位	上3F	人	体重
2016	1	⑦⑩ ルージュバック	牝4	54	戸崎圭太	1.46.6		10-11-11	33.4	1	454
	2	⑥⑦ アンビシャス	牡4	57	ルメール	1.46.6	クビ	09-09-09	33.6	3	474
	3	①① ヒストリカル	牡7	56	横山典弘	1.47.1	3	12-12-12	33.6	11	452

馬連 07-10 ¥800 (1)　**3連複** 01-07-10 ¥18540 (59/220)　**3連単** 10-07-01 ¥61710 (209/1320)

		馬名	性齢	斤量	騎手	タイム	着差	通過順位	上3F	人	体重
2017	1	⑥⑧ リアルスティール	牡5	57	M.デム	1.45.6		07-07-07	32.8	3	506
	2	⑧⑫ サトノアラジン	牡6	58	川田将雅	1.45.6	クビ	09-08-08	32.6	5	532
	3	⑥⑦ グレーターロンドン	牡5	56	田辺裕信	1.45.8	1 1/2	09-10-10	32.6	4	474

馬連 08-12 ¥2340 (10)　**3連複** 07-08-12 ¥4670 (17/220)　**3連単** 08-12-07 ¥27280 (98/1320)

過去5年の前後半の平均は後傾1秒3のスローペース。「4角先頭馬」が1勝・2着1回・3着1回。開幕週の馬場を味方に粘り込む。一方で、「上がり最速馬」は1勝・2着2回・3着1回と馬券絡み。17年は上がり32秒台をマークした3頭の上位独占だった。11～13頭立ての施行が多い中で、1～5枠の3連対に対して、6～8枠が4勝を挙げ7連対。極限の上がり勝負では、前が詰まれば万事休す。スムーズに外に出せた馬が台頭する。

京都大賞典 (京都芝2400m)

枠順 ○　位置取り △　上がり ○

2015

		馬名	性齢	斤量	騎手	タイム	着差	通過順位	上3F	人	体重
1	1①	ラブリーデイ	牡5	58	川田将雅	2.23.6		05-05-06-06	32.3	1	490
2	8⑩	サウンズオブアース	牡4	56	浜中俊	2.23.8	1 1/4	04-04-05-05	32.8	2	504
3	7⑦	カレンミロティック	セ7	56	蛯名正義	2.23.9	1/2	02-02-02-02	33.2	5	462

馬連 01-10 ¥680 (2)　3連複 01-07-10 ¥1510 (4/120)　3連単 01-10-07 ¥6540 (14/720)

2016

		馬名	性齢	斤量	騎手	タイム	着差	通過順位	上3F	人	体重
1	1①	キタサンブラック	牡4	58	武豊	2.25.5		02-02-02-02	33.6	1	538
2	3③	アドマイヤデウス	牡5	56	岩田康誠	2.25.5	クビ	03-03-03-03	33.4	6	490
3	8⑩	ラブリーデイ	牡6	58	ルメール	2.25.6	3/4	03-03-03-03	33.5	2	488

馬連 01-03 ¥1420 (6)　3連複 01-03-10 ¥1520 (7/120)　3連単 01-03-10 ¥7400 (24/720)

2017

		馬名	性齢	斤量	騎手	タイム	着差	通過順位	上3F	人	体重
1	3④	スマートレイアー	牝7	54	武豊	2.23.0		11-11-13-14	33.4	4	470
2	5⑧	トーセンバジル	牡5	56	岩田康誠	2.23.1	1/2	03-03-03-02	34.2	6	482
3	2③	シュヴァルグラン	牡5	57	M.デム	2.23.1	クビ	14-14-09-06	34.0	1	472

馬連 04-08 ¥4300 (15)　3連複 03-04-08 ¥2950 (9/455)　3連単 04-08-03 ¥31790 (98/2730)

過去5年で「上がり最速馬」が2勝・2着1回、これを含め上がり3位以内が4勝・2着3回の7連対を占めているように、中団より後方からでも上位の上がりをマークできれば差し届く。対照的に「4角先頭馬」は1頭も連対していない。頭数は揃わず10頭立て前後になりやすいが、馬番1～4番が4勝・2着1回・3着2回。開幕週で絶好の馬場状態なので、距離損を最小限に抑えられる内枠のアドバンテージが大きく穴馬の激走も多い。

府中牝馬S (東京芝1800m)

枠順 △　位置取り △　上がり △

2015

		馬名	性齢	斤量	騎手	タイム	着差	通過順位	上3F	人	体重
1	8⑮	ノボリディアーナ	牝5	54	ルメール	1.46.3		11-12-09	33.9	11	458
2	2④	スマートレイアー	牝5	54	M.デム	1.46.5	1 1/4	07-07-09	34.1	1	464
3	8⑰	カフェブリリアント	牝5	55	岩田康誠	1.46.5	頭	14-14-13	33.7	5	428

馬連 04-15 ¥6590 (23)　3連複 04-15-17 ¥20460 (68/680)　3連単 15-04-17 ¥163830 (542/4080)

2016

		馬名	性齢	斤量	騎手	タイム	着差	通過順位	上3F	人	体重
1	8⑬	クイーンズリング	牝4	54	M.デム	1.46.6		03-04-04	33.5	3	450
2	1①	マジックタイム	牝5	54	ルメール	1.46.8	1 1/2	04-03-03	33.8	2	478
3	5⑥	スマートレイアー	牝6	55	武豊	1.46.9	1/2	04-06-05	33.6	1	468

馬連 01-13 ¥1260 (3)　3連複 01-06-13 ¥1410 (1/286)　3連単 13-01-06 ¥8730 (13/1716)

2017

		馬名	性齢	斤量	騎手	タイム	着差	通過順位	上3F	人	体重
1	7⑪	クロコスミア	牝4	54	岩田康誠	1.48.1		01-01-01	33.7	5	424
2	1①	ヴィブロス	牝4	56	ルメール	1.48.1	クビ	06-06-06	33.2	1	434
3	5⑦	アドマイヤリード	牝4	56	戸崎圭太	1.48.3	1 1/4	10-12-13	32.9	2	428

馬連 01-11 ¥2190 (8)　3連複 01-07-11 ¥2440 (4/364)　3連単 11-01-07 ¥19390 (38/2184)

過去5年の前後半の平均は36秒2-33秒9、5年すべて後傾ラップ。1週前に行われる同舞台の毎日王冠と同様、スローペースから上がり32～33秒台の瞬発力勝負。連対馬の2頭が上がり32秒台、7頭が上がり33秒台をマークしている。4角5番手以内が5連対、先行力は武器となるが速い上がりへの対応力が必須。枠順傾向も毎日王冠と酷似しており、7枠・8枠が2勝ずつ。人気薄の激走もあり、速い上がりに対応できる外枠の馬に注目。

PART 3

秋華賞 (京都芝2000m)

枠順 ✕　位置取り ◯　上がり ◯

2015

		馬 名	性齢	斤量	騎手	タイム	着差	通過順位	上3F	人	体重
1	8 ⑱	ミッキークイーン	牝3	55	浜中俊	1.56.9		08-08-08-06	34.6	1	434
2	5 ⑨	クイーンズリング	牝3	55	M.デム	1.56.9	クビ	12-13-14-14	34.1	5	458
3	3 ⑥	マキシマムドパリ	牝3	55	幸英明	1.57.1	1 1/4	05-06-05-03	35.0	8	460

馬連 09-18 ¥2790 (7)　3連複 06-09-18 ¥22790 (60/816)　3連単 18-09-06 ¥85610 (231/4896)

2016

		馬 名	性齢	斤量	騎手	タイム	着差	通過順位	上3F	人	体重
1	4 ⑦	ヴィブロス	牝3	55	福永祐一	1.58.6		09-09-08-08	33.4	3	414
2	2 ③	パールコード	牝3	55	川田将雅	1.58.7	1/2	07-05-07-06	33.8	4	508
3	7 ⑮	カイザーバル	牝3	55	四位洋文	1.58.8	1/2	07-05-05-05	34.1	8	470

馬連 03-07 ¥3550 (12)　3連複 03-07-15 ¥20940 (66/816)　3連単 07-03-15 ¥95520 (288/4896)

2017

		馬 名	性齢	斤量	騎手	タイム	着差	通過順位	上3F	人	体重
1	7 ⑭	ディアドラ	牝3	55	ルメール	2.00.2		14-15-13-09	35.7	3	490
2	4 ⑦	リスグラシュー	牝3	55	武豊	2.00.4	1 1/4	12-11-09-06	36.2	4	438
3	2 ④	モズカッチャン	牝3	55	M.デム	2.00.4	ハナ	05-05-04-02	36.6	5	478

馬連 07-14 ¥1510 (3)　3連複 04-07-14 ¥3180 (5/816)　3連単 14-07-04 ¥14760 (15/4896)

前半34秒台の速めのペースから上がり34秒台の決着が主。直線が短い内回りコースながら「4角先頭馬」の馬券絡みはなく、4角5番手以内は1着1回のみ。18年はレース史上初の重馬場だったが先行馬が止まる展開。4角2番手から3着に粘ったモズカッチャンは次走でGI勝ち。1着馬はすべて上がり5位以内をマークしており、「上がり最速馬」が2勝。人気の差し馬は外枠でも問題ないが、2着馬5頭・3着馬3頭が馬番1~8番。

富士S (東京芝1600m)

枠順 ✕　位置取り △　上がり ◯

2015

		馬 名	性齢	斤量	騎手	タイム	着差	通過順位	上3F	人	体重
1	2 ③	ダノンプラチナ	牡3	54	蛯名正義	1.32.7		14-13	32.8	4	472
2	6 ⑪	サトノアラジン	牡4	56	ルメール	1.32.7	クビ	12-11	33.0	1	526
3	7 ⑭	ロゴタイプ	牡5	58	M.デム	1.32.9	1 1/4	02-02	33.8	3	496

馬連 03-11 ¥1330 (2)　3連複 03-11-14 ¥4780 (7/560)　3連単 03-11-14 ¥28720 (56/3360)

2016

		馬 名	性齢	斤量	騎手	タイム	着差	通過順位	上3F	人	体重
1	3 ③	ヤングマンパワー	牡4	57	戸崎圭太	1.34.0		03-03	33.8	3	524
2	4 ④	イスラボニータ	牡5	58	ルメール	1.34.1	3/4	05-06	33.7	4	482
3	2 ②	ダノンプラチナ	牡4	57	蛯名正義	1.34.2	1/2	03-03	34.0	2	480

馬連 03-04 ¥1960 (7)　3連複 02-03-04 ¥3340 (11/165)　3連単 03-04-02 ¥19900 (72/990)

2017

		馬 名	性齢	斤量	騎手	タイム	着差	通過順位	上3F	人	体重
1	4 ⑥	エアスピネル	牡4	57	武豊	1.34.8		03-01	35.0	1	476
2	8 ⑮	イスラボニータ	牡6	58	ルメール	1.35.1	2	06-05	34.9	4	484
3	7 ⑬	クルーガー	牡5	57	内田博幸	1.35.2	1/2	14-13	34.6	11	530

馬連 06-15 ¥1080 (4)　3連複 06-13-15 ¥12820 (44/455)　3連単 06-15-13 ¥50980 (173/2730)

過去5年の前後半の平均は35秒7-34秒1。後傾1秒4以上になった3回を含め、スローの瞬発力勝負になる。17年は不良馬場だったが、「良」での施行時には1分32秒台~1分33秒台前半の速い時計で決着することが多い。17年は道悪巧者のエアスピネルが4角先頭から押し切ったが、「良」での逃げ切りは至難の業。上がり5位以内が8連対を占める。枠順の有利不利は見られず、後方からでも差しが届くので、速い上がりへの対応力がすべて。

148

菊花賞（京都芝3000m）

枠順 △　位置取り △　上がり ○

2015

	馬名	性齢	斤量	騎手	タイム	着差	通過順位	上3F	人	体重
1	2④キタサンブラック	牡3	57	北村宏司	3.03.9		05-05-10-08	35.0	5	530
2	6⑪リアルスティール	牡3	57	福永祐一	3.03.9	クビ	07-08-07-07	35.1	2	500
3	8⑰リアファル	牡3	57	ルメール	3.04.0	1/2	02-02-04-03	35.3	1	506

馬連 04-11 ¥3870 (14)　3連複 04-11-17 ¥4640 (8/816)　3連単 04-11-17 ¥38880 (100/4896)

2016

	馬名	性齢	斤量	騎手	タイム	着差	通過順位	上3F	人	体重
1	2③サトノダイヤモンド	牡3	57	ルメール	3.03.3		08-08-09-05	34.1	1	498
2	6⑪レインボーライン	牡3	57	福永祐一	3.03.7	2 1/2	14-14-16-12	34.2	9	444
3	7⑬エアスピネル	牡3	57	武豊	3.03.7	ハナ	03-03-05-05	34.6	6	478

馬連 03-11 ¥3510 (13)　3連複 03-11-13 ¥17550 (51/816)　3連単 03-11-13 ¥69380 (199/4896)

2017

	馬名	性齢	斤量	騎手	タイム	着差	通過順位	上3F	人	体重
1	7⑬キセキ	牡3	57	M.デム	3.18.9		14-14-12-07	39.6	4	488
2	2④クリンチャー	牡3	57	藤岡佑介	3.19.2	2	11-11-07-02	40.2	10	482
3	7⑭ポポカテペトル	牡3	57	和田竜二	3.19.2	ハナ	09-07-07-03	40.1	13	478

馬連 04-13 ¥10660 (34)　3連複 04-13-14 ¥136350 (319/816)　3連単 13-04-14 ¥559700 (1385/4896)

過去5年の勝ち馬3頭・2着馬3頭が2周目の4角を5番手以内で立ち回っている。一方、「上がり最速馬」は3勝・2着1回、上がり2位が2勝・2着2回。すべての連対馬が上がり4位以内をマークしている。二桁馬番も1勝・2着3回・3着5回（計9頭）の馬券絡みがあるが、1着馬を含む4頭は不良馬場の13年と17年。内枠有利が顕著で、馬番1〜4番が4勝・2着2回。外枠での好走には豊富なスタミナや名手のフォローが必要。

アルテミスS（東京芝1600m）

枠順 ×　位置取り ○　上がり △

2015

	馬名	性齢	斤量	騎手	タイム	着差	通過順位	上3F	人	体重
1	8⑭デンコウアンジュ	牝2	54	田辺裕信	1.34.1		12-11	33.3	12	448
2	8⑮メジャーエンブレム	牝2	54	ルメール	1.34.1	クビ	01-01	34.2	1	494
3	6⑩クロコスミア	牝2	54	勝浦正樹	1.34.3	1 1/2	08-09	33.7	6	406

馬連 14-15 ¥10450 (27)　3連複 10-14-15 ¥51180 (117/455)　3連単 14-15-10 ¥516620 (834/2730)

2016

	馬名	性齢	斤量	騎手	タイム	着差	通過順位	上3F	人	体重
1	8⑯リスグラシュー	牝2	54	武豊	1.35.5		06-07	33.5	1	428
2	6⑫フローレスマジック	牝2	54	ルメール	1.35.6	1/2	10-10	33.3	2	438
3	3⑥シグルーン	牝2	54	M.デム	1.36.2	3 1/2	02-02	34.7	5	446

馬連 12-16 ¥440 (1)　3連複 06-12-16 ¥1900 (3/816)　3連単 16-12-06 ¥5670 (8/4896)

2017

	馬名	性齢	斤量	騎手	タイム	着差	通過順位	上3F	人	体重
1	7⑬ラッキーライラック	牝2	54	石橋脩	1.34.9		04-03	34.7	1	486
2	4⑥サヤカチャン	牝2	54	松岡正海	1.35.0	3/4	01-01	35.2	13	454
3	2②ラテュロス	牝2	54	秋山真一	1.35.2	1	02-03	35.0	4	426

馬連 06-13 ¥25700 (57)　3連複 02-06-13 ¥57400 (143/455)　3連単 13-06-02 ¥308150 (758/2730)

過去5年で「4角先頭馬」は2着2回。後のGⅡ勝馬メジャーエンブレムにとってはよもやの敗戦だったが、17年は13番人気のサヤカチャンが逃げ粘り。Bコース替わりの初日で、極端に内が有利な馬場状態になる場合もあるので注意が必要。一方で、「上がり最速馬」が3勝・2着1回、勝ち馬はすべて上がり5位以内をマークしている。前述のメジャーエンブレムの他にも後のGⅠ馬・活躍馬を輩出しているレース。枠順より資質を重視。

149

PART 3

スワンS（京都芝1400m）

枠順 ×	位置取り △	上がり △

		馬 名	性齢	斤量	騎手	タイム	着差	通過順位	上3F	人	体重
2015	1	⑥⑪ アルビアーノ	牝3	52	柴山雄一	1.20.2		08-09	33.5	2	512
	2	⑧⑭ フィエロ	牡6	56	M.デム	1.20.4	1 1/4	13-13	33.2	1	506
	3	⑤⑨ オメガヴェンデッタ	セ4	56	岩田康誠	1.20.5	3/4	12-12	33.5	4	506
	馬連 11-14 ¥910 (1)	3連複 09-11-14 ¥2710 (3/455)	3連単 11-14-09 ¥12830 (15/2730)

2016	1	⑥⑪ サトノアラジン	牡5	57	川田将雅	1.20.7		13-13	33.6	2	532
	2	①② サトノルパン	牡5	56	和田竜二	1.20.9	1 1/4	09-08	34.1	8	450
	3	⑦⑬ エイシンスパルタン	牡5	56	岩田康誠	1.20.9	ハナ	01-01	34.7	6	498
	馬連 02-11 ¥6380 (22)	3連複 02-11-13 ¥21930 (70/816)	3連単 11-02-13 ¥110840 (343/4896)

2017	1	②③ サングレーザー	牡3	54	C.デム	1.22.4		12-09	34.8	2	476
	2	②④ ヒルノデイバロー	牡6	56	四位洋文	1.22.4	頭	03-03	35.5	12	520
	3	①② レッツゴードンキ	牝5	54	岩田康誠	1.22.7	1 3/4	07-05	35.5	1	510
	馬連 03-04 ¥13230 (43)	3連複 02-03-04 ¥8650 (21/816)	3連単 03-04-02 ¥66850 (197/4896)

過去5年で「4角先頭馬」は2勝・3着1回と計3頭が馬券絡み。前後半の平均が34秒9-34秒5と短距離戦にしては珍しい後傾ラップ。京都外回り1400mはペースが落ち着きやすく、直線が平坦なので、逃げ&先行馬が簡単には止まらない。その一方、「上がり最速馬」は2勝・2着1回・3着2回と馬券圏内までは差し届く。二桁馬番は10～14番が4勝・2着2回と6連対。有利とは言えないが、逃げか実績上位馬なら外枠でも好勝負は可能。

天皇賞・秋（東京芝2000m）

枠順 △	位置取り ○	上がり ○

		馬 名	性齢	斤量	騎手	タイム	着差	通過順位	上3F	人	体重
2015	1	④⑧ ラブリーデイ	牡5	58	浜中俊	1.58.4		04-04-04	33.7	1	486
	2	⑦⑭ ステファノス	牡4	58	戸崎圭太	1.58.5	1/2	08-08-12	33.4	10	474
	3	⑧⑯ イスラボニータ	牡4	58	蛯名正義	1.58.6	3/4	12-11-10	33.6	6	476
	馬連 08-14 ¥7340 (24)	3連複 08-14-16 ¥24850 (72/816)	3連単 08-14-16 ¥109310 (320/4896)

2016	1	⑤⑧ モーリス	牡5	58	ムーア	1.59.3		05-05-04	33.8	1	514
	2	⑦⑫ リアルスティール	牡4	58	M.デム	1.59.5	1 1/2	08-10-10	33.5	7	502
	3	⑧⑭ ステファノス	牡4	58	川田将雅	1.59.7	1 1/4	13-14-14	33.5	6	486
	馬連 08-12 ¥2420 (10)	3連複 08-12-14 ¥7430 (31/455)	3連単 08-12-14 ¥32400 (119/2730)

2017	1	④⑦ キタサンブラック	牡5	58	武豊	2.08.3		11-05-02	38.5	1	542
	2	①② サトノクラウン	牡5	58	M.デム	2.08.3	クビ	07-02-02	38.6	2	498
	3	④⑧ レインボーライン	牡4	58	岩田康誠	2.08.7	2 1/2	10-12-05	38.7	13	452
	馬連 02-07 ¥900 (1)	3連複 02-07-08 ¥15290 (53/816)	3連単 07-02-08 ¥55320 (170/4896)

17年は極度の不良馬場になり時計面は例外的。12～16年の前後半の平均は35秒9-34秒9。GIにしては平均ペースで流れるケースが多い。「4角先頭馬」の馬券絡みはなく、逃げ切りが至難のレース。「上がり最速馬」は13年ジャスタウェイ、14年スピルバーグ、17年キタサンブラックと3勝。他2年も2頭が2着し、5年全てで連対。コース形態上、16頭立て以上の外枠は極めて不利で、1着はすべて1～8番。15～18番の連対はない。

京王杯2歳S（東京芝1400m）

枠順 × 位置取り ◎ 上がり △

2015

		馬名	性齢	斤量	騎手	タイム	着差	通過順位	上3F	人	体重
1	8⑱	ボールライトニング	牡2	55	蛯名正義	1.22.6		03-02	33.4	2	504
2	7⑮	アドマイヤモラール	牡2	55	田辺裕信	1.22.8	1 1/4	05-04	33.5	6	500
3	2④	シャドウアプローチ	牡2	55	C.デム	1.22.8	ハナ	03-04	33.4	1	494

馬連 15-18 ¥4520 (15)　3連複 04-15-18 ¥6690 (9/816)　3連単 18-15-04 ¥39680 (61/4896)

2016

		馬名	性齢	斤量	騎手	タイム	着差	通過順位	上3F	人	体重
1	8⑬	モンドキャンノ	牡2	55	ルメール	1.21.9		09-08	33.7	3	472
2	6⑧	レーヌミノル	牝2	54	浜中俊	1.22.0	1/2	02-02	34.2	1	466
3	6⑨	ディバインコード	牡2	55	柴田善臣	1.22.5	3	04-02	34.6	4	480

馬連 08-13 ¥930 (2)　3連複 08-09-13 ¥2270 (5/286)　3連単 13-08-09 ¥16080 (40/1716)

2017

		馬名	性齢	斤量	騎手	タイム	着差	通過順位	上3F	人	体重
1	1①	タワーオブロンドン	牡2	55	ルメール	1.21.9		06-07	33.2	1	516
2	6⑥	カシアス	牡2	55	浜中俊	1.22.2	2	03-03	33.8	5	470
3	7⑧	アサクサゲンキ	牡2	55	武豊	1.22.3	1/2	02-02	34.1	4	450

馬連 01-06 ¥1040 (4)　3連複 01-06-08 ¥1940 (6/165)　3連単 01-06-08 ¥6170 (16/990)

過去5年の前後半の平均は36秒1-34秒0、2秒1もの後傾ラップ。2歳戦で折り合いを重視する馬が多いため、道中のペースは上がらない。13~15年まで3年連続で勝ち馬は4角2番手以内、4角4番手以内が7連対。「上がり最速馬」は、唯一、4角8番手以降から連対した16年モンドキャンノ（1着）を含め2勝。4角10番手以降では、上がり33秒台をマークしても差し届かない。6~8枠が6連対、流れが遅いので外枠が不利にならない。

ファンタジーS（京都芝1400m）

枠順 △ 位置取り △ 上がり △

2015

		馬名	性齢	斤量	騎手	タイム	着差	通過順位	上3F	人	体重
1	8⑪	キャンディバローズ	牝2	54	ルメール	1.21.9		03-04	33.7	5	412
2	3③	メジェルダ	牝2	54	四位洋文	1.21.9	頭	01-01	34.2	6	440
3	5⑥	ブランボヌール	牝2	54	岩田康誠	1.21.9	クビ	03-03	33.8	1	442

馬連 03-11 ¥6130 (23)　3連複 03-06-11 ¥4490 (15/220)　3連単 11-03-06 ¥39480 (152/1320)

2016

		馬名	性齢	斤量	騎手	タイム	着差	通過順位	上3F	人	体重
1	1①	ミスエルテ	牝2	54	川田将雅	1.21.8		10-10	33.6	1	458
2	6⑦	ショーウェイ	牝2	54	松若風馬	1.22.0	1 1/4	01-01	34.7	12	474
3	7⑩	ディアドラ	牝2	54	M.デム	1.22.0	頭	11-11	33.6	3	472

馬連 01-07 ¥10240 (26)　3連複 01-07-10 ¥23080 (61/220)　3連単 01-07-10 ¥96220 (225/1320)

2017

		馬名	性齢	斤量	騎手	タイム	着差	通過順位	上3F	人	体重
1	6⑨	ベルーガ	牝2	54	C.デム	1.22.9		10-10	33.9	5	476
2	6⑧	コーディエライト	牝2	54	和田竜二	1.23.0	1/2	01-01	35.0	3	454
3	7⑩	アマルフィコースト	牝2	54	浜中俊	1.23.0	ハナ	08-08	34.3	9	460

馬連 08-09 ¥2630 (12)　3連複 08-09-10 ¥2580 (2/286)　3連単 09-08-10 ¥17980 (33/1716)

過去5年の前後半の平均は35秒4-34秒7。14~16年は前半3ハロン35秒台、後半3ハロン34秒台のスローペース。17年は36秒3-34秒9の超スローペース。直線が平坦なコースだから、逃げ＆先行馬が簡単には止まらない。その結果、「4角先頭馬」が1勝・2着3回。これを含めて連対馬の6頭が4角4番手以内で立ち回っている。一方、「上がり最速馬」は2勝、3着2回。コースロスなく内を立ち回れる逃げ＆先行馬がかなり有利。

PART 3

アルゼンチン共和国杯（東京芝2500m）

枠順 ×　位置取り ○　上がり ◎

2015

		馬名	性齢	斤量	騎手	タイム	着差	通過順位	上3F	人	体重
1	7⑮	ゴールドアクター	牡4	56	吉田隼人	2.34.0		03-03-03-03	34.1	1	490
2	7⑭	メイショウカドマツ	牡6	55	蛯名正義	2.34.0	頭	02-02-02-02	34.2	4	538
3	8⑱	レーヴミストラル	牡3	55	川田将雅	2.34.4	2 1/2	11-12-12-14	33.8	3	488

馬連 14-15 ¥1460 (4)　3連複 14-15-18 ¥3990 (7/816)　3連単 15-14-18 ¥14570 (24/4896)

2016

		馬名	性齢	斤量	騎手	タイム	着差	通過順位	上3F	人	体重
1	6⑪	シュヴァルグラン	牡4	58	福永祐一	2.33.4		06-07-06-05	33.7	2	474
2	3⑤	アルバート	牡5	57	戸崎圭太	2.33.5	1/2	11-10-08-08	33.6	4	474
3	7⑬	ヴォルシェーブ	牡5	55	M.デム	2.33.5	頭	09-11-11-11	33.5	3	496

馬連 05-11 ¥1110 (5)　3連複 05-11-13 ¥1690 (4/455)　3連単 11-05-13 ¥8290 (19/2730)

2017

		馬名	性齢	斤量	騎手	タイム	着差	通過順位	上3F	人	体重
1	2④	スワーヴリチャード	牡3	56	M.デム	2.30.0		06-06-07-07	35.0	1	502
2	4⑦	ソールインパクト	牡5	53	福永祐一	2.30.4	2 1/2	05-05-04-04	35.5	7	490
3	1①	セダブリランテス	牡3	54	戸崎圭太	2.30.6	1 1/4	03-03-04-04	35.8	3	514

馬連 04-07 ¥1840 (7)　3連複 01-04-07 ¥3020 (6/560)　3連単 04-07-01 ¥12060 (28/3360)

過去5年の前後半の平均は36秒7-34秒8。5年すべて後傾ラップとなっており、スローペースからの上がり勝負が例年のパターン。長距離戦にしては上がり34～35秒台と速い。「上がり最速馬」は3勝・3着2回とすべて馬券絡み。17年は2分30秒0で決着するなど、近年は時計勝負への対応力も必要。「重」の15年は内を通っては伸びず、15番→14番→18番での決着となったが、「良」の13～18番はかなり不利なレース。内～中枠が理想。

みやこS（京都ダ1800m）

枠順 △　位置取り △　上がり ◎

2015

		馬名	性齢	斤量	騎手	タイム	着差	通過順位	上3F	人	体重
1	2②	ロワジャルダン	牡4	56	浜中俊	1.47.8		07-07-09-08	35.7	7	498
2	4④	カゼノコ	牡4	58	秋山真一	1.47.8	頭	10-10-10-10	35.5	6	462
3	1①	ローマンレジェンド	牡7	58	岩田康誠	1.47.8	クビ	04-04-04-03	36.3	4	520

馬連 02-04 ¥12120 (33)　3連複 01-02-04 ¥19410 (59/165)　3連単 02-04-01 ¥180390 (418/990)

2016

		馬名	性齢	斤量	騎手	タイム	着差	通過順位	上3F	人	体重
1	5⑨	アポロケンタッキー	牡4	56	松若風馬	1.50.1		07-07-07-04	36.2	4	562
2	3⑥	グレンツェント	牡3	55	川田将雅	1.50.1	クビ	08-08-07-08	36.1	1	474
3	4⑦	ロワジャルダン	牡5	57	浜中俊	1.50.2	3/4	10-10-10-08	36.1	7	500

馬連 06-09 ¥1770 (5)　3連複 06-07-09 ¥8370 (31/560)　3連単 09-06-07 ¥42390 (155/3360)

2017

		馬名	性齢	斤量	騎手	タイム	着差	通過順位	上3F	人	体重
1	8⑯	テイエムジンソク	牡5	56	古川吉洋	1.50.1		04-04-03-01	37.2	2	492
2	5⑩	ルールソヴァール	セ5	56	幸英明	1.50.5	2 1/2	06-05-05-02	37.4	9	492
3	6⑫	キングズガード	牡6	57	藤岡佑介	1.50.7	1 1/4	15-15-15-12	36.8	3	470

馬連 10-16 ¥9480 (25)　3連複 10-12-16 ¥13500 (42/455)　3連単 16-10-12 ¥68120 (199/2730)

過去5年で「4角先頭馬」が2勝、4角5番手以内が5連対を占めており、4角9番手以降で連対したのは1頭だけ。勝ち馬のうち4頭は上がり35～36秒台と速い。その一方、「上がり最速馬」は1勝・2着3回・3着2回。強力な逃げ＆先行馬が上がりも上位をマークして、勝ち負けを演じている。枠順別成績を見ると、17年テイエムジンソクが大外枠から圧勝した他は内寄りの好走が多く、15年は馬番1～4番の3頭で決着している。

武蔵野S（東京ダ1600m）

枠順 △　位置取り △　上がり ○

2015

		馬名	性齢	斤量	騎手	タイム	着差	通過順位	上3F	人	体重
1	6⑩	ノンコノユメ	牡3	58	ルメール	1.34.7		10-11	35.2	2	452
2	8⑬	タガノトネール	セ5	57	戸崎圭太	1.34.7	ハナ	02-02	36.4	5	498
3	4⑤	モーニン	牡3	55	川田将雅	1.35.0	2	04-03	36.5	1	516

馬連 10-13 ¥3280 (8)　3連複 05-10-13 ¥1720 (2/364)　3連単 10-13-05 ¥13660 (33/2184)

2016

		馬名	性齢	斤量	騎手	タイム	着差	通過順位	上3F	人	体重
1	6⑪	タガノトネール	セ6	56	田辺裕信	1.33.8		01-01	35.5	8	498
2	4⑧	ゴールドドリーム	牡3	56	M.デム	1.34.0	1 1/4	09-08	34.9	2	514
3	2②	カフジテイク	牡4	56	津村明秀	1.34.2	1 1/2	16-16	34.2	6	484

馬連 08-11 ¥4490 (14)　3連複 03-08-11 ¥19410 (53/560)　3連単 11-08-03 ¥157320 (373/3360)

2017

		馬名	性齢	斤量	騎手	タイム	着差	通過順位	上3F	人	体重
1	7⑬	インカンテーション	牡7	57	三浦皇成	1.35.5		02-02	35.4	6	502
2	5⑨	サンライズソア	牡3	55	吉田豊	1.35.6	1/2	02-03	35.3	8	500
3	4⑦	アキトクレッセント	牡5	56	荻野極	1.35.9	1 3/4	04-03	35.6	15	502

馬連 09-13 ¥13960 (41)　3連複 07-09-13 ¥367090 (374/560)　3連単 13-09-07 ¥1783490 (1956/3360)

過去5年の前後半の平均は34秒6-36秒2、前半の方が1秒6も速い。17年は逃げ馬不在で前半35秒1のスローペースとなり4角2番手・3番手によるワン・ツー。これを含めて過去5年で4角5番手以内が6連対。一方、「上がり最速馬」は2勝、連対馬はすべて上がり5位以内、7頭までが上がり34〜35秒台をマーク。同舞台のフェブラリーSと同様に中〜外枠がやや有利だが、2月の開催より砂が軽いので、フェブラリーSより前残りが多い。

デイリー杯2歳S（京都芝1600m）

枠順 ○　位置取り ○　上がり ◎

2015

		馬名	性齢	斤量	騎手	タイム	着差	通過順位	上3F	人	体重
1	8⑬	エアスピネル	牡2	55	武豊	1.35.9		03-02	34.0	2	482
2	8⑭	シュウジ	牡2	55	岩田康誠	1.36.5	3 1/2	01-01	34.8	1	492
3	6⑩	ノーブルマーズ	牡2	55	高倉稜	1.36.6	1/2	02-02	34.9	7	470

馬連 13-14 ¥220 (1)　3連複 10-13-14 ¥1280 (4/364)　3連単 13-14-10 ¥3930 (8/2184)

2016

		馬名	性齢	斤量	騎手	タイム	着差	通過順位	上3F	人	体重
1	6⑥	ジューヌエコール	牝2	54	福永祐一	1.34.6		03-03	33.6	2	490
2	3③	ボンセルヴィーソ	牡2	55	松山弘平	1.34.6	クビ	01-01	34.1	8	468
3	7⑧	サングレーザー	牡2	55	武豊	1.34.7	1/2	03-03	33.8	4	472

馬連 03-06 ¥7580 (18)　3連複 03-06-08 ¥15710 (40/120)　3連単 06-03-08 ¥88490 (217/720)

2017

		馬名	性齢	斤量	騎手	タイム	着差	通過順位	上3F	人	体重
1	3③	ジャンダルム	牡2	55	アッゼニ	1.36.3		05-05	34.4	5	484
2	8⑧	カツジ	牡2	55	松山弘平	1.36.5	1 1/4	01-01	35.0	4	476
3	5⑤	ケイアイノーテック	牡2	55	川田将雅	1.36.9	2 1/2	04-03	35.1	3	472

馬連 03-08 ¥1550 (9)　3連複 03-05-08 ¥2280 (9/84)　3連単 03-08-05 ¥13260 (64/504)

過去5年の前後半の平均は35秒6-34秒6。後傾1秒4以上のスローペースが3回もあり、勝ち馬は4頭までが4角3番手以内で立ち回っている。とはいえ、勝ち馬はすべて上がり2位以内をマーク。京都外回り戦らしく、上がり33秒〜34秒台の瞬発力が必要で、実力が反映されやすい。少頭数戦になりやすく枠順の偏りは僅かだが、良馬場なら内を通るアドバンテージが大きく、逃げ〜3番手候補と内を立ち回って好走した経験を持つ馬に注目。

153

PART 3

エリザベス女王杯 （京都芝2200m）

枠順 △　位置取り ○　上がり △

	馬名	性齢	斤量	騎手	タイム	着差	通過順位	上3F	人	体重
2015 1	6⑫ マリアライト	牝4	56	蛯名正義	2.14.9		09-09-06-06	34.7	6	430
2	8⑱ ヌーヴォレコルト	牝4	56	岩田康誠	2.14.9	クビ	13-13-14-12	34.3	1	448
3	4⑧ タッチングスピーチ	牝3	54	ルメール	2.14.9	ハナ	11-12-12-12	34.3	4	458

馬連 12-18 ¥1860 (7)　**3連複** 08-12-18 ¥3770 (8/816)　**3連単** 12-18-08 ¥23590 (57/4896)

	馬名	性齢	斤量	騎手	タイム	着差	通過順位	上3F	人	体重
2016 1	2③ クイーンズリング	牝4	56	M.デム	2.12.9		09-09-09-07	33.2	3	460
2	5⑨ シングウィズジョイ	牝4	56	ルメール	2.12.9	クビ	04-03-03-03	33.7	12	474
3	1① ミッキークイーン	牝4	56	浜中俊	2.13.1	1 1/4	07-07-06-05	33.6	2	442

馬連 03-09 ¥13710 (33)　**3連複** 01-03-09 ¥20680 (60/455)　**3連単** 03-09-01 ¥158930 (403/2730)

	馬名	性齢	斤量	騎手	タイム	着差	通過順位	上3F	人	体重
2017 1	3⑤ モズカッチャン	牝3	54	M.デム	2.14.3		05-05-04-04	34.1	5	476
2	2④ クロコスミア	牝4	54	和田竜二	2.14.3	クビ	02-02-02-02	34.3	9	428
3	5⑩ ミッキークイーン	牝5	56	浜中俊	2.14.3	頭	12-12-10-11	33.7	3	442

馬連 04-05 ¥8030 (30)　**3連複** 04-05-10 ¥20760 (68/816)　**3連単** 05-04-10 ¥127540 (414/4896)

過去5年の前後半の平均は36秒2-34秒7。近年はスローペースからの瞬発力勝負となりやすい。4角5番手以内は1勝・2着4回で5連対、4角6～9番手が4勝。「上がり最速馬」は2勝、3着3回と計5頭が馬券絡み。後方一気は届きにくく、好位～中団から速い上がりをマークするのが好走パターン。「良」での施行時は内枠有利が顕著で、馬番1～5番が3勝・2着2回。二桁馬番が挙げた1勝・2着2回は「稍重」・「重」でのもの。

福島記念 （福島芝2000m）

枠順 ○　位置取り △　上がり △

	馬名	性齢	斤量	騎手	タイム	着差	通過順位	上3F	人	体重
2015 1	1① ヤマカツエース	牡3	54	津村明秀	2.02.5		09-09-06-02	37.4	2	486
2	4⑧ ミトラ	セ7	57.5	柴山雄一	2.02.7	1	06-05-02-01	37.7	1	510
3	7⑬ ファントムライト	牡6	55	吉田隼人	2.03.0	2	13-13-13-11	37.4	4	488

馬連 01-08 ¥1440 (1)　**3連複** 01-08-13 ¥2790 (1/560)　**3連単** 01-08-13 ¥10870 (1/3360)

	馬名	性齢	斤量	騎手	タイム	着差	通過順位	上3F	人	体重
2016 1	2③ マルターズアポジー	牡4	54	武士沢友	2.00.8		01-01-01-01	35.9	7	528
2	7⑬ ゼーヴィント	牡3	55	シュタル	2.01.0	1 1/2	09-07-04-04	35.6	1	486
3	1① ダイワドレッサー	牝3	52	川須栄彦	2.01.3	1 3/4	08-09-08-06	35.7	3	466

馬連 03-13 ¥1750 (4)　**3連複** 01-03-13 ¥4660 (8/560)　**3連単** 03-13-01 ¥31740 (78/3360)

	馬名	性齢	斤量	騎手	タイム	着差	通過順位	上3F	人	体重
2017 1	2③ ウインブライト	牡3	54	松岡正海	2.00.2		03-03-02-02	35.3	2	470
2	7⑬ スズカデヴィアス	牡6	56	シュタル	2.00.2	クビ	06-07-06-08	35.1	3	508
3	3⑥ ヒストリカル	牡8	57	田中勝春	2.00.2	ハナ	11-10-09-05	35.0	10	452

馬連 03-13 ¥2380 (6)　**3連複** 03-06-13 ¥17960 (60/455)　**3連単** 03-13-06 ¥75420 (236/2730)

過去5年の前後半の平均は35秒1-35秒8、前傾ラップにも関わらず、勝ち馬はすべて4角2番手以内で立ち回っている。その一方、「上がり最速馬」は1勝、2着1回、3着2回。連対馬の8頭が上がり5位以内をマークしている。枠順の偏りが顕著で、馬番1～4番が4勝・2着1回・3着3回と8頭も馬券絡み。二桁馬番は2着2回・3着1回のみ。上位の上がりで馬券圏内までは差し届くが、開催後半で馬場も荒れる割に前残りと内枠有利が目立つ。

東京スポーツ杯2歳S(東京芝1800m)

枠順 △　位置取り ◎　上がり ○

2015

		馬名	性齢	斤量	騎手	タイム	着差	通過順位	上3F	人	体重
1	8⑩	スマートオーディン	牡2	55	武豊	1.49.5		09-09-09	32.9	4	482
2	7⑨	プロディガルサン	牡2	55	戸崎圭太	1.49.7	1	06-06-06	33.4	2	488
3	1①	マイネルラフレシア	牡2	55	柴田大知	1.49.7	クビ	01-02-02	33.8	6	440

馬連 09-10 ¥1370 (5)　3連複 01-09-10 ¥3590 (14/165)　3連単 10-09-01 ¥20880 (73/990)

2016

1	6⑥	ブレスジャーニー	牡2	55	柴田善臣	1.48.3		07-07-07	33.7	2	448
2	8⑨	スワーヴリチャード	牡2	55	四位洋文	1.48.3	クビ	10-09-09	33.6	4	498
3	1①	ムーヴザワールド	牡2	55	ルメール	1.48.3	ハナ	08-07-07	33.8	1	508

馬連 06-09 ¥1470 (6)　3連複 01-06-09 ¥1100 (2/120)　3連単 06-09-01 ¥8270 (22/720)

2017

1	3③	ワグネリアン	牡2	55	福永祐一	1.46.6		05-05-04	34.6	1	454
2	7⑦	ルーカス	牡2	55	ムーア	1.47.1	3	06-07-06	34.9	2	488
3	5⑤	シャルルマーニュ	牡2	55	戸崎圭太	1.47.1	クビ	03-03-03	35.6	3	480

馬連 03-07 ¥170 (1)　3連複 03-05-07 ¥380 (1/35)　3連単 03-07-05 ¥820 (1/210)

過去5年の前後半の平均は35秒8-34秒8、大逃げ馬のいた17年以外は後傾ラップとなっている。「上がり最速馬」は3勝・2着1回・3着1回と馬券絡み。連対馬9頭までが上がり5位以内をマークしている。17年は後のダービー馬ワグネリアンが上がり最速で完勝。他にも連対馬には後の活躍馬が多数おり、ここで上がり最速をマークできれば3歳のクラシック戦線でも期待できる。素質最優先のレースだが、1枠1番の好成績のみ際立つ。

マイルチャンピオンシップ(京都芝1600m)

枠順 ×　位置取り ○　上がり △

2015

		馬名	性齢	斤量	騎手	タイム	着差	通過順位	上3F	人	体重
1	8⑯	モーリス	牡4	57	ムーア	1.32.8		09-08	33.1	4	508
2	5⑩	フィエロ	牡6	57	M.デム	1.33.0	1 1/4	08-08	33.3	2	506
3	3⑤	イスラボニータ	牡4	57	蛯名正義	1.33.0	クビ	12-13	33.0	1	480

馬連 10-16 ¥1780 (5)　3連複 05-10-16 ¥2000 (2/816)　3連単 16-10-05 ¥12000 (17/4896)

2016

1	8⑯	ミッキーアイル	牡5	57	浜中俊	1.33.1		01-01	35.6	3	484
2	4⑧	イスラボニータ	牡5	57	ルメール	1.33.1	頭	06-05	35.0	2	480
3	7⑮	ネオリアリズム	牡5	57	ムーア	1.33.2	3/4	02-02	35.6	7	502

馬連 08-16 ¥1590 (4)　3連複 08-15-16 ¥8360 (27/816)　3連単 16-08-15 ¥40290 (118/4896)

2017

1	8⑱	ペルシアンナイト	牡3	56	M.デム	1.33.8		15-13	33.9	4	488
2	6⑪	エアスピネル	牡4	57	ムーア	1.33.8	ハナ	07-06	34.6	4	480
3	2④	サングレーザー	牡3	56	福永祐一	1.33.9	1/2	10-09	34.4	7	482

馬連 11-18 ¥2480 (8)　3連複 04-11-18 ¥9300 (24/816)　3連単 18-11-04 ¥55890 (165/4896)

過去5年、4角5番手以内は16年ミッキーアイルの逃げ切りを含む3連対のみ。連対馬5頭までが上がり5位以内をマークしており、4角10番手以降から「上がり最速馬」が2勝・3着1回と馬券絡み。前半33秒台後半〜34秒台とペースが速くなって、展開的には差し＆追い込み馬に有利になるケースが多い。二桁馬番が4勝・2着2回とやや優勢。ペースが速いので馬群がバラけやすく、開催後半でもあり内を通るアドバンテージは大きくない。

PART 3

ラジオNIKKEI杯京都2歳S（京都芝2000m）

枠順 ○　位置取り △　上がり ○

		馬名	性齢	斤量	騎手	タイム	着差	通過順位	上3F	人	体重
2015	1	4④ドレッドノータス	牡2	55	武豊	2.01.3		02-02-02-02	34.0	3	464
	2	1①リスペクトアース	牡2	55	戸崎圭太	2.01.3	頭	01-01-01-01	34.2	5	548
	3	3③アドマイヤエイカン	牡2	55	岩田康誠	2.01.5	1 1/4	08-08-07-05	33.9	1	502

馬連 01-04 ¥2330 (10)　3連複 01-03-04 ¥2000 (7/220)　3連単 04-01-03 ¥14300 (50/1320)

		馬名	性齢	斤量	騎手	タイム	着差	通過順位	上3F	人	体重
2016	1	3③カデナ	牡2	55	福永祐一	2.02.6		07-08-09-07	33.6	3	460
	2	8⑨ヴァナヘイム	牡2	55	シュタル	2.02.8	1 1/4	05-04-06-04	34.1	1	474
	3	8⑩ベストアプローチ	牡2	55	川田将雅	2.03.0	1 1/4	07-07-03-04	34.5	6	472

馬連 03-09 ¥670 (2)　3連複 03-09-10 ¥2360 (7/120)　3連単 03-09-10 ¥7450 (12/720)

		馬名	性齢	斤量	騎手	タイム	着差	通過順位	上3F	人	体重
2017	1	6⑥グレイル	牡2	55	武豊	2.01.6		04-04-04-04	34.0	2	492
	2	2②タイムフライヤー	牡2	55	C.デム	2.01.6	頭	03-03-03-03	34.2	1	460
	3	1①ケイティクレバー	牡2	55	小林徹弥	2.02.0	2 1/2	01-01-01-01	35.0	5	438

馬連 02-06 ¥380 (1)　3連複 01-02-06 ¥1180 (5/84)　3連単 06-02-01 ¥5450 (21/504)

重賞昇格後4回の前後半の平均は36秒2-34秒6。道中は全くペースが上がらず、直線だけのレースとなりやすい。勝ち馬はすべて4角7番手以内で立ち回っており、後方一気では差し届かない。なお、勝ち馬はすべて上がり5位以内をマーク。内回り戦なので先行力は武器になるが、上がり33~34秒台への対応力も重要となる。2歳中距離戦らしく素質が最優先。また、この距離を走りきれない馬も多いので距離損を抑えられる内枠がやや有利。

ジャパンカップ（東京芝2400m）

枠順 ○　位置取り △　上がり ○

		馬名	性齢	斤量	騎手	タイム	着差	通過順位	上3F	人	体重
2015	1	7⑮ショウナンパンドラ	牝4	55	池添謙一	2.24.7		09-09-08-11	33.9	4	442
	2	3⑥ラストインパクト	牡5	57	ムーア	2.24.7	クビ	11-12-08-11	33.9	7	494
	3	1①ラブリーデイ	牡5	57	川田将雅	2.24.8	クビ	06-06-06-05	34.3	1	486

馬連 06-15 ¥10160 (26)　3連複 01-06-15 ¥6350 (18/816)　3連単 15-06-01 ¥53920 (150/4896)

		馬名	性齢	斤量	騎手	タイム	着差	通過順位	上3F	人	体重
2016	1	1①キタサンブラック	牡4	57	武豊	2.25.8		01-01-01-01	34.7	1	536
	2	6⑫サウンズオブアース	牡5	57	M.デム	2.26.2	2 1/2	07-07-09-09	34.5	5	502
	3	8⑰シュヴァルグラン	牡4	57	福永祐一	2.26.3	クビ	09-09-12-10	34.4	6	482

馬連 01-12 ¥2570 (11)　3連複 01-12-17 ¥8050 (30/680)　3連単 01-12-17 ¥36260 (121/4080)

		馬名	性齢	斤量	騎手	タイム	着差	通過順位	上3F	人	体重
2017	1	1①シュヴァルグラン	牡5	57	ボウマン	2.23.7		05-04-04-04	34.7	5	470
	2	1②レイデオロ	牡3	55	ルメール	2.23.9	1 1/4	11-09-09-07	34.6	2	484
	3	2④キタサンブラック	牡5	57	武豊	2.23.9	クビ	01-01-01-01	35.3	1	542

馬連 01-02 ¥1770 (7)　3連複 01-02-04 ¥1300 (2/680)　3連単 01-02-04 ¥13340 (36/4080)

過去5年の勝ち馬のうち4頭が4角4番手以内で立ち回っている。その一方、「上がり最速馬」は2着2回、3着1回と馬券絡み。後傾0秒8以上のスローペースが4回。天皇賞（秋）から2ハロン長い距離が意識されてか、道中のペースはほとんど上がらず、上がり33秒~34秒台前半の瞬発力勝負となりやすい。一桁馬番が4勝・2着4回に対して、二桁馬番は1勝・2着1回と内枠有利が顕著。開催最終週の馬場でも内が有利なケースがある。

枠順と位置取りで勝ち馬を見抜く！

京阪杯（京都芝1200m）

枠順 ○　位置取り ○　上がり △

		馬名	性齢	斤量	騎手	タイム	着差	通過順位	上3F	人	体重
2015	1	2 ② サトノルパン	牡4	56	和田竜二	1.07.4		04-04	33.1	4	452
	2	3 ④ ビッグアーサー	牡4	56	藤岡康太	1.07.4	頭	07-07	32.8	1	522
	3	5 ⑨ アースソニック	牡6	56	アッゼニ	1.08.0	3 1/2	10-10	33.2	5	496

馬連 02-04 ¥990 (3)　**3連複** 02-04-09 ¥3710 (13/455)　**3連単** 02-04-09 ¥33650 (97/2730)

		馬名	性齢	斤量	騎手	タイム	着差	通過順位	上3F	人	体重
2016	1	1 ② ネロ	牡5	57	バルザロ	1.10.3		01-01	36.2	2	478
	2	8 ⑱ エイシンスパルタン	牡5	56	岩田康誠	1.11.0	4	04-04	35.9	3	498
	3	1 ① フミノムーン	牡4	56	国分優作	1.11.2	1 1/4	12-10	35.4	6	460
	3	4 ⑦ アースソニック	牡7	56	アッゼニ	1.11.2	同着	07-07	35.8	10	498

馬連 02-18 ¥1110 (3)　**3連複** 01-02-18 ¥2780 (9/816) / 02-07-18 ¥3880 (19/816)　**3連単** 02-18-01 ¥11140 (34/4896) / 02-18-07 ¥15050 (59/4896)

		馬名	性齢	斤量	騎手	タイム	着差	通過順位	上3F	人	体重
2017	1	2 ④ ネロ	牡6	58	吉原寛人	1.08.8		01-01	34.5	9	478
	2	3 ⑥ ビップライブリー	牡4	56	大野拓弥	1.08.8	クビ	05-05	34.1	6	458
	3	7 ⑭ イッテツ	牡5	56	石橋脩	1.08.9	クビ	12-12	33.8	14	488

馬連 04-06 ¥23390 (64)　**3連複** 04-06-14 ¥295980 (430/560)　**3連単** 04-06-14 ¥1674510 (2262/3360)

過去5年の前後半の平均は34秒2-34秒2。「4角先頭馬」は実に3勝・2着1回。勝ち馬はすべて4角4番手以内で立ち回っている。後方から馬券絡みするには、上がり32秒台後半~33秒台前半が必要となる。同コースは内ラチ沿いをロスなく立ち回れるアドバンテージが大きく、内枠の逃げ&先行馬が圧倒的に有利な舞台。レース史上屈指の荒れ馬場になった17年ですらこの傾向が覆らず、馬番1~7番が実に5勝・2着3回を占めている。

ステイヤーズS（中山芝3600m）

枠順 ×　位置取り ○　上がり ◎

		馬名	性齢	斤量	騎手	タイム	着差	通過順位	上3F	人	体重
2015	1	1 ② アルバート	牡4	56	ムーア	3.45.9		09-10-09-07	35.0	1	466
	2	4 ⑦ カムフィー	牡6	56	横山典弘	3.46.7	5	06-08-12-10	35.6	7	460
	3	1 ① トゥインクル	牡4	56	三浦皇成	3.46.8	クビ	12-13-13-12	35.6	4	472

馬連 02-07 ¥2880 (12)　**3連複** 01-02-07 ¥4790 (14/560)　**3連単** 02-07-01 ¥23390 (71/3360)

		馬名	性齢	斤量	騎手	タイム	着差	通過順位	上3F	人	体重
2016	1	3 ③ アルバート	牡5	57	ムーア	3.47.4		07-08-08-03	35.0	1	472
	2	5 ⑦ ファタモルガーナ	セ8	56	蛯名正義	3.47.4	クビ	04-05-06-02	35.2	3	494
	3	6 ⑧ モンドインテロ	牡4	56	ルメール	3.47.7	1 3/4	10-11-11-09	35.0	2	486

馬連 03-07 ¥880 (2)　**3連複** 03-07-08 ¥740 (1/286)　**3連単** 03-07-08 ¥2710 (6/1716)

		馬名	性齢	斤量	騎手	タイム	着差	通過順位	上3F	人	体重
2017	1	8 ⑨ アルバート	牡6	57	ムーア	3.43.0		07-07-06-05	34.9	1	476
	2	2 ② フェイムゲーム	セ7	57	ボウマン	3.43.4	2 1/2	05-05-04-02	35.5	3	468
	3	7 ⑦ ブレストウィック	牡6	56	シュミノ	3.43.7	2	08-08-08-07	35.3	3	530

馬連 02-09 ¥210 (1)　**3連複** 02-07-09 ¥450 (1/120)　**3連単** 09-02-07 ¥830 (1/720)

過去5年の前後半の平均は37秒9-35秒1。連対馬の8頭が2周目の4角では5番手以内で立ち回っている。その一方、「上がり最速馬」が目下5連勝中。2周目の4角では好位へ取り付いて、早め先頭から押し切るのが好走パターン。連対馬はすべて上がり34秒9~35秒台を要しており、長距離戦向きのバテない末脚が要求される。世代交代が起こりにくい路線なので複数年で馬券絡みしている馬が多数。枠順や展開よりも実績と適性を重視。

PART 3

チャレンジカップ（阪神芝2000m）
枠順 △　**位置取り** ○　**上がり** ○

2015
	馬名	性齢	斤量	騎手	タイム	着差	通過順位	上3F	人	体重
1	6 ⑪ フルーキー	牡5	57	M.デム	1.46.1		12-11	34.2	1	484
2	5 ⑩ ヒストリカル	牡6	57	ルメール	1.46.3	1 1/2	14-15	34.1	2	454
3	4 ⑦ シベリアンスパーブ	牡6	54	松山弘平	1.46.4	1/2	10-10	34.7	11	506

馬連 10-11 ¥690 (1)　**3連複** 07-10-11 ¥8180 (25/816)　**3連単** 11-10-07 ¥27650 (65/4896)

2016
	馬名	性齢	斤量	騎手	タイム	着差	通過順位	上3F	人	体重
1	7 ⑮ マイネルハニー	牡3	55	柴田大知	1.46.5		03-02	35.9	9	476
2	2 ④ ベルーフ	牡4	57	シュミノ	1.46.5	クビ	11-12	34.9	5	492
3	5 ⑨ ケイティーブライド	牡6	52	鮫島克駿	1.46.5	頭	07-07	35.2	11	496

馬連 04-15 ¥7460 (35)　**3連複** 04-09-15 ¥74740 (208/816)　**3連単** 15-04-09 ¥470230 (1194/4896)

2017
	馬名	性齢	斤量	騎手	タイム	着差	通過順位	上3F	人	体重
1	3 ③ サトノクロニクル	牡3	55	M.デム	1.58.6		03-04-03-04	34.9	1	454
2	6 ⑧ デニムアンドルビー	牝7	54	C.デム	1.58.6	クビ	11-10-08-06	34.6	5	456
3	5 ⑥ ブレスジャーニー	牡3	55	柴田善臣	1.58.7	クビ	07-07-08-09	34.6	2	462

馬連 03-08 ¥1540 (5)　**3連複** 03-06-08 ¥2280 (5/220)　**3連単** 03-08-06 ¥12120 (27/1320)

17年から外回り1800m→内回り2000mへ、斤量もハンデ戦から別定戦へと変更。つまり、施行時期こそ12月のままだが、11年以前と同じ設定になった。17年は36秒5-35秒2、後傾1秒2のスローペース。内で立ち回ったサトノクロニクルが4角4番手から、上がり4位で1着。中団~後方から上がり2位をマークしたデニムアンドルビーが2着。同様に10頭前後なら開幕週らしく内枠の先行馬と速い上がりを使える馬が優位な傾向になるはず。

チャンピオンズカップ（中京ダ1800m）
枠順 ◎　**位置取り** △　**上がり** △

2015
	馬名	性齢	斤量	騎手	タイム	着差	通過順位	上3F	人	体重
1	2 ④ サンビスタ	牝6	55	M.デム	1.50.4		09-06-08-06	37.4	12	476
2	1 ① ノンコノユメ	牡3	56	ルメール	1.50.6	1 1/2	14-14-15-15	36.7	3	452
3	1 ② サウンドトゥルー	セ5	57	大野拓弥	1.50.7	クビ	15-15-16-16	36.6	5	472

馬連 01-04 ¥11040 (31)　**3連複** 01-02-04 ¥27320 (74/560)　**3連単** 04-01-02 ¥318430 (677/3360)

2016
	馬名	性齢	斤量	騎手	タイム	着差	通過順位	上3F	人	体重
1	5 ⑧ サウンドトゥルー	セ6	57	大野拓弥	1.50.1		14-14-14-13	35.8	6	474
2	2 ② アウォーディー	牡6	57	武豊	1.50.1	クビ	06-06-06-05	37.0	1	514
3	3 ④ アスカノロマン	牡5	57	和田竜二	1.50.2	1/2	02-02-03-02	37.4	10	522

馬連 02-08 ¥1390 (5)　**3連複** 02-04-08 ¥11180 (39/455)　**3連単** 08-02-04 ¥85980 (256/2730)

2017
	馬名	性齢	斤量	騎手	タイム	着差	通過順位	上3F	人	体重
1	5 ⑨ ゴールドドリーム	牡4	57	ムーア	1.50.1		09-10-11-11	35.2	8	538
2	7 ⑬ テイエムジンソク	牡5	57	古川吉洋	1.50.1	クビ	02-02-02-02	36.1	1	496
3	1 ① コパノリッキー	牡7	57	田辺裕信	1.50.2	クビ	01-01-01-01	36.3	9	546

馬連 09-13 ¥4140 (18)　**3連複** 01-09-13 ¥27350 (111/455)　**3連単** 09-13-01 ¥158490 (616/2730)

14年はホッコータルマエが4角2番手から勝利。4角4番手以内の3頭での決着となった。一方、16年はサウンドトゥルーが4角13番手から、上がり最速をマークして差し切り勝ち。1000m通過が60秒台なら差し＆追い込み馬が有利。62秒以上を要すれば逃げ＆先行馬が有利。1000m通過61秒6のスローになった昨年も、1着こそ上がり2位をマークしたゴールドドリームだったが、2~4着は前残り。今後も展開、ペースに大きく左右されるはず。

中日新聞杯（中京芝2000m）

枠順 △　位置取り ○　上がり △

2015

		馬名	性齢	斤量	騎手	タイム	着差	通過順位	上3F	人	体重
1	1①	ディサイファ	牡6	57	四位洋文	2.01.2		07-07-10-07	35.3	5	488
2	5⑩	デウスウルト	セ7	55	川田将雅	2.01.4	1 1/4	05-06-06-04	35.7	2	478
3	2④	マイネルミラノ	牡5	55	柴田大知	2.01.5	1/2	01-01-01-01	36.3	6	470

馬連 01-10 ¥1810 (5)　3連複 01-04-10 ¥9580 (27/816)　3連単 01-10-04 ¥50580 (126/4896)

2016

		馬名	性齢	斤量	騎手	タイム	着差	通過順位	上3F	人	体重
1	3⑤	サトノノブレス	牡6	58	川田将雅	2.01.3		04-05-06-06	34.4	1	516
2	7⑮	ファントムライト	牡7	55	戸崎圭太	2.01.4	1/2	02-03-03-03	34.7	9	494
3	7⑬	レコンダイト	牡6	55	武豊	2.01.4	クビ	09-09-08-08	34.3	13	468

馬連 05-15 ¥4140 (15)　3連複 05-13-15 ¥52450 (189/816)　3連単 05-15-13 ¥251670 (1001/4896)

2017

		馬名	性齢	斤量	騎手	タイム	着差	通過順位	上3F	人	体重
1	7⑬	メートルダール	牡4	55	C.デム	1.59.3		11-11-10-08	33.6	2	480
2	5⑩	ミッキーロケット	牡4	57.5	和田竜二	1.59.5	1 1/2	06-06-06-06	34.0	1	482
3	6⑫	ロードヴァンドール	牡4	56	横山典弘	1.59.6	1/2	01-01-01-01	34.6	5	504

馬連 10-13 ¥1540 (1)　3連複 10-12-13 ¥4460 (8/816)　3連単 13-10-12 ¥23260 (44/4896)

過去5年すべて後半3ハロンの方が速い後傾ラップ。スタンド前のスタート直後から上り坂が続き、急坂のある長い直線を意識するため、道中でのペースアップが少ない。その結果、連対馬は4角3～10番手で立ち回っており、後方過ぎては差し届かない。また、「上がり最速馬」の2勝を含め、勝ち馬のうち4頭が上がり3位以内をマーク。中団から上位の上がりを繰り出すのが好走パターン。枠順の有利不利はごく僅か。

カペラS（中山ダ1200m）

枠順 △　位置取り △　上がり △

2015

		馬名	性齢	斤量	騎手	タイム	着差	通過順位	上3F	人	体重
1	7⑭	キクノストーム	牡6	56	内田博幸	1.09.7		14-14	35.5	3	500
2	7⑬	カジキ	牡6	56	柴田善臣	1.09.7	クビ	04-04	36.3	4	506
3	6⑫	マルカフリート	牡9	56	石橋脩	1.09.8	1/2	16-15	35.2	6	490

馬連 13-14 ¥3980 (16)　3連複 12-13-14 ¥11870 (42/560)　3連単 14-13-12 ¥48910 (147/3360)

2016

		馬名	性齢	斤量	騎手	タイム	着差	通過順位	上3F	人	体重
1	1①	ノボバカラ	牡4	57	内田博幸	1.10.2		01-01	36.9	3	512
2	6⑪	ニシケンモノフ	牡5	56	横山典弘	1.10.5	1 3/4	06-07	36.6	5	512
3	7⑭	コーリンベリー	牝5	56	松山弘平	1.10.7	1 1/4	04-05	37.0	1	502

馬連 01-11 ¥1170 (3)　3連複 01-11-14 ¥1470 (1/560)　3連単 01-11-14 ¥7320 (6/3360)

2017

		馬名	性齢	斤量	騎手	タイム	着差	通過順位	上3F	人	体重
1	8⑯	ディオスコリダー	牡3	55	津村明秀	1.11.0		05-07	36.6	4	496
2	8⑮	スノードラゴン	牡9	58	大野拓弥	1.11.1	1/2	09-10	36.5	8	516
3	4⑧	ブルドッグボス	牡5	57	内田博幸	1.11.3	1 1/4	05-08	36.9	2	512

馬連 15-16 ¥7980 (31)　3連複 08-15-16 ¥17110 (55/560)　3連単 16-15-08 ¥105610 (359/3360)

15年は前半32秒5の史上最速ラップ。過去5年で前半32～33秒台が3回もあって、すべて前傾2秒1以上のハイペースとなっている。「4角先頭馬」が2勝をあげているものの、4角5番手以内は3連対のみ。勝ち馬はすべて上がり5位以内をマーク。基本的には先行有利なダート短距離戦とはいえ、後方から差し届くケースが多い。1枠1番から2頭が逃げ切っているものの、馬番10～16番が計9回の馬券絡み。外枠の差し・追い込み馬に注意。

PART 3

阪神ジュベナイルフィリーズ（阪神芝1600m）　枠順 ○　位置取り △　上がり ◎

		馬 名	性齢	斤量	騎手	タイム	着差	通過順位	上3F	人	体重
2015	1	1② メジャーエンブレム	牝2	54	ルメール	1.34.5		02-01	35.8	1	494
	2	7⑬ ウインファビラス	牝2	54	松岡正海	1.34.8	2	06-06	35.6	10	448
	3	6⑪ ブランボヌール	牝2	54	岩田康誠	1.35.0	1 1/4	08-10	35.5	3	432

馬連 02-13 ¥3500 (9)　**3連複** 02-11-13 ¥7640 (23/816)　**3連単** 02-13-11 ¥39480 (115/4896)

		馬 名	性齢	斤量	騎手	タイム	着差	通過順位	上3F	人	体重
2016	1	1② ソウルスターリング	牝2	54	ルメール	1.34.0		03-04	34.8	1	472
	2	8⑱ リスグラシュー	牝2	54	戸崎圭太	1.34.2	1 1/4	15-13	34.5	2	434
	3	2④ レーヌミノル	牝2	54	蛯名正義	1.34.5	1 3/4	05-05	35.2	3	462

馬連 02-18 ¥510 (1)　**3連複** 02-04-18 ¥1210 (2/816)　**3連単** 02-18-04 ¥4250 (2/4896)

		馬 名	性齢	斤量	騎手	タイム	着差	通過順位	上3F	人	体重
2017	1	6⑪ ラッキーライラック	牝2	54	石橋脩	1.34.3		08-08	33.7	2	484
	2	4⑦ リリーノーブル	牝2	54	川田将雅	1.34.4	3/4	06-05	33.9	3	494
	3	2④ マウレア	牝2	54	戸崎圭太	1.34.5	1/2	08-08	33.9	4	446

馬連 07-11 ¥920 (2)　**3連複** 04-07-11 ¥2160 (3/816)　**3連単** 11-07-04 ¥8560 (11/4896)

過去5年の前後半の平均は34秒5-35秒0。17年はスローペースだったが、短距離戦からの参戦馬が多く1秒0以上の前傾ラップも珍しくない。2歳牝馬にとってタフな舞台で、4角5番手以内は3連対のみ。1600m以上の距離経験は強みとなる。特に勝ち馬には1600m以上で上がり最速をマークして勝利した経験があるという共通点がある。枠順の大きな偏りはないが、開催前半の馬場で行われることもあり、桜花賞に比べて内枠の好走が多い。

ターコイズS（中山芝1600m）　枠順 △　位置取り △　上がり △

		馬 名	性齢	斤量	騎手	タイム	着差	通過順位	上3F	人	体重
2015	1	8⑯ シングウィズジョイ	牝3	53	戸崎圭太	1.35.7		02-02-02	34.5	11	468
	2	5⑨ ダンスアミーガ	牝4	53	大野拓弥	1.35.9	1 1/2	03-03-05	34.4	16	470
	3	7⑭ オツウ	牝5	52	石川裕紀	1.35.9	頭	01-01-01	34.8	15	494

馬連 09-16 ¥54690 (114)　**3連複** 09-14-16 ¥546240 (554/560)　**3連単** 16-09-14 ¥2954680 (3259/3360)

		馬 名	性齢	斤量	騎手	タイム	着差	通過順位	上3F	人	体重
2016	1	5⑩ マジックタイム	牝5	56	ルメール	1.33.6		15-13-13	34.2	1	486
	2	7⑬ レッツゴードンキ	牝4	56.5	岩田康誠	1.33.8	1 1/2	14-16-16	34.1	6	492
	3	1① カフェブリリアント	牝6	55	戸崎圭太	1.33.8	頭	09-07-07	34.9	3	454

馬連 10-13 ¥1910 (5)　**3連複** 01-10-13 ¥4050 (8/560)　**3連単** 10-13-01 ¥17140 (25/3360)

		馬 名	性齢	斤量	騎手	タイム	着差	通過順位	上3F	人	体重
2017	1	4⑧ ミスパンテール	牝3	53	横山典弘	1.34.2		09-09-10	34.2	5	500
	2	4⑦ フロンテアクイーン	牝4	53	北村宏司	1.34.2	クビ	05-05-05	34.4	3	470
	3	7⑭ デンコウアンジュ	牝4	55	蛯名正義	1.34.2	ハナ	12-11-10	33.9	7	454

馬連 07-08 ¥2570 (9)　**3連複** 07-08-14 ¥16580 (50/560)　**3連単** 08-07-14 ¥94580 (306/3360)

重賞へと格上げされた15年は1000m通過が61秒1の超スローペースとなって、4角2番手・4番手・1番手で決着。馬連5万馬券&3連単295万馬券の大波乱となった。その一方、16年は58秒3のハイペースで上がり2位のマジックタイム、上がり1位のレッツゴードンキの4角13番手以降で決着。17年は59秒5の平均ペースで好位~中団の差し馬が台頭。展開次第・枠順不問、有利な脚質はペース次第という標準的なハンデ重賞と見るべきか。

朝日杯フューチュリティS（阪神芝1600m）　枠順 × 位置取り ○ 上がり ◎

2015
		馬名	性齢	斤量	騎手	タイム	着差	通過順位	上3F	人	体重
1	8⑮	リオンディーズ	牡2	55	M.デム	1.34.4		15-15	33.3	2	496
2	6⑪	エアスピネル	牡2	55	武豊	1.34.5	3/4	08-06	34.0	1	484
3	7⑬	シャドウアプローチ	牡2	55	中谷雄太	1.35.2	4	10-06	34.7	11	494

馬連 11-15 ¥520 (1) 　3連複 11-13-15 ¥8160 (27/560) 　3連単 15-11-13 ¥38560 (117/3360)

2016
		馬名	性齢	斤量	騎手	タイム	着差	通過順位	上3F	人	体重
1	8⑰	サトノアレス	牡2	55	四位洋文	1.35.4		13-12	34.1	6	500
2	5⑩	モンドキャンノ	牡2	55	ルメール	1.35.5	1/2	14-14	34.0	7	472
3	2④	ボンセルヴィーソ	牡2	55	松山弘平	1.35.8	2	01-01	35.2	12	462

馬連 10-17 ¥5980 (21) 　3連複 04-10-17 ¥42820 (111/816) 　3連単 17-10-04 ¥221200 (552/4896)

2017
		馬名	性齢	斤量	騎手	タイム	着差	通過順位	上3F	人	体重
1	1①	ダノンプレミアム	牡2	55	川田将雅	1.33.3		03-04	33.6	1	490
2	5⑩	ステルヴィオ	牡2	55	C.デム	1.33.9	3 1/2	12-10	33.8	3	460
3	2③	タワーオブロンドン	牡2	55	ルメール	1.33.9	クビ	07-07	34.0	2	518

馬連 01-10 ¥550 (2) 　3連複 01-03-10 ¥700 (1/560) 　3連単 01-10-03 ¥2630 (2/3360)

14年に阪神1600mへ変更。4角5番手以内の馬券絡みは、逃げた16年ボンセルヴィーソ（3着）と、4番手から上がり最速をマークした17年ダノンプレミアムのみ。「上がり最速馬」は3勝、2着1回とすべて連対。しかも、4回すべてで上がり1位＆上がり2位がワン・ツーを決めている。開催後半で馬場の内が荒れてきて、差し＆追い込み馬が圧倒。二桁馬番は6番人気以下の穴馬が1着を含め7頭の馬券絡み。フラット～やや外枠有利。

阪神カップ（阪神芝1400m）　枠順 × 位置取り ○ 上がり △

2015
		馬名	性齢	斤量	騎手	タイム	着差	通過順位	上3F	人	体重
1	7⑬	ロサギガンティア	牝4	57	M.デム	1.21.4		04-04	34.5	3	528
2	8⑮	ダンスディレクター	牡5	57	浜中俊	1.21.4	ハナ	11-11	34.2	5	444
3	1①	ビッグアーサー	牡4	57	藤岡康太	1.21.6	1 1/2	04-04	34.6	1	522

馬連 13-15 ¥5940 (18) 　3連複 01-13-15 ¥6830 (12/680) 　3連単 13-15-01 ¥49650 (132/4080)

2016
		馬名	性齢	斤量	騎手	タイム	着差	通過順位	上3F	人	体重
1	1②	シュウジ	牡3	56	川田将雅	1.21.9		06-06	34.8	7	504
2	3⑥	イスラボニータ	牡5	57	ルメール	1.21.9	頭	02-02	35.3	3	480
3	8⑮	フィエロ	牡7	57	M.デム	1.21.9	クビ	06-06	34.8	5	504

馬連 02-06 ¥3280 (12) 　3連複 02-06-15 ¥11220 (42/455) 　3連単 02-06-15 ¥80280 (247/2730)

2017
		馬名	性齢	斤量	騎手	タイム	着差	通過順位	上3F	人	体重
1	1②	イスラボニータ	牡6	57	ルメール	1.19.5		07-07	33.9	5	482
2	6⑫	ダンスディレクター	牡7	57	武豊	1.19.5	ハナ	04-04	34.2	4	444
3	5⑩	サングレーザー	牡3	56	福永祐一	1.19.7	1 1/4	14-13	33.5	3	482

馬連 02-12 ¥4040 (9) 　3連複 02-10-12 ¥3890 (5/816) 　3連単 02-12-10 ¥24440 (51/4896)

過去5年の前後半の平均は34秒5-35秒0。短距離重賞にしてはペースが遅く、4角5番手以内が7連対を占める。その一方、「上がり最速馬」は、15年ダンスディレクター（2着）、16年シュウジ（1着）の2連対。直線の短い内回りで、後方過ぎては差し届かないので、好位から上位の上がりを使えるタイプが有利。同開催の開幕～3週目までに馬場が傷んでいる年は二桁馬番の好走が目立ち、傷みが軽微な年は緩い流れで内の先行馬が残る。

PART 3

有馬記念（中山芝2500m）

枠順 ◎　位置取り △　上がり ○

		馬名	性齢	斤量	騎手	タイム	着差	通過順位	上3F	人	体重
2015	1	4 7 ゴールドアクター	牡4	57	吉田隼人	2.33.0		03-03-05-03	34.8	8	494
	2	5 9 サウンズオブアース	牡4	57	M.デム	2.33.0	クビ	03-03-05-06	34.7	5	502
	3	6 11 キタサンブラック	牡3	55	横山典弘	2.33.1	3/4	01-01-01-01	35.1	4	526

馬連 07-09 ¥6840 (27)　3連複 07-09-11 ¥20360 (70/560)　3連単 07-09-11 ¥125870 (450/3360)

		馬名	性齢	斤量	騎手	タイム	着差	通過順位	上3F	人	体重
2016	1	6 11 サトノダイヤモンド	牡3	55	ルメール	2.32.6		04-03-03-03	35.5	1	502
	2	1 1 キタサンブラック	牡4	57	武豊	2.32.6	クビ	02-02-02-02	35.8	2	536
	3	1 2 ゴールドアクター	牡5	57	吉田隼人	2.32.7	1/2	03-03-03-03	35.7	3	498

馬連 01-11 ¥440 (1)　3連複 01-02-11 ¥1050 (2/560)　3連単 11-01-02 ¥3940 (3/3360)

		馬名	性齢	斤量	騎手	タイム	着差	通過順位	上3F	人	体重
2017	1	1 2 キタサンブラック	牡5	57	武豊	2.33.6		01-01-01-01	35.2	1	540
	2	2 3 クイーンズリング	牝5	55	ルメール	2.33.8	1 1/2	04-05-05-03	35.1	8	474
	3	5 10 シュヴァルグラン	牡5	57	ボウマン	2.33.8	ハナ	08-08-08-08	34.8	3	474

馬連 02-03 ¥3170 (9)　3連複 02-03-10 ¥5420 (16/560)　3連単 02-03-10 ¥25040 (68/3360)

過去5年、「4角先頭馬」の馬券絡みはキタサンブラックのみ。ただし、2・3番手が4勝・2着2回。連対馬はすべて4角7番手以内で立ち回っており、差し馬も4角までにポジションを上げる必要がある。一方、連対馬の6頭までが上がり5位以内。急坂を2回も登るスタミナ必須の舞台なので、上位の上がりも要求される。馬番12番から外の連対はなく、1~7番が4勝・2着4回。GⅠ級が集まるタイトな勝負なので圧倒的に内枠が有利。

ホープフルS（中山芝2000m）

枠順 △　位置取り ○　上がり ○

		馬名	性齢	斤量	騎手	タイム	着差	通過順位	上3F	人	体重
2015	1	5 6 ハートレー	牡2	55	ボウマン	2.01.8		08-09-09-07	34.3	3	484
	2	6 9 ロードクエスト	牡2	55	M.デム	2.02.0	1 1/4	12-12-11-07	34.1	1	452
	3	6 8 バティスティーニ	牡2	55	ルメール	2.02.3	1 3/4	08-08-07-06	35.1	2	470

馬連 06-09 ¥1220 (2)　3連複 06-08-09 ¥840 (1/220)　3連単 06-09-08 ¥7790 (19/1320)

		馬名	性齢	斤量	騎手	タイム	着差	通過順位	上3F	人	体重
2016	1	2 2 レイデオロ	牡2	55	ルメール	2.01.3		12-12-11-08	35.7	1	476
	2	7 11 マイネルスフェーン	牡2	55	シュミノ	2.01.5	1 1/4	09-09-09-08	36.0	8	438
	3	4 6 グローブシアター	牡2	55	福永祐一	2.01.7	1 1/4	09-09-09-08	36.2	2	432

馬連 02-11 ¥2380 (7)　3連複 02-06-11 ¥3600 (9/364)　3連単 02-11-06 ¥15250 (46/2184)

		馬名	性齢	斤量	騎手	タイム	着差	通過順位	上3F	人	体重
2017	1	4 7 タイムフライヤー	牡2	55	C.デム	2.01.4		15-16-16-09	35.5	1	456
	2	8 15 ジャンダルム	牡2	55	武豊	2.01.6	1 1/4	10-10-09-04	36.2	4	494
	3	7 13 ステイフーリッシュ	牡2	55	中谷雄太	2.01.6	クビ	13-13-11-08	35.9	8	450

馬連 07-15 ¥1440 (4)　3連複 07-13-15 ¥10920 (34/680)　3連単 07-15-13 ¥52380 (154/4080)

14年にGⅡへ、17年よりGⅠへと格上げ。15年・16年は上がり1位&2位がワン・ツー。17年もタイムフライヤーが上がり最速で差し切り、上がり1~3位が上位を独占。直線が短いコースとはいえ、最終週に馬場が荒れてきているため、差し&追込み馬が優勢。また、馬番1~5番での馬券絡みは16年レイデオロ（1着）のみで、3~5番人気馬が計8頭も馬券圏外に敗戦。道中で内を通らされるうえ、多頭数では意図する進路を取りにくい。

PART 4
JRDB特選!
エクストラデータ

PART 4

Extra Data 1 　内を通る確率が高い騎手ランキング

■出走数に占める4角で「最内」「内」を通った割合
■単勝1～5人気　■障害を除く
■総数100件以上
■集計期間:2016年1月1日 ～2018年7月8日

芝

順位	騎手名	内を通った回数	総数	内を通った割合	代表馬
1	丹内祐次	125	205	61.0%	マイネルクラフト
2	横山典弘	160	301	53.2%	ミスパンテール
3	岩田康誠	279	532	52.4%	レッツゴードンキ
4	古川吉洋	61	121	50.4%	ゴールドクイーン
5	北村宏司	147	294	50.0%	フロンテアクイーン
6	幸英明	201	416	48.3%	サトノプレス
7	柴田大知	206	427	48.2%	マイネルミラノ
8	松田大作	55	114	48.2%	セイウンコウセイ
9	藤岡佑介	149	310	48.1%	クリンチャー
10	秋山真一郎	110	230	47.8%	ツヅミモン
11	松山弘平	171	361	47.4%	メイショウテッコン
12	和田竜二	232	491	47.3%	ミッキーロケット
13	松若風馬	160	350	45.7%	トーホウアルテミス
14	松岡正海	101	221	45.7%	ウインブライト
15	浜中俊	218	479	45.5%	カシアス
16	北村友一	199	440	45.2%	レッドアヴァンセ
17	丸山元気	121	268	45.1%	スティッフェリオ
18	小牧太	65	145	44.8%	サイモンラムセス
19	川田将雅	338	765	44.2%	リリーノーブル
20	津村明秀	134	304	44.1%	ワンブレスアウェイ

ダート

順位	騎手名	内を通った回数	総数	内を通った割合	代表馬
1	横山武史	87	115	75.7%	ヒルノサルバドール
2	城戸義政	86	126	68.3%	タマモコーラス
3	岩崎翼	82	129	63.6%	タガノヴィッター
4	丹内祐次	71	117	60.7%	コスモカナディアン
5	川田将雅	317	553	57.3%	シヴァージ
6	菊沢一樹	65	114	57.0%	シルバードリーム
7	富田暁	63	111	56.8%	タマモアタック
8	松田大作	69	122	56.6%	ラズールリッキー
9	小崎綾也	70	125	56.0%	オールドベイリー
10	北村友一	192	344	55.8%	ベルクリア
11	岩田康誠	347	623	55.7%	バイタルフォース
12	丸山元気	113	203	55.7%	サルサディオーネ
13	藤岡康太	202	363	55.6%	レイダー
14	中谷雄太	76	141	53.9%	ラバビエス
15	幸英明	253	470	53.8%	ジープルメリア
16	松若風馬	170	318	53.5%	アンデスクイーン
17	和田竜二	308	586	52.6%	ウインムート
18	坂井瑠星	93	179	52.0%	ドリームキラリ
19	横山典弘	168	329	51.1%	ハイランドピーク
20	武藤雅	81	159	50.9%	タマモアモーレ

Extra Data 2 — 外を通る確率が高い騎手ランキング

- 出走数に占める4角で「大外」「外」を通った割合
- 単勝1〜5人気　■障害を除く
- 総数100件以上
- 集計期間：2016年1月1日〜2018年7月8日

芝

順位	騎手名	外を通った回数	総数	外を通った割合	代表馬
1	柴田善臣	71	173	41.0%	トーセンブレス
2	勝浦正樹	92	226	40.7%	イノバティブ
3	吉田豊	66	165	40.0%	ホウオウドリーム
4	福永祐一	297	754	39.4%	ワグネリアン
5	田辺裕信	210	536	39.2%	サクラアンプルール
6	M.デムーロ	368	986	37.3%	キセキ
7	中谷雄太	47	127	37.0%	ステイフーリッシュ
8	C.ルメール	386	1056	36.6%	アーモンドアイ
9	蛯名正義	144	393	36.6%	チェスナットコート
10	四位洋文	92	252	36.5%	ヒルノデイバロー
11	丸田恭介	64	181	35.4%	メドウラーク
12	池添謙一	138	394	35.0%	ナイトオブナイツ
13	武豊	223	656	34.0%	リスグラシュー
14	荻野極	63	186	33.9%	キャッチミーアップ
15	内田博幸	184	545	33.8%	クルーガー
16	大野拓弥	99	293	33.8%	ストーミーシー
17	鮫島克駿	69	206	33.5%	シャンデリアハウス
18	古川吉洋	40	121	33.1%	グァンチャーレ
19	松若風馬	115	350	32.9%	カラクレナイ
20	小牧太	47	145	32.4%	グリエルマ

ダート

順位	騎手名	外を通った回数	総数	外を通った割合	代表馬
1	四位洋文	72	147	49.0%	クインズサターン
2	義英真	45	102	44.1%	サンライズカラマ
3	M.デムーロ	288	682	42.2%	ルヴァンスレーヴ
4	太宰啓介	58	154	37.7%	タマモイレブン
5	秋山真一郎	71	194	36.6%	ヒデノインペリアル
6	国分恭介	47	129	36.4%	タガノエスプレッソ
7	吉田豊	97	275	35.3%	クロフネビームス
8	柴田善臣	67	190	35.3%	スーパーモリオン
9	田辺裕信	196	558	35.1%	ストロングバローズ
10	藤田菜七子	59	169	34.9%	ビックリシタナモー
11	菱田裕二	73	211	34.6%	ビバラビダ
12	酒井学	51	154	33.1%	クリノリトミシュル
13	武豊	162	498	32.5%	ドンフォルティス
14	古川吉洋	64	198	32.3%	サトノプライム
15	C.ルメール	249	774	32.2%	クイーンマンボ
16	石橋脩	91	287	31.7%	クラシックメタル
17	蛯名正義	102	326	31.3%	メイショウエイコウ
18	勝浦正樹	77	253	30.4%	ディアデルレイ
19	木幡初也	42	138	30.4%	ディスカバー
20	小崎綾也	38	125	30.4%	メイショウタラチネ

PART 4

Extra Data 3 — 内を通る(通らせる)可能性が高い調教師ランキング

■出走数に占める4角で「最内」「内」を通った割合
■単勝1~5人気　■障害を除く　■総数100件以上
■集計期間:2016年1月1日~2018年7月8日

順位	調教師名	内を通った回数	総数	内を通った割合	代表馬
1	南井克巳	147	239	61.5%	サトノフェイバー
2	坂口正則	77	128	60.2%	ゴールドクイーン
3	土田稔	75	127	59.1%	ハイランドピーク
4	松永昌博	140	238	58.8%	モルトベーネ
5	鈴木孝志	165	290	56.9%	バリス
6	奥村豊	111	197	56.3%	ドライヴナイト
7	伊藤圭三	148	263	56.3%	タマモアモーレ
8	高橋康之	94	167	56.3%	アルメリアブルーム
9	小野次郎	60	111	54.1%	トーセンリーガー
10	北出成人	114	212	53.8%	グァンチャーレ
11	佐々木晶三	116	217	53.5%	ダノンディスタンス
12	大根田裕之	63	118	53.4%	ヴェンジェンス
13	河内洋	140	264	53.0%	サンライズソア
14	森田直行	117	223	52.5%	ラブカンプー
15	角田晃一	174	333	52.3%	ムイトオブリガード
16	岡田稲男	147	281	52.3%	テーオービクトリー
17	小崎憲	118	226	52.2%	レインボーフラッグ
18	松元茂樹	112	215	52.1%	キボウノダイチ
19	寺島良	75	145	51.7%	テルペリオン
20	羽月友彦	64	124	51.6%	サルサディオーネ

芝・ダート

Extra Data 4 — 外を通る(通らせる)確率が高い調教師ランキング

■出走数に占める4角で「大外」「外」を通った割合
■単勝1~5人気　■障害を除く　■総数100件以上
■集計期間:2016年1月1日~2018年7月8日

順位	調教師名	外を通った回数	総数	外を通った割合	代表馬
1	本間忍	45	106	42.5%	ハトホル
2	戸田博文	159	382	41.6%	ソールインパクト
3	高橋文雅	83	201	41.3%	ニットウスバル
4	小島茂之	80	204	39.2%	ロードクエスト
5	友道康夫	153	392	39.0%	ワグネリアン
6	大和田成	71	187	38.0%	チャロネグロ
7	宗像義忠	85	225	37.8%	フェイムゲーム
8	小桧山悟	45	119	37.8%	ジョブックコメン
9	音無秀孝	190	512	37.1%	サンライズノヴァ
10	角居勝彦	204	558	36.6%	キセキ
11	渡辺薫彦	64	177	36.2%	クリノリトミシュル
12	大橋勇樹	70	195	35.9%	タイセイバルサー
13	野中賢二	98	279	35.1%	クインズサターン
14	牧浦充徳	84	242	34.7%	ノーブルサターン
15	高橋亮	88	255	34.5%	スカーレットカラー
16	荒川義之	69	200	34.5%	デンコウアンジュ
17	矢作芳人	203	594	34.2%	モズアスコット
18	吉村圭司	108	316	34.2%	エアアンセム
19	石坂正	152	449	33.9%	レッドヴェイロン
20	浜田多実雄	65	192	33.9%	タイセイブレーク

芝・ダート

Extra Data 5 — 内を通った時に好走率が高い騎手ランキング

■4角で「最内」「内」を通った際の連対率順位
■単勝1～5人気 ■障害を除く ■総数50件以上
■集計期間:2016年1月1日～2018年7月8日

芝・ダート

順位	騎手名	1着	2着	3着	着外	総数	勝率	連対率	3着内率	単勝回収値	複勝回収値
1	J.モレイラ	17	12	7	26	62	27.4%	46.8%	58.1%	102円	93円
2	横山和生	14	15	6	29	64	21.9%	45.3%	54.7%	126円	128円
3	V.シュミノー	14	12	1	31	58	24.1%	44.8%	46.6%	150円	90円
4	C.ルメール	192	114	87	306	699	27.5%	43.8%	56.2%	87円	85円
5	M.デムーロ	181	97	95	310	683	26.5%	40.7%	54.6%	92円	84円
6	池添謙一	63	63	33	163	322	19.6%	39.1%	49.4%	96円	89円
7	四位洋文	23	25	16	60	124	18.5%	38.7%	51.6%	81円	89円
8	川田将雅	149	101	81	324	655	22.7%	38.2%	50.5%	88円	84円
9	森裕太朗	13	16	7	40	76	17.1%	38.2%	47.4%	119円	105円
10	福永祐一	109	83	63	258	513	21.2%	37.4%	49.7%	108円	92円
11	戸崎圭太	162	113	88	376	739	21.9%	37.2%	49.1%	83円	83円
12	武豊	112	78	69	253	512	21.9%	37.1%	50.6%	96円	90円
13	浜中俊	76	80	56	208	420	18.1%	37.1%	50.5%	90円	88円
14	古川吉洋	30	22	14	76	142	21.1%	36.6%	46.5%	88円	92円
15	松山弘平	67	64	37	192	360	18.6%	36.4%	46.7%	108円	87円
16	R.ムーア	19	9	11	39	78	24.4%	35.9%	50.0%	67円	76円
17	国分恭介	16	16	12	48	92	17.4%	34.8%	47.8%	163円	103円
18	岩崎翼	20	22	20	59	121	16.5%	34.7%	51.2%	95円	101円
19	藤岡佑介	54	37	35	137	263	20.5%	34.6%	47.9%	112円	94円
20	小牧太	37	26	22	101	186	19.9%	33.9%	45.7%	115円	88円

Extra Data 6 — 外を通った時に好走率が高い騎手ランキング

■4角で「大外」「外」を通った際の連対率順位
■単勝1～5人気 ■障害を除く ■総数50件以上
■集計期間:2016年1月1日～2018年7月8日

芝・ダート

順位	騎手名	1着	2着	3着	着外	総数	勝率	連対率	3着内率	単勝回収値	複勝回収値
1	川島信二	15	14	9	26	64	23.4%	45.3%	59.4%	140円	110円
2	C.ルメール	150	109	103	273	635	23.6%	40.8%	57.0%	69円	87円
3	川田将雅	53	50	36	117	256	20.7%	40.2%	54.3%	69円	83円
4	北村友一	31	33	19	98	181	17.1%	35.4%	45.9%	87円	82円
5	福永祐一	85	70	55	247	457	18.6%	33.9%	46.0%	77円	80円
6	戸崎圭太	105	87	62	319	573	18.3%	33.5%	44.3%	62円	68円
7	田辺裕信	80	55	46	225	406	19.7%	33.3%	44.6%	95円	80円
8	M.デムーロ	123	92	83	358	656	18.8%	32.8%	45.4%	70円	75円
9	岩田康誠	42	43	45	130	260	16.2%	32.7%	50.0%	64円	88円
10	藤岡康太	22	34	13	107	176	12.5%	31.8%	39.2%	60円	71円
11	丸山元気	20	19	11	69	116	17.2%	31.0%	40.5%	92円	78円
12	D.バルジュー	11	10	11	36	68	16.2%	30.9%	47.1%	91円	86円
13	津村明秀	16	23	18	77	134	11.9%	29.1%	42.5%	71円	87円
14	大野拓弥	35	30	30	131	226	15.5%	28.8%	42.0%	85円	85円
15	義英真	8	7	7	30	52	15.4%	28.8%	42.3%	92円	88円
16	四位洋文	22	25	24	93	164	13.4%	28.7%	43.3%	67円	84円
17	松岡正海	16	18	10	75	119	13.4%	28.6%	37.0%	82円	68円
18	吉田豊	23	23	23	94	163	14.1%	28.2%	42.3%	73円	81円
19	池添謙一	31	28	32	122	213	14.6%	27.7%	42.7%	77円	79円
20	藤岡佑介	20	20	17	89	146	13.7%	27.4%	39.0%	44円	73円

PART 4

Extra Data 7 内を通った時に好走率が高い種牡馬ランキング

■4角で「最内」「内」を通った際の連対率順位
■単勝1～5人気 ■障害を除く
■総数50件以上
■集計期間：2016年1月1日～2018年7月8日

芝

順位	種牡馬名	1着	2着	3着	着外	総数	勝率	連対率	3着内率	単勝回収値	複勝回収値
1	タイキシャトル	19	17	11	40	87	21.8%	41.4%	54.0%	138円	118円
2	ブラックタイド	29	17	10	56	112	25.9%	41.1%	50.0%	119円	92円
3	ベーカバド	14	14	9	38	75	18.7%	37.3%	49.3%	107円	105円
4	ディープインパクト	208	139	119	474	940	22.1%	36.9%	49.6%	86円	83円
5	ロードカナロア	30	14	17	60	121	24.8%	36.4%	50.4%	89円	79円
6	アドマイヤムーン	44	20	22	94	180	24.4%	35.6%	47.8%	117円	86円
7	ダイワメジャー	99	77	56	264	496	20.0%	35.5%	46.8%	108円	86円
8	ハービンジャー	71	51	44	178	344	20.6%	35.5%	48.3%	104円	90円
9	マツリダゴッホ	32	17	20	73	142	22.5%	34.5%	48.6%	133円	102円
10	コンデュイット	9	12	9	31	61	14.8%	34.4%	49.2%	106円	90円
11	ルーラーシップ	39	28	29	100	196	19.9%	34.2%	49.0%	95円	88円
12	エンパイアメーカー	12	6	4	31	53	22.6%	34.0%	41.5%	105円	77円
13	マンハッタンカフェ	56	43	34	160	293	19.1%	33.8%	45.4%	105円	93円
14	ヴィクトワールピサ	30	25	16	92	163	18.4%	33.7%	43.6%	92円	78円
15	ジャングルポケット	24	26	19	80	149	16.1%	33.6%	46.3%	94円	94円
16	ステイゴールド	84	83	64	271	502	16.7%	33.3%	46.0%	74円	85円
17	ドリームジャーニー	12	12	13	35	72	16.7%	33.3%	51.4%	101円	98円
18	ヨハネスブルグ	21	2	8	39	70	30.0%	32.9%	44.3%	153円	82円
19	ハーツクライ	77	74	73	239	463	16.6%	32.6%	48.4%	81円	91円
20	メイショウサムソン	12	15	8	48	83	14.5%	32.5%	42.2%	68円	74円

ダート

順位	種牡馬名	1着	2着	3着	着外	総数	勝率	連対率	3着内率	単勝回収値	複勝回収値
1	マツリダゴッホ	11	10	4	27	52	21.2%	40.4%	48.1%	112円	92円
2	カネヒキリ	37	33	28	79	177	20.9%	39.5%	55.4%	123円	117円
3	ヘニーヒューズ	23	16	17	43	99	23.2%	39.4%	56.6%	93円	105円
4	シニスターミニスター	29	22	14	67	132	22.0%	38.6%	49.2%	106円	89円
5	アイルハヴアナザー	25	19	14	56	114	21.9%	38.6%	50.9%	126円	94円
6	ワイルドラッシュ	10	12	5	30	57	17.5%	38.6%	47.4%	86円	102円
7	クロフネ	88	68	55	199	410	21.5%	38.0%	51.5%	89円	88円
8	ハードスパン	16	6	5	32	59	27.1%	37.3%	45.8%	107円	81円
9	スウェプトオーヴァーボード	12	10	3	34	59	20.3%	37.3%	42.4%	86円	78円
10	サウスヴィグラス	72	50	33	176	331	21.8%	36.9%	46.8%	105円	90円
11	マンハッタンカフェ	43	33	23	108	207	20.8%	36.7%	47.9%	77円	80円
12	パイロ	38	28	17	102	185	20.5%	35.7%	44.9%	97円	82円
13	カジノドライヴ	25	14	10	61	110	22.7%	35.5%	44.5%	118円	88円
14	メイショウサムソン	13	11	4	40	68	19.1%	35.3%	41.2%	113円	84円
15	メイショウボーラー	36	24	13	99	172	20.9%	34.9%	42.4%	102円	78円
16	キンシャサノキセキ	52	46	38	146	282	18.4%	34.8%	48.2%	85円	85円
17	エンパイアメーカー	66	51	41	179	337	19.6%	34.7%	46.9%	115円	90円
18	ゴールドアリュール	81	71	48	240	440	18.4%	34.5%	45.5%	98円	91円
19	ディープインパクト	20	20	15	61	116	17.2%	34.5%	47.4%	89円	92円
20	ブラックタイド	21	20	14	65	120	17.5%	34.2%	45.8%	78円	92円

168

Extra Data 8 外を通った時に好走率が高い種牡馬ランキング

- 4角で「大外」「外」を通った際の連対率順位
- 単勝1～5人気
- 障害を除く
- 総数50件以上
- 集計期間:2016年1月1日～2018年7月8日

芝

順位	種牡馬名	1着	2着	3着	着外	総数	勝率	連対率	3着内率	単勝回収値	複勝回収値
1	ロードカナロア	20	13	7	35	75	26.7%	44.0%	53.3%	92円	83円
2	ルーラーシップ	31	24	24	68	147	21.1%	37.4%	53.7%	99円	94円
3	メイショウサムソン	11	20	11	45	87	12.6%	35.6%	48.3%	56円	96円
4	ディープインパクト	180	173	125	521	999	18.0%	35.3%	47.8%	66円	80円
5	マンハッタンカフェ	35	23	22	91	171	20.5%	33.9%	46.8%	99円	90円
6	シンボリクリスエス	8	17	6	43	74	10.8%	33.8%	41.9%	53円	80円
7	アドマイヤムーン	29	22	21	80	152	19.1%	33.6%	47.4%	87円	87円
8	ステイゴールド	83	48	52	212	395	21.0%	33.2%	46.3%	98円	80円
9	ハーツクライ	70	64	47	229	410	17.1%	32.7%	44.1%	69円	75円
10	オルフェーヴル	7	12	5	36	60	11.7%	31.7%	40.0%	54円	64円
11	ハービンジャー	78	46	46	227	397	19.6%	31.2%	42.8%	83円	76円
12	キングカメハメハ	47	55	42	192	336	14.0%	30.4%	42.9%	51円	71円
13	ダノンシャンティ	12	9	9	43	73	16.4%	28.8%	41.1%	86円	80円
14	タニノギムレット	8	7	8	29	52	15.4%	28.8%	44.2%	72円	92円
15	ヴィクトワールピサ	26	21	20	100	167	15.6%	28.1%	40.1%	68円	73円
16	ダイワメジャー	35	35	36	150	256	13.7%	27.3%	41.4%	52円	70円
17	ディープブリランテ	12	11	7	60	90	13.3%	25.6%	33.3%	67円	63円
18	ワークフォース	8	7	6	38	59	13.6%	25.4%	35.6%	80円	64円
19	ジャングルポケット	13	15	13	70	111	11.7%	25.2%	36.9%	49円	67円
20	マツリダゴッホ	6	11	12	41	70	8.6%	24.3%	41.4%	43円	78円

ダート

順位	種牡馬名	1着	2着	3着	着外	総数	勝率	連対率	3着内率	単勝回収値	複勝回収値
1	カジノドライヴ	18	15	13	48	94	19.1%	35.1%	48.9%	117円	100円
2	マンハッタンカフェ	14	15	6	53	88	15.9%	33.0%	39.8%	66円	79円
3	アグネスデジタル	14	12	5	49	80	17.5%	32.5%	38.8%	100円	73円
4	キングカメハメハ	49	39	39	157	284	17.3%	31.0%	44.7%	81円	78円
5	ヴァーミリアン	13	19	17	56	105	12.4%	30.5%	46.7%	74円	87円
6	ゴールドアリュール	44	40	31	164	279	15.8%	30.1%	41.2%	77円	71円
7	プリサイスエンド	11	15	13	48	87	12.6%	29.9%	44.8%	70円	88円
8	ヘニーヒューズ	10	8	8	35	61	16.4%	29.5%	42.6%	65円	82円
9	パイロ	22	22	22	84	150	14.7%	29.3%	44.0%	58円	75円
10	サウスヴィグラス	18	18	12	77	125	14.4%	28.8%	38.4%	89円	70円
11	シニスターミニスター	12	10	8	47	77	15.6%	28.6%	39.0%	80円	77円
12	ネオユニヴァース	18	26	21	99	164	11.0%	26.8%	39.6%	48円	75円
13	カネヒキリ	16	11	10	65	102	15.7%	26.5%	36.3%	99円	70円
14	エンパイアメーカー	29	33	29	147	238	12.2%	26.1%	38.2%	58円	68円
15	ワイルドラッシュ	5	9	9	31	54	9.3%	25.9%	42.6%	51円	76円
16	フレンチデピュティ	5	9	8	34	56	8.9%	25.0%	39.3%	46円	72円
17	ロージズインメイ	11	8	12	46	77	14.3%	24.7%	40.3%	79円	72円
18	メイショウボーラー	12	10	12	56	90	13.3%	24.4%	37.8%	71円	76円
19	ハーツクライ	15	20	18	92	145	10.3%	24.1%	36.6%	49円	71円
20	シンボリクリスエス	13	14	17	71	115	11.3%	23.5%	38.3%	53円	73円

169

PART 4

Extra Data 9 — 外枠でも内側を通る確率が高い騎手ランキング

■騎乗数に占める4角で「最内」「内」を通った割合
■14頭立て以上で6~8枠　■単勝1~5人気
■集計期間:2016年1月1日~2018年7月8日
■障害を除く　■総数50件以上

芝・ダート

順位	騎手名	内を通った回数	総数	内を通った割合	代表馬
1	岩崎翼	25	57	43.9%	ダンツペンダント
2	富田暁	22	53	41.5%	グランドガール
3	丹内祐次	28	71	39.4%	マイネルアムニス
4	小崎綾也	20	52	38.5%	ピナクルズ
5	松若風馬	57	153	37.3%	ヘヴントゥナイト
6	川田将雅	113	304	37.2%	オールフォーラヴ
7	森裕太朗	20	55	36.4%	メイショウテンセイ
8	藤田菜七子	23	64	35.9%	サウンドマジック
9	幸英明	72	206	35.0%	ジープルメリア
10	松山弘平	70	202	34.7%	ミツバ
11	藤岡康太	79	228	34.6%	ラテンロック
12	秋山真一郎	38	112	33.9%	ブルミラコロ
13	岩田康誠	96	287	33.4%	ドリームドルチェ
14	丸山元気	42	126	33.3%	エクストラファイン
15	坂井瑠星	30	95	31.6%	リッパーザウィン
16	鮫島克駿	46	146	31.5%	ブラッククローバー
17	松田大作	19	61	31.1%	セイウンコウセイ
18	武藤雅	23	75	30.7%	ミッシングリンク
19	柴山雄一	43	143	30.1%	ライトフェアリー
20	横山典弘	51	175	29.1%	カワキタエンカ

Extra Data 10 — 内枠でも外側を通る確率が高い騎手ランキング

■騎乗数に占める4角で「大外」「外」を通った割合
■14頭立て以上で1~3枠　■単勝1~5人気
■集計期間:2016年1月1日~2018年7月8日
■障害を除く　■総数50件以上

芝・ダート

順位	騎手名	外を通った回数	総数	外を通った割合	代表馬
1	四位洋文	34	80	42.5%	スワーヴリチャード
2	秋山真一郎	29	106	27.4%	タツゴウゲキ
3	吉田豊	28	103	27.2%	トウショウドラフタ
4	M.デムーロ	91	360	25.3%	サトノワルキューレ
5	柴田善臣	23	96	24.0%	メイショウグジョウ
6	武豊	65	277	23.5%	リスグラシュー
7	勝浦正樹	27	116	23.3%	クリスマス
8	坂井瑠星	16	70	22.9%	モズアスコット
9	丸田恭介	18	80	22.5%	スワーヴラーシド
10	蛯名正義	39	174	22.4%	チェスナットコート
11	太宰啓介	14	64	21.9%	シンゼンスタチュー
12	加藤祥太	12	56	21.4%	ショートストーリー
13	石橋脩	37	178	20.8%	クラシックメタル
14	C.ルメール	84	406	20.7%	ザイディックメア
15	鮫島克駿	25	121	20.7%	イーストオブザサン
16	酒井学	16	78	20.5%	クリノリトミシュル
17	小牧太	20	99	20.2%	ジェスロ
18	田中勝春	19	95	20.0%	ドルチャーリオ
19	池添謙一	25	126	19.8%	ヤマカツエース
20	丸山元気	24	123	19.5%	ダイトウキョウ

Extra Data 11 — 前走4角6番手以降→今回4角5番手以内で走らせた騎手ランキング

■前走4角6番手以後の馬で、今回4角を5番手以内で通った割合
■単勝1〜5人気　■障害を除く　■総数50件以上
■集計期間:2016年1月1日〜2018年7月8日

芝・ダート

順位	騎手名	4角5番手以内	総数	4角5番手以内の割合	代表馬
1	松岡正海	103	146	70.5%	ウォーターマーズ
2	荻野極	93	135	68.9%	ユアマイラブ
3	D.バルジュー	35	51	68.6%	ギベオン
4	和田竜二	233	356	65.4%	ミッキーロケット
5	川田将雅	275	425	64.7%	リリーノーブル
6	丹内祐次	58	91	63.7%	コスモカナディアン
7	津村明秀	111	176	63.1%	ダイワリベラル
8	池添謙一	146	233	62.7%	ブラストワンピース
9	菊沢一樹	31	51	60.8%	マッジョネラ
10	加藤祥太	51	84	60.7%	ショートストーリー
11	中谷雄太	55	91	60.4%	モザイク
12	川須栄彦	41	69	59.4%	マーヴェルズ
13	松田大作	38	64	59.4%	リアリスト
14	国分恭介	46	79	58.2%	ラブローレル
15	吉田隼人	165	284	58.1%	スリラーインマニラ
16	横山武史	29	50	58.0%	ブレーヴブラッド
17	藤岡佑介	107	186	57.5%	ステイフーリッシュ
18	柴田大知	139	242	57.4%	マイネルヴンシュ
19	富田暁	37	65	56.9%	グレートブレス
20	浜中俊	166	292	56.8%	マウントゴールド

久保和功（くぼかずのり）

京都大学卒業後、京大大学院に進むも、赤木一騎に師事し
JRDB入社（現在は姉妹会社・サイバーミリオン社長）。雑誌・競
馬王でデビューを果たした後、各メディアで活躍。サンケイ
スポーツでは、毎週土日の予想コラムを約10年連載している。
自身の理論である「推定3ハロン」を活用すべく開発された「ハ
イブリッド新聞」が爆発的な人気を誇っている。大阪府出身。

飯村公一（いいむらこういち）

株式会社JRDBおよびハイブリッド新聞のシステム担当。明晰
な頭脳から次々にあらたなコンテンツを開発し、ハイブリッド
新聞の開発にも携わる。現在は、「位置取りシート」、「外厩シー
ト」などを手掛ける他、地方競馬、海外競馬用の新聞も作成し
ている。ブログ「JRDV.sp」、地方競馬用ブログ「あたまファン
タジック」にて、奇抜なデータ＆予想を日々提供中。埼玉県出身。

「枠順」と「位置取り」で
勝ち馬を見抜く!

2018年8月15日　初版第1刷発行

著　　　者	久保和功　飯村公一	
監　　　修	ＪＲＤＢ	
協　　　力	菊池グリグリ　岸端薫子	
発　行　者	松丸仁	
装　　　幀	雨奥崇訓（oo-parts design）	
印刷・製本	暁印刷	
発　行　所	発行所　株式会社ガイドワークス	

編集部　〒169-8578　東京都新宿区高田馬場4-28-12　03-6311-7956
営業部　〒169-8578　東京都新宿区高田馬場4-28-12　03-6311-7777
URL　　http://guideworks.co.jp

本書の内容の一部あるいは全部を無断で複合複製（コピー）することは、法律で認められた場合
を除き、著作者および出版社の権利の侵害となりますので、その場合は予め小社あてに許諾を求
めて下さい。

©Kazunori Kubo ©Kohichi Iimura ©JRDB

競馬王 2018夏～秋の新刊

取得時間の異なる3つのオッズ理論が激突！
オッズキングダム
オッズで勝つ！極上馬券GETまでのセオリー
大谷清文、奥野憲一、互當穴ノ守 著
本体1800円＋税
好評発売中

競馬で勝つための兵法を全て伝授！
競馬で長期的に勝つための馬券師バイブル
大串知広（小倉の馬券師Ｔ）著
本体2000円＋税
好評発売中

敗因分析こそが馬券攻略のキモだ！
競馬の復習
儲かるレース結果の見方
競馬王編集部・復讐特捜班 編
本体1850円＋税
好評発売中

大人気の騎手データ本、第三弾が登場！
コース別 本当に儲かる騎手大全 2018秋-2019
伊吹雅也 著
本体1600円＋税
8月10日発売予定

全ての競走馬の「型」を完全掌握できる一冊！
競馬 勝者のエビデンス
―玄人になる「確証」と「型」―
本島修司 著
本体1650円＋税
8月24日発売予定

最強ギャンブラーは買い方で勝っていた！
勝てる馬券の買い方
じゃい（インスタントジョンソン）著
本体1296円＋税
9月7日発売予定

新理論でさらに精度をアップした複コロ術
ハイパー複コロ革命
魚谷智也 著
本体1650円＋税
9月7日発売予定

オッズ馬券のカリスマが贈るシリーズ第三弾！
回収率をあげるオッズ馬券の奥義
大谷清文 著
本体1800円＋税
9月14日発売予定

儲かるコースの儲かるタイミングだけ買え！
競馬研究所4
プロが勝負する厳選芝短距離コースガイド
亀谷敬正 監修 競馬研究所 著
本体1600円＋税
9月21日発売予定

最新の攻略セオリーを惜しみなく公開！
WIN5攻略全書
300回の過去データから見えた必勝セオリー（仮）
伊吹雅也 著
本体1650円＋税
9月21日発売予定

弊社オンラインストアでも販売しています!!
http://guideworks.co.jp/ec/　※入手困難な商品でもこちらに在庫がある場合があります。